邓云乡集

红楼识小录

邓云乡 著

中華書局

图书在版编目(CIP)数据

红楼识小录/邓云乡著. —北京:中华书局,2015.4(2023.11重印)
(邓云乡集)
ISBN 978-7-101-10370-0

Ⅰ.红… Ⅱ.邓… Ⅲ.《红楼梦》研究 Ⅳ.I207.411

中国版本图书馆 CIP 数据核字(2014)第 189541 号

书　　名	红楼识小录
著　　者	邓云乡
丛 书 名	邓云乡集
责任编辑	胡正娟
封面设计	毛　淳
责任印制	管　斌
出版发行	中华书局 (北京市丰台区太平桥西里 38 号　100073) http://www.zhbc.com.cn E-mail:zhbc@zhbc.com.cn
印　　刷	北京新华印刷有限公司
版　　次	2015 年 4 月第 1 版 2023 年 11 月第 3 次印刷
规　　格	开本/880×1230 毫米　1/32 印张 13　插页 4　字数 290 千字
印　　数	10001-12000 册
国际书号	ISBN 978-7-101-10370-0
定　　价	59.00 元

小丁 绘

邓云乡，学名邓云骧，室名水流云在轩。一九二四年八月二十八日出生于山西灵丘东河南镇邓氏祖宅。一九三六年初随父母迁居北京。一九四七年毕业于北京大学中文系。做过中学教员、译电员。一九四九年后在燃料工业部工作，一九五六年调入上海动力学校（上海电力学院前身），直至一九九三年退休。一九九九年二月九日因病逝世。一生著述颇丰，主要有《燕京乡土记》、《红楼风俗谭》、《水流云在书话》等。

邓云乡在家中

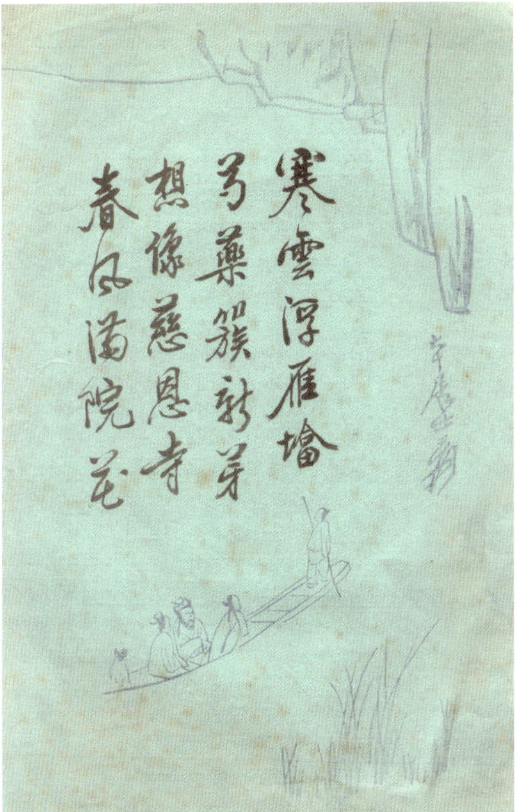

邓云乡手迹

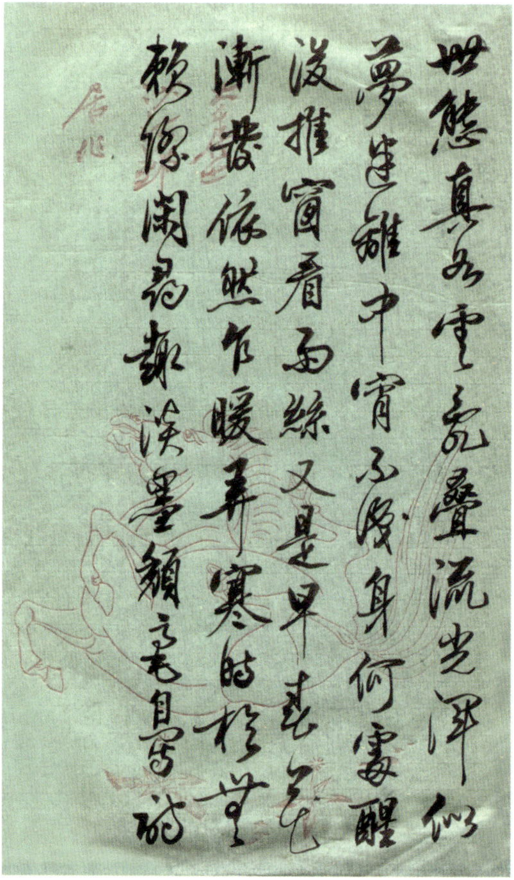

邓云乡手迹

结束语

通过写作，家长要陪伴孩子一起成长

懂得“写作的乐趣”和“写作的喜悦”，就是为“学习”“表达”“生存”增加自信的。

很多家长埋怨说：“我家孩子写的作文一点都不新颖”“我家孩子就是写不出生动的作文”“我家孩子写的作文太平淡无奇了”。

但，事实并非如此。是家长们太低估自己的孩子了。

无论你给出什么样的“题目”，孩子们都可以写出来。

首先，大人一定要认同这个观点并且相信孩子一定能做到。

其次，不要想着限制孩子的“思路”和“构思”，要鼓励孩子们自由思考、自由写作。

爸爸妈妈或者是老师在用严厉的眼神盯着我。

当孩子过于关注他人的眼光或评价时，他们就会畏缩不前，渐渐地对写作产生“反感”。

针对孩子完成的作文，挑剔这儿挑剔那儿，只能加剧“讨厌的情绪”的产生。

或许，就是那些埋怨孩子写作文不好的家长，塑造了那个“不会写作”的孩子。

我写这本书的目的，是帮助孩子提升写作能力。

同时，这本书也是为了呵护孩子成长的家长们写的。

说不定你曾经也是一个讨厌写作文的小孩。

所以，你不希望孩子变成你以前的样子，希望孩子是一个写作能手。

家长们的这种心情我是非常理解的。

但是，其实这也是一个误解，是家长们搞错了。

其实，你原本也是一个“会写作文”的孩子，现在也是一个“会写作文”的大人。

如果家长们能意识到这一点，没有令我比这更开心的事情了。

这本书属于孩子和你，也就是说，这就是你和孩子的写作教室。

这是一个孩子和家长共同成长的教室。

那么，本书中讲述的“亲子访谈”的价值是什么呢？

可以获取写作素材——没错，这是正确的回答。

但是，这只是价值的一部分。

最大的价值在于，通过家长与孩子不断进行交流，促使亲子之间心灵相通。

这个过程中充满了“理解”“共鸣”“包容”“安心”“喜悦”“信赖”“治愈”等能够加深亲子信赖关系所需的所有因素。

作为家长，要接受孩子的表达方式和作品，这样才能加深亲子间的羁绊和信赖。

懂得接纳孩子，就是接纳自己。

当你想责骂孩子“能不能好好写”“写得再详细一点”时，就是该你责备自己的时刻。

从此，你再也不需要自己责备自己了。

无一例外，无论是你还是孩子，都是独特而才华横溢的人。

不知什么原因，人类开始使用“语言”。

在发展语言的同时，谋求与他人进行交流、进行思考、产生创意、寻找解决方案，从而促进了文明和文化的发展。

发展“语言”可以让人类成长，也可以促使整个社会发展。

希望孩子们通过写作，感受用“语言”思考的快乐和用“语言”表达的乐趣。

最后，衷心感谢日本能率协会管理中心的东寿浩老师和柏原里美老师给予我的厚爱与支持。

同时，我还想对我的妻子朋子和我的女儿桃果说一声谢谢。是她们让我懂得了接纳他人感受的重要性。

想对我的读者朋友们说一句话，我非常期待在某一天能读到您心爱的孩子写的作文。

山口拓朗

目　录

附录

出版说明

邓云乡(一九二四—一九九九),学名邓云骧。山西灵丘人。教授。作家,民俗学家,红学家。出生于书香世家,祖父和父亲都曾在清朝为官。幼时生活在山西灵丘东河南镇,一九三六年初随父母迁居北京,一九四七年毕业于北京大学中文系。做过中学教员、译电员。一九四九年后在燃料工业部工作,一九五六年调入上海动力学校(上海电力学院前身),直至退休。

邓云乡学识渊博,文史功底深厚。为文看似朴实,实则蕴藏着无穷的艺术魅力。其旁征博引,信手拈来。不论叙述民风民俗,描摹旧时胜迹,抑或是钩沉文人旧事,探寻一段史实,均娓娓道来,语颇隽永,耐人寻味。

此次中华书局整理出版的邓云乡作品集,参考了二〇〇四年版《邓云乡集》,并参校既出的其他单行本。编辑整理的基本原则是慎改,改必有据。具体来说,就是:

一、凡工作底本与参校本文字有异者,辨证是非,校订讹误。

二、凡引文有疑问之处,若作者注明文献版本情况,则复核该版本;若作者未能注明的,或者版本不易得的,则复核通行本。

三、作者早年著述中个别用字与当代通行规范不合者,俱从今例。

四、作者著述中某些错讹之处,未径改者加注说明。

五、本次整理对某些书稿做了适当增补,尽量减少遗珠之恨;有的则重新编排,以更加方便阅读。

邓云乡与中华书局渊源颇深，生前即在中华书局出版《红楼风俗谭》、《文化古城旧事》、《增补燕京乡土记》、《水流云在丛稿》等多部著作。此次再续前缘，我们有幸得到其家属的大力支持，不仅提供了邓云乡既出的各种单行本作为编辑工作的参考，并以其私藏印章、照片、手稿见示，以成图文并茂之功，在此谨致谢忱。

中华书局编辑部

二〇一四年十二月

银锭与夹剪

偶然翻阅《红楼梦资料》，看到二十多年前何心先生写的《红楼梦抉误》，其中有一则说到第五十一回中，袭人不在家，晴雯生病，请了大夫来，看完病要付大夫马钱时，宝玉、麝月二人都不知银子的轻重。这样写似嫌过火，认为“麝月按月有月规钱可领，岂有不知银锭大小之理”等等，这种疑问似乎有道理，实际是没有道理的。这是因为时代隔阂，不了解当年用银子作为货币时的困难情况的缘故。这几句原文是这样写的：

> 二人来至袭人堆东西的屋内，开了螺甸柜子……下一槅却有几串钱。于是开了抽屉，才看见一个小笸箩内放着几块银子，倒也有戥子。麝月便拿了一块银子，提起戥子来问宝玉：“哪是一两的星儿？”宝玉笑道：“你问的我有趣儿，你倒成了是才来的了。”麝月也笑了，又要去问人。宝玉道：“拣那大的给他一块就是了。又不做买卖，算这些做什么？”麝月听了，便放下戥子，拣了一块，掂了一掂，笑道：“这一块只怕是一两了！宁可多些好，别少了，叫那穷小子笑话：不说咱们不认得戥子，倒说咱们有心小气似的。”那婆子站在门口笑道：“那是五两的锭子夹了半个，这一块至少还有二两呢！这会子又没夹剪，姑娘收了这块，拣一块小些的。”

这段文字全是对话白描，却把人物的神态写得非常生动，这是曹公的传神之笔，当行之处，有目共睹，且不多谈。这里只把“几块银子”、“戥子”、“拣那大的”、“五两的锭子”、“夹了半个”、“夹剪”等大体说明一下，明白了这些，才能理解和回答前面那个疑问。

读仲芳氏《庚子记事》十月初七日记云：“香油每斤银一钱四分，猪肉每斤银一钱。”佚名《庸扰录》记云：“近日米价已涨至六两七钱一包。”可知一九〇〇年，即距今八十年前，北京还普遍用银子作为货币，而今天对如何使用白银已是很难想象的了。即在清代许多年间，虽然国家开支均以白银计算，但白银似乎一直未被明文规定为法币。钱，千百年来一直是国家设有专门机构铸造的。清代北京在东城石大人胡同有户部的宝源局、北新桥有工部的宝泉局，都是铸钱的，所以钱叫“制钱”。而各种银子，大的一百两、五十两一个的大元宝，中的十两、五两一个的锭子，小的一两一个的锞子，则不一定都是户部浇铸的，而大部分则是民间的炉房银楼开炉浇铸的。新浇铸好的元宝、银锭等，有固定形状，谓之“出炉银”，颜色很漂亮。清代晚年讲究一种很漂亮的银红色料子，就叫“出炉银”。新出炉的银子，上面都有浇铸的字号，如“隆盛”、“茂昌”之类。用银子很不方便，不但因为重量的关系，携带起来不便利，即使用起来用整的、找零的，也非常不便利。如前面所引《庸扰录》说的“米价已涨至六两七钱一包”，你拿十两银子的一个大锭子去买一包米，米店要找还你三两三钱银子，这“两”和“钱”都是重量，不像银元或钞票一样，是“币值”。既是重量，就都要用度量衡具量过，少数也有用天平的，但大多数都是用戥子。戥子的精确度到“分”为止，可以称得几两、几钱、几分的重量。你拿十两的银锭买米，米店先要用戥子称称你的锭子是否足十两，收你十两要找还你三两三钱，但店里并不是正好有三个一两的小锞子，三块一钱的碎银子，不像用银元、用钞票那样找零方便。这时米店有两个办法找零：一是很相信你，便收进这十两银子，从银柜中找一小块小银子称好重量找给你，当然不可能正好三两三，可能三两一、三两二或不足三两等等。下余尾数，按当天白银与制钱的兑换率折钱找给你。这第一个办法已是十分麻烦的了，但还是比较方便的，而且是相信你的办法。

如果不大相信你，或店里没有零碎银子，便把你这个十两的大锭，拿到柜台里面，用一种特殊的工具，根据大小需要，一夹为二。先看看里面有没有“灌铅”（就是假银锭，外面包银，中心是铅），再把两块分别称过。当然不可能一块正好六两七，一块正好三两三，轻重必然有些出入，相差之数，再折钱补足。这个夹元宝、银锭的工具就叫“夹剪”。

婆子说：“那是五两的锭子夹了半个，这一块至少还有二两呢！这会子又没夹剪。”所指就是这个。自然怡红院中是不预备夹剪的，况且即使有夹剪，怡红院中也没有能够使用夹剪的人才。夹剪不是好用的工具，一般要在银楼、钱庄、炉房、金店、当铺等银钱业及大铺子里做过学徒、专门用惯夹剪的人才能使用。一般钱铺所用夹剪是一把剪口很短、剪柄很长很粗的大剪刀，一面的柄固定钉在一个大木案子上，另一长柄可张可合。夹剪银锭时，用左手拿银锭放在剪刀口上，右手扶剪柄，斜着欠身用屁股猛然向剪柄上一坐，便把银锭一剪为二了。白银虽然不是很硬的金属，但用夹剪切割，单用手劲，压力有时还不够，而且很费力气。所以要靠欠身一坐，用全身的重量猛地一压，才能解决问题。银块不大、而且往往又是不规则形的，剪时用力很猛容易打滑，弄不好银块未剪开，倒要把手剪伤，或者人从夹剪柄上滑下来，摔一跤。因此使用夹剪是不容易的，全靠一股巧劲，平时未经训练，不掌握窍门，纵然有夹剪，也是不会使用的。所以说怡红院中不但没有夹剪，即使有，袭人等人也肯定是不会使用的。这虽然像说笑话，却是实情。

那时各个公家的衙门，各大商店，总之凡是大宗银钱经常出入的单位，都要备有夹剪，掌银钱出入的司库人员，一定都会使用夹剪。《红楼梦》中荣、宁二府的账房中，银库上自然是有夹剪的，那些使用夹剪的人，则只能是吴新登、钱华等人手下的伙计们了。至于现在的人，如果对他说当年使用银子时，银锭要用夹剪剪开等等，他可能以为好像剪布一样，那真是不可思议的事。具体而真实地理解前人的生活细节，的确是不容易的啊。

银块种种

前面先说清楚银锭和夹剪，下面再说银块。怡红院给大夫马钱，是五两的锭子剪了一半，一块至少还有二两，“这会子又没夹剪”，如果有夹剪，便还可以剪成一两左右的两块；一两一块的如果需要，还可以再剪成五钱左右的两块，这样剪下去，似乎真像“一尺之棰，日取其半，万世不竭”的道理了。实际当然不是这样，剪成二三钱大小的碎银子，也就不能再剪了。

实际当时人们日常使用的银子，大部分都是大大小小的剪碎的银块，所以怡红院袭人堆东西房中那个笸箩内放着的是“几块银子”，不是几锭银子。第二十四回中所写倪二借给贾芸的是“一包银子”，重十五两三钱。贾芸接了，走到一个钱铺中，“将那银子称了称，分两不错”，这肯定也是大小不等的几块银子，共重十五两三钱，只用眼睛是看不准分两的，还必须到钱铺里用戥子称过，才知“分两不错”。那时这些流通在市面上的大大小小分两不同的银块，收付之间，精确的重量要计算到“钱”和“分”，因而不但各种大小商号以及大小衙门中要有戥子或天平，即使一般人家，也要有个戥子，以备银钱出入，随时称称银块的分量。一块银子，拿在手中，掂掂分量，即使是银钱业的老伙友，也只能说个大概，很难一下说准“几两几钱几分”，何况怡红院中的人物如宝玉和麝月各位呢，自然更不知道了。第三十七回写袭人派人给湘云送东西去，写道：“自己走到屋里，称了六钱银子，又拿了三百钱走来……”，不写“拿了六钱银子”，而写“称”，说明是用戥子秤的，但是戥子精确度比称高，有两行细密的星儿，有两、钱、分之别。没有用过的，是不大会用的。因而宝玉、麝月既不知银块的重量，也不会用戥子去称。在那个时代里，这种人是很多的，作者写的一点也不过火，只不过现在读者因生活隔阂，难以想象罢了。

整个元宝，整锭银子，在流通中被剪得零零碎碎，最后如何处理，就是被大小钱铺收回去，再送到炉房或银楼去重新熔化浇铸成元宝或银锭。在那时市面上有大大小小的专门收碎银子的字号和个人。那时有一种专门沿街串巷收买碎银的小贩，叫作“杂银嵌换钱”，实际这像收破烂的一样，样样都买，但主要是收兑零零星星的碎银子，烂首饰。当然收铸银锭，主要是靠大小钱铺收兑，小商小贩，只不过是很零星的而已。

使用白银作货币，除去交易之间要反复称重量，要用夹剪夹开等手续麻烦之外，还有一个金属纯度问题也十分麻烦。客观上“银子”的概念，是百分之百的纯银，所有银器及银锭，元宝上都铸有“足纹”二字，同金器的“足赤”一样，表示百分之百的纹银和赤金。但实际上是没有百分之百的纯银的，因之要讲“成色”，这也是很复杂的。再有戥子、天平的标准程度也不完全一致，上下总有一些差别。当时以户部银库出纳的天平为标准衡，叫作“库平”，北京商业银钱界通行的天平标准叫“京平”，其他外地如四川叫“川平”，潮州叫“潮平”等等。当时“库平”是国定纳税的标准衡，银元通称“七钱二”，即每个银元含库平纯银七钱二分，实际库平比一般市平重，库平一两，要合到市平一点一九三六市两。由于白银在使用中还存在成色的标准和重量的标准等问题，所以换算起来是十分麻烦的。这里举一个八十年前的实例，来看看使用白银的复杂程度。庚子时京官四川泸州人高枬在一九〇一年四月初一日的日记中记了一笔汇款的账：

> 九弟交廖述之川平足银五百七十七两九钱，
> 汇丰俱以九七六、九八三看色，
> 共合漕（平）五百五十六两七钱，
> 申水二十六两六钱，
> 合九八规元五百九十五两三钱，
> 合公砝（即法码二字）平足五百五十三两七钱。
>
> 述之信三笺，言二月二十二日同铁船父子抵泸州，以数托交渝天顺祥兑沪。在渝，闻以银兑规元则易，以足银兑足银甚难。

试看这笔汇兑账该多么复杂，四川的银子，汇到上海，汇丰是兑款字号，看色是看成色，以"九七六"看色，即一百两算九十七两六钱，去三两三钱杂色。共合"漕（平）"，即漕运的标准平，这是沿海各省公用的标准平。"申水"是汇上海的汇费，习惯叫"贴水"。"规元"和"公砝"是当时市场上公议的白银单位和计量单位。从这个例子中，可以看出当时用白银作为货币在使用和汇兑中是多么地不便了。

我国在历史上，宋代元代曾发行过纸币："交子"、"会子"、"宝钞"。在清代咸丰时一度发行过，不久即停止。① 而各地的银钱业、钱铺票号炉房却都自己发行银票，这种银票是用皮纸、

① 清代只在咸丰时，因军事关系，经费困难，国家发行过钞票。据福格所著《听雨丛谈》记载："咸丰年军饷浩繁，言官请用钞票，部议允之，行未数年，停止弗用。其钞以高丽纸为之，宽四寸，长七寸，印造双龙边，极为精细。银钞至少者一两。钱钞至少者制钱五百文（即京钱一千文）。"

高丽纸蓝色水印空白票纸，无一定票面数字，顾客存五十两银子在店里，便给开一张五十两的银票，可在当地使用，也可到有联号的外地使用，凭这张银票还可到其本店或其他联号，以及来往的字号中兑现银。实际上这种银票性质并不同于钞票，却类似现在银行开出的本票。这种银票全靠商号的信用。如果今日开票，明日钱铺关张，那便是一张废纸了。所以先必须打听好钱铺的实际情况，才不会上当。《道光都门记略》中记道：

> 京师钱铺时常关闭，客商换银，无论钱铺在大街小巷，与门面大小、字号新旧，必须打听钱铺虚实，不然今晚换银，明日闭门逃走，所开钱帖，尽成废纸。

这就是说拿银子存到钱铺中去开银票，或银钱来往，接受他人的银票，都必须注意看看字号是否靠得住，不然是要上大当的。另外还有一种假银票，都是假造的著名大字号的银票，票额都不大，三两、五两之类，拿着去骗街头兑换银钱的小钱摊。《同治都门记略》所收竹枝词《换钱摊》中所谓“带收铺票充高眼，错买归家只叫天”，说的就是这个情况。假银子、假银票在当年的实际生活中是常遇到的。仲芳氏《庚子记事》九月二十日记云：

> 老三爷帮人设摆钱摊，因收假银两处，仅一月有余即被人辞回。

摆钱摊的人还收假银子呢，何况怡红院中人，虽然在金银堆中，却不认识银子，这是因为以银子作为货币，使用起来，实在太麻烦了。对于今天用惯钞票的人说来，是很难想象它的麻烦程度的。

制　钱

说到银子,必然连系到钱。在《红楼梦》时代的日常语言中,“银子钱”是在一起的。钱就是“制钱”,是国家按制度铸造的钱,在当时生活中,是比银子更为广泛流通使用的货币。《红楼梦》中写到钱的地方是很多的,这里先举几则简单的例了:

第二十四回写卜世仁的娘子对女儿银姐说:

> 往对门王奶奶家去问,有钱借几十个,明儿就送了来的。

第三十七回写袭人到屋里拿钱:

> ……称了六钱银子封好,又拿了三百钱走来,都递给那两个婆子道:“这银子赏那抬花儿的小子们,这钱你们打酒喝罢。”

第三十七回写湘云准备开诗社作菊花诗,宝钗对湘云道:

> ……一个月统共那几吊钱,你还不够使。

这三则例子中都说到钱。首先说明钱的计算方法,是个、十、百、吊(千),几个、几十个都带“个”字,几百、几吊则不带

"个"字,直称"百"、"吊"。而"吊"后来变成钱的大单位名称。唐代元稹诗云:"今日俸钱过十万。"宋代李易安《金石录后序》云:"有人持徐熙《牡丹图》,求钱二十万。"唐、宋之际,常以"万"称钱,至清代则再没有这种叫法,在千以上而是叫"十吊"、"百吊"了。如李慈铭《越缦堂日记》咸丰十年四月二十四日记云:"以敝裘质钱五十吊。"如以"吊"为"千",则五十吊是五万,不说五万而叫"五十吊",这就说明在清代"个"是钱的小单位名称,"吊"一般是钱的大单位名称了。

以"吊"称钱,在清代是很普通的。但"吊"是不是就是千,"一吊"是不是就是一千枚铜钱?这却变化很大。当时在外省有些地方是一吊等于一千的,而在北京却两样。康熙时施闰章《蠖斋诗话》记云:

> 今京师宴集,席赏率三十文当一百,亦古遗俗也。

同时人高士奇《天禄识余》云:

> 今京师以三十三文为一百,近更减至三十文为一百,席上赉人,通行不以为怪。

这就说明在当时三十文便算一百,那么一吊只有三百文了。北京过去有一句"说大话,使小钱"的谚语,指的就是这种情况。而且后来愈演愈烈,同光时李虹若《朝市丛载》"风俗门"中有一首《用京钱》诗云:

> 皇都徒把好名辜,大话连篇他处无,五十京钱当一吊,

凭谁敏慧也糊涂。

照施闰章、高士奇的记载，袭人“又拿了三百钱走来”，这“三百钱”并不真是三百文，而只是九十文，或九十九文。照李虹若所记：前引李越缦《日记》所记“以敝裘质钱五十吊”，这件破皮袄也不是真当了五万个铜钱，而只是当了二千五百文大钱。这就是说钱数时，京钱的虚伪处，“百”、“吊”都不是真实的。究竟实际数字是多少，这要看具体时间而定。大抵在清代前期零头比较少，越到后来越严重，为什么同光时五十文京钱就当“一吊”呢？这里除去京城中好讲空面子，爱说大话的习惯而外，还有一个具体原因：清代经济，康熙到乾隆这一百几十年中，相当稳定，所铸制钱“康熙通宝”和“乾隆通宝”，钱又大，铜质又好。在咸丰时，因太平天国战争影响，北京宝源局铸造当十钱。后来北京专用当十钱，叫大钱，实际上一个大钱并不真当十个制钱使用，民间通行，只当制钱二文使用。咸丰时习惯五百制钱叫一吊，一用大钱，名义上可“当十”，所以五十文京钱叫一吊了。

用钱还有另外一个问题，就是以银换钱，以钱换银的问题。在《红楼梦》时代，北京街市上有不少钱铺、钱摊，专作银和钱的交易兑换的生意。一两银子换多少个铜钱，这更是一年一个变化，行市涨落不同，有时钱贵，有时银贵。乾隆时顾公燮《消夏闲记摘抄》记银价道：

前明京师钱价，纹银一两，兑钱六百，其贵贱在零几与十之间。至崇祯十六年，竟兑至二千矣。时私钱过多，……凡兑钱铺对面付现，必如钦限，一两应卖二千四百，其一千四百，则于桌下私授，或少转再取，以掩人耳目。

另据曼殊震钧《天咫偶闻》记载：

> 咸丰初银一两易钱七千余，同治初则易钱十千，光绪初至十七千……以后减至十千有余不及十一千。

光绪时华学澜《庚子日记》闰八月二十日记云：

> ……索去银十两，带高福到伊铺，言明兑银百二十吊，明日往取。

另据佚名《庸扰录》记云：

> ……言明各出一千钱入义和团去。按京钱一千，即南钱一百。

根据以上所引，可见清代银与钱的兑换比例的大概情况。这原是个比较复杂的问题，一下难以说清楚，顾公燮所说的“千”真是一千；后面所说的“千”则只是“一百”，所说“十七千”、“十一千”，不是一万七、一万一，而是一千七百文、一千一百文。不过就是指大钱，即可抵二文制钱的大钱而言，一千七百文大钱，即可抵当时三千四百文小钱。清初和清末的银价两相对照，大约可知《红楼梦》时代，在北京一两纹银兑换的钱数，当在一千数百文之间。第六十一回中写柳家的话道：

> 就是这一样儿尊贵，不知怎的，今年鸡蛋短的很，十个钱一个还找不出来。

这也可以看到当时的物价情况。如以一两换二千文计算，则一两白银可买一二百枚鸡蛋，比现在应该便宜多了。但另外如以每文康熙或乾隆钱重一钱多计算，则一枚鸡蛋卖十文，即等于一两多黄铜，十六个鸡蛋就相当于一斤黄铜，这价钱又似乎很高了。把历史上的一个鸡蛋的价格，这样换算一下，也是十分有趣的。而实际这是夸大的报销价，包括层层贪污的钱。

清代北京有两个铸钱的机构，一个是工部的宝源局，在东城石大人胡同；一个是户部的宝泉局，在北新桥南大街路西。《红楼梦》第五十三回写荣府元宵家宴唱戏开赏时有几句道：

> 当下又有林之孝的媳妇，带了六个媳妇，抬了三张炕桌，每一张上搭着一条红毡，放着选净一般大新出局的铜钱，用大红绳串穿着，每二人搭一张，共三张。

这段话中所说的“新出局的”，就是指宝源局、宝泉局新铸出来的铜钱。铜钱是外圆内方，所谓“孔方兄”；中间用很粗的短绳穿起来，叫“钱串子”。过年图吉利，所以这段话中说用“大红绳串”。另外还有放钱的工具，叫“钱版”，即用一块长木板，开成一排排的半圆槽，类似后代的洗衣板一样。当然，制钱不用之后，这些“钱串子”、“钱版”等工具，也就早已成为历史名称，再也没有人提起了。

号称“孔方兄”的小铜钱，从秦汉的“五铢”、“半两”开始，直到清代结束时溥仪的“宣统通宝”为止，作为法定货币，在我国流通了近两千多年。一下子说清楚它，是非常难的。过去专门研究古钱和货币史的著作不知有多少，这篇小文只不过就《红楼梦》中所说到的“钱”作一个简略的说明而已。千百年来的封建皇帝，几乎每个皇帝都要铸自己年号的钱。清代的钱，顶大的是顺治、康熙、乾隆年号的钱，顶小的是咸丰、宣统年号的钱。这种制钱在五六十年之前，还到处都有，现在又过了半个世纪，《红楼梦》中所说到的钱的实物，也不大容易看到了。若干年之后，将也同"五铢"、"半两"一样珍贵吧。这原是历史的必然规律啊！

黄金·金价

《红楼梦》写到金器、金子的地方很多，有的不但说到金子，而且说到了金价，这是涉及到“经济史”、“货币史”的问题。在目前世界上黄金价格猛涨的情况下，谈谈《红楼梦》中的金价，也是很有意思的。《红楼梦》第五十三回《宁国府除夕祭宗祠》，写宁国府过年的准备，有几句道：

> 正值丫头捧了一茶盘押岁锞子进来，回说：“兴儿回奶奶，前儿那一包碎金子，共是一百五十三两六钱七分，里头成色不一，总倾了二百二十个锞子。”说着递上去。尤氏看了一看，只见也有梅花式的，也有海棠式的，也有笔锭如意的，也有八宝联春的……

这一段金子写得非常具体，一包碎金子：包括残缺首饰，如镶珠宝的钗环等，珠宝掉了，只剩下一个金托子；零星金叶子、金豆、剪断的镯子、金块等；式样太陈旧的残缺的金锁片、金头面（即发饰）等；各种镶嵌物上掉下来的金饰，金玉如意上掉下来的如意头，镶金牙筷、乌木筷子上掉下来的筷子头，解手刀鞘上掉下来的饰件，衣带钩等；再有残缺金用具、金碗盖、金茶托、零星金钮子，碰扁的金碗、金杯等。总之都是些不成件的，不能再按照它原来用途使用，或没有保存价值的，因而都要回炉熔化，重新烧铸。所谓“里头成色不一”，就是这些碎残金器中，纯金的成分不同。过去金首饰，有所谓“足赤”的说法，意思是百分之百的赤金（赤金就是指纯黄金，另有紫金，是在“一氯化金”中加上“二氯化锡”的成分，金呈紫色。第十八回记元春的赏，有“紫金笔锭如意锞十锭”，就是这种紫金）。而实际旧时冶炼黄金，能达到“九九九”的纯度，基本上已是很好的纯金足赤了。而一般金器则大多是九八、九七，即金中总有百分之二三的杂质。再加镶嵌的金件都有焊锡、灌银等，更使各件碎金的纯度不一，所以用“里头成色不一”一句话而概括之。为了使一般读者了解金器的“成色”情况，这里引一条故宫博物院出售金器的资料。一九三二年故宫博物院分三次标卖一些残破金器，八月十二日第三次出售残废金质器皿，其中第一标是：

> 金八仙　九件　原镌二两平重量是三九一两四钱七分，原镌成色八成。现称市平重量三八五两四钱四分。

得标商号是宝源金店，其投标情况是：

> 剔除灌铜、银块、质锈等重量五钱六分。净得重量三八四两八钱八分，所投每两成色是六八三二（较原镌八成低一一二八），折合足金是二六二两九钱五分零零一丝六忽（即两后计六位小数），每两价值是一〇二元一角，总标价是二六八四七元一角九分。

以上资料是从《故宫博物院三次标卖残废金质器皿经过情形》一书引用的，可以看出残缺金器剔除杂质及折算成色的情况。当年银钱及金饰业在收入金银的时候，总是压低成色，这样自然可以获得利润。而在付出金银实物时，总是抬高成色。当年各种金器首饰等，在底部均镌有印记，如“足赤”、“九金”等。故宫所售之金八仙，原镌“八成”，就是当年浇铸这套八仙的商号所镌，对成色自有抬高处，而出售时投标商号，对其成色又有意压低一成多，一出一入，就是百分之十以上的金价被商家无偿地巧取了。宁国府用碎金子倾成锞子，除去实际应付的费用而外，商家从折合成色上获得的利润，要比应付的工费多得多。

一百五十三两六钱七分碎金子，“总倾了二百二十个锞子”，“倾”就是把碎金子在炉上熔化成金液，然后再倾入各种花样的模子中，冷却后翻出，就是所说的“梅花”、“海棠”（指形状）、“笔锭如意”、“八宝联春”（指花纹）等小锞子。“锞”字，旧时标音：古火切，音果，或苦瓦切，音髁。俗音则读成“课”字，即金银“锞”子，读成去声。过去作为货币交流的金银，名称有“元宝”，简称“宝”；“锭子”，简言“锭”，即“铤”字；再有就是“锞子”。“元宝”，宋代是钱名，宋太宗赵光义淳化改元（公元九九〇年）铸钱，亲笔书“淳化元宝”。终宋之世，“元宝”都是钱名，无金银元宝名。银元宝是从元代开始的。《元史·杨湜传》：

以湜为诸路交钞都提举，湜请以银五十两铸为锭。文以“元宝”，用之便。

赵翼《陔余丛考》所考“元宝”，与此基本上一样，又推论到金章宗承安五年。自元代以后就把大的马鞍形银锭五十两者一般叫作元宝了。十两、五两叫作“锭子”，就是古代的“铤”字，小的一两、二两叫作“锞子”。一百五十多两金子，倾成二百二十个锞子，每个重量七钱不到。这七钱不到的小金锞子，每枚值多少钱呢？当时的金价如何？在这一段中未写明，但就在同回书另一段中却写到了。乌进孝来送年租，进来见贾珍、贾蓉，乌进孝笑道："……娘娘和万岁爷岂不赏呢？"

> 贾蓉等忙笑道："……就是赏，也不过一百两金子，才值一千多两银子，够什么？"

再有第六十九回写凤姐的话：

> 昨儿我把两个金项圈当了三百银，使剩了还有二十几两，你要就拿去。

这两则都写到了当时的金价，虽然不够十分准确，前面贾蓉说的一千多两，是举个成数。后面三百银，是三百两才像话。银数具体，但两个项圈多少两未写明，而且是"当"，价钱要比卖少得多。但是把他二人的话略作分析，还可以看出当时的金价。贾蓉所说一百两金子，一千多两银子，"一千多"，虽系未定词，但习惯是指一千出头，即一千零几十，到一千一二百，如系一千五或以上，就不便说"一千多两"了。两个项圈当三百两，卖自然不止，以加百分之二三十算，即每个值近二百两，如系纯金，按贾蓉所说价格，则重量在十五两左右。作为一个项圈，是套在脖子上的，感到似乎重些。但在当时，这样重的金首饰是不希奇的。四五十年前，见人家保存的清代中叶的三股拧麻花镯子，每只有重五、六两的。因之十五两的金项圈，在当时也是实在的了。

我国金价，在古代因为度量衡不统一，远古的情况复杂。近古明清二代是十分清楚的。俞正燮《癸巳存稿》云：

《元史·食货志》:至大三年九月钞法,银钞一两,准黄金一钱。明时则以汉例为五换,弇州(王世贞)史料笔记云:永乐五年,金一两折钞四百贯,银一两折钞八十贯。

这是明代初年的官定价格,是与大明宝钞的兑换率。实际在商业上有涨有落,金价是浮动的。钱泳《履园丛话》中记云:

顾亭林《日知录》记明洪武八年造大明宝钞,每钞一贯,折银一两,四贯易黄金一两。十八年后,金一两当银五两(按此换算率同俞正燮说的一样。不过对钱数的说法不同。俞正燮所说八十贯,实际是八百文铜钱)。永乐十一年,则当银七两五钱。万历中,犹止七八换。崇祯中,已至十换矣。国朝康熙初年,亦不过十余换。乾隆中年,则贵至二十余换,近来(指嘉庆、道光年间)则总在十八九、二十换之间。

另据邓之诚先生《骨董琐记》所记:"乾隆时金价二十换,见陈辉祖案明谕,视明末已倍之矣。"可与钱记参看。而且这里所说是乾隆中年,金价贵至二十余换,可能指作成的首饰、器皿等。而乾隆前期一般金银换算,如贾蓉所说,似较此为低。《清代野史大观》卷十二曾记有乾隆时一案例:"西峰寺案",内中反映出当时金价。

乾隆五十三年七月步军统领绵恩奏:西山戒台寺北西峰寺截发修行妇人,法名"了义",俗姓张李氏,顺义县人。装神治病骗钱,由其寺中查出金六十四锭,重二百八十两,银二千六百两,金镯四只,计重八两。据招认:

户部员外郎恒庆(原任山西巡抚图思德之子,现任户部银库员外郎)之妻宜特莫氏,素患痰喘病症,亦经民妇祈祷痊愈,宜特莫氏每月给养赡银四、五十两不等。又听从民妇令舍银一万七千余两,重修石厂地方三教寺,又添筹金子二百八十两,合计共银二万余两。

所说二万余两,最多亦不过二万一二千,不会到二万五千两。已付一万七千两,距二万余两,所缺之数,在三千到五千两之间,以二百八十两黄金补足。如以三千两计,每两黄金不过白银十两七钱;如以五千两计,则每两折合白银十八两多。接近钱泳所说的“十八九换”。而与贾蓉所说的又稍有距离。因一百两金子等于一千八百两白银,则不好说是“一千多两”了。而凤姐说两个项圈当三百两。到当铺里去当金器,那在当年是最硬气的“当头”,如当价只照实价低二成,则项圈实价三百六十两,每个一百八十两,则仍是十两重一个。较前面所分析,项圈重量要轻五两。不过这已是在《红楼梦》成书近四十年后的金价了。在《红楼梦》时代,即乾隆初年,据分析,金价应在十两白银以上,十五两白银以下,这样比较接近真实些。以之解释贾蓉的话和凤姐的话,都是讲得通的。

金子是不断上涨的。即以白银来兑,其比例也越来越高。清末华学澜《庚子日记》十一月初八记云:

魏玺亭世兄来,言由昌平州始回,黄金四两为其乡人强借二两,其二两易银不及六十两。

所谓“不及”,是说卖得便宜。然卖得便宜,也已合到三十两换一两，较之《红楼梦》时代，黄金的实际价值，已增加了一倍以上。这距《红楼梦》时代，不过一百三十年左右。再过三十多年，即一九三二年，故宫博物院标卖残废金器的时候，如前所引，每两是一百零六元现洋，以每枚银元"七钱二"折合，那也足足要合到七十来两白银才能买到一两黄金。较《红楼梦》时代，实足上涨五倍左右，较庚子（一九〇〇年）时，也足足要上涨一倍多了。其故安在呢？这要经济学家、货币学家来讲出个所以然了。

金饰·虾须镯

《红楼梦》第四十九回，写湘云、平儿等人烤鹿肉吃，平儿也是个好玩的，“因而退去手上的镯子，三个人围着火，平儿便要先烧三块吃……吃毕，洗了一回手。平儿带镯子时，却少了一个，左右前后乱找了一番，踪迹全无”。凤姐说知道镯子的去向，埋下伏线。接着在第五十二回中写出，原来是怡红院坠儿所偷。平儿道：

> 究竟这镯子能多重？原是二奶奶的，说这叫做“虾须镯”；倒是这颗珠子重了。

第一句反问语气，是表示这镯子是很轻的。即单从重量说，所值有限，不必东找西找。当时镯子一般有多重呢？在《黄金·金价》一文中所引乾隆五十三年七月步军统领绵恩奏，查抄西山西峰寺修行妇人张李氏案中，有“金镯四只，计八两重”。以这一例计算，每只镯子只二两重。这在后代说，已经是很重的镯子了（四五十年前，北京天宝、开泰等金店打韭菜叶镯子，一般都是一两一只，二两一对）。但在当时，是一般的，还有比这重的，老式三股拧麻花镯子，有重到五六两一只的。大抵古代金镯子一般都重，明代《天水冰山录》“镯钏”项下记“金花钏一十件，共重七十四两二钱”，那一只也将近七两重。平儿的意思先说这镯子轻，没有多少重量，是排斥了这种一般以重量计算金镯价值的说法；那么以什么计算呢？简单地说，就是以做工特殊或镶嵌珠宝来计算价值，这就比单纯以重量计算金价珍贵得多了。再有像当时大观园中那些个人物，如单纯带上一对平淡的“蒜条式”或“韭菜叶式”的金镯子，就算分量很重，不要说在主人身上，即使是在一等奴才身上，也是寒伧的、乡气的。那么要带什么呢？第一，不管金银，先要做工精细，雕凿镂刻成各种花纹；第二，或者嵌宝石，或者镶美玉，或者托珍珠，都不能单以黄金的有限重量来计算价值，审识美观。试看第三回所写凤姐的金饰：

> 项上戴着赤金盘螭璎络圈。

再看第八回所写宝钗的金锁：

> 宝钗被他缠不过，因说道：“也是个人给了两句吉利话儿，錾上了，所以天天带着；不然沉甸甸的，有什么趣儿。”一面说，一面解开排扣，从里面大红袄儿上将那珠宝晶莹、黄金灿烂的璎珞摘出来。宝玉忙托着锁看时……

再看第六十三回芳官的金坠子：

> 右耳根内只塞着米粒大小的一个小玉塞子，左耳上单一个白果大小的硬红镶金大坠子：越显得面如满月犹白，眼似秋水还清。

这几样东西先稍作解释。第一，项圈不像后来的项链，是软的套在内衣内。项圈的“圈”是活口的，是硬的，一个金圈，并到胸前的“螭头”上,再镶嵌珠宝,垂以缨络,是带在衣服外面的。因系硬圈,又有重量,所以带在胸前,不大晃动。不像西式的金“鸡心”那样垂着晃动。第二,“金锁”是系在链条上的,有的是薄薄的锁片,金叶子压的;有的是空心的,金叶子压出花纹再包焊的;有的是实芯的,金块錾刻的。宝钗说“不然沉甸甸的”,这个金锁自是金块錾刻的了。金子比重最高,所谓“寸金寸斤”,即一寸见方即一斤重。一个实芯金锁,最少也有三五两重了。而金子韧度高,金叶子很薄,空心金锁,就没有多少重量了。第三,“金坠子”,康熙时柴桑《京师偶记》云:

> 珥,耳饰也。俗名“耳塞”,南人曰“耳环”,北人曰“耳坠”,近皆饰以明珠,胜国(指明代)宫中,则俱用蓝宝石。

所以芳官的耳饰,一个耳朵叫“玉塞子”,一个叫“金坠子”,这都是有来历的,而且都是镶嵌的。从这三个例子中,先可看出当年以黄金作为首饰的一些特征。

金饰在我国是很早的,而且金饰的高超技艺,在我国也是很早的。近年出土的西汉时代的“金缕玉衣”,不但是最精美的历史文物,也是最生动的历史证明。在《红楼梦》时代,北京制造金玉珠宝的首饰行业,有金店、珠宝店、玉器作、红货行(专指珠宝玉器)。专门打造新首饰的叫“首饰楼”,买卖旧首饰的叫“镂儿铺”。金银加工,要熔、要浇铸、要锻打、要錾、要拉丝以及珐蓝、点翠等等。熔金不比熔铁,有大量的炉。首饰金量很少,用很小的锅来熔炼。黄金的熔点是一零六三度,当年没有电炉等科学设备,用什么办法让很小的火焰达到这样高的温度呢?全靠炼金师傅用很小的吹筒吹豆油灯盏,原理就是“加氧”,但用人嘴吹小灯盏来加氧，可以达到高温，熔化黄金，现在一般人恐怕作梦也是想不到的了。

金饰加工，熔铸的叫“炉作”，锻打坯子的叫“实作”，錾花纹的叫“錾作”，把金叶子包在银器上的叫“包金作”，火镀的叫“镀金作”（那时无电镀），拉金丝的叫“拔丝作”，金器上珐蓝点翠加色彩的叫“珐琅作”，镶嵌珠宝的叫“镶作”或“焊作”，专作婴儿装饰的叫“孩儿什作”，单纯一个金银首饰、器皿的加工，就有这样多的工种。而在珠玉等饰件上加工，如钻眼、雕凿琢磨等，宋人叫“碾”，宋人小说有《碾玉观音》，是很有名的。北京俗话叫“砣”，金器行凡是遇到这样的事情，要送到玉器行去加工，叫作“过行”。像芳官的小玉耳塞，如小玉的金托和钩，是包镶，便由金饰行业作，如小玉要打个洞，就要过行。硬红金坠，“硬红”一般是珊瑚，再好就是红宝石，把碎块珊瑚制成圆或椭圆形，也要“过行”。镶工则由金饰行来作。

平儿的镯子叫作“虾须镯”，分量不重，原是凤姐的，倒是珠子重。共有四个特征，这就不同于一般的镯子，均要加以特别的说明。我前面说过，大观园中的人物绝不会以带一只普通金镯子为华美，反而要以为有“村气”。这种风气，早在柴桑《京师偶记》中就有记载：

> 钏，俗名镯，亦曰环，古有金玉跳脱，杨妃以红粟臂支赐阿蛮，皆钏之属也。近时北方贵戚，厌金玉，以金钢子之最细者约臂，亦韵。

柴桑是和王渔洋同时代的人，这段文字，还在《红楼梦》之前，说明当时贵戚家中，已经“厌金玉”，而以镶嵌小粒金刚钻的镯子为华丽珍贵了。大观园荣国府正是贵戚家,凤姐是贵戚家的当家人,平儿是凤姐的二把手,在当时“厌金玉”的风气下,即使带镯子,也要带个特别讲究的,这是完全可以理解的。但是什么叫“虾须镯”呢?“虾须”是象形的说法,极言其细也。当年最细的竹帘子叫“虾米须帘”,对虾伸出的须又细又长,又有韧性,因以之形容精美的细东西。“虾须镯”也是由此而得名。也许有人问,像虾须那样细的镯子,如何带呢?可能吗?自然不会这样细,简单地说破了,就是用虾须这样细的金丝编成的镯子。

我们知道,黄金在金属中韧性最强,延展性最大,因之能捣成极薄的吹一口气就会飞起来的金箔,也能够拉成比头发丝还细的金丝。据旧时冶金文献记录:其薄度可以达到一公厘的五十万分之一,其拉长度,一分黄金可以拉成四千公尺长的一根黄金游丝。这种数字几乎是很难想象,但它却是事实。现在科学发达,数据自然更有所提高,因为我所举起码还是六十年前的老数字呢。

北京金器行业的“拔丝作”,就是专拉细金丝的工种。把黄金拉成细丝之后,然后再以之编成各种首饰器皿等,这是黄金制成的最精美的工艺品,其价值之贵重,不在于黄金本身,而在于它具有艺术境界的工艺技巧。如最著名的十三陵定陵出土的万历帝朱翊钧的“翼善冠”及皇后的凤冠,都是这样制成的。明代这种金丝编制工艺十分发达,《天水冰山录》中记严嵩被抄家的金器中有大量金丝制品,一种叫“折丝”,一种叫“累丝”。如“金厢玉累丝佛塔首饰”、“金厢折丝五凤首饰”、“金累丝灯笼耳环”、“金折丝桃花簪”等。《红楼梦》第七十三回迎春奶妈偷拿的“攒珠累金凤”,也是这种金丝首饰。“虾须镯”,也是这样用金丝编成的。《天水冰山录》中也有“金累丝嵌珠镯二件,共重七两”,“金折丝镯八件,共重一十四两一钱”的记载。读者要注意平儿说的“倒是这颗珠子重了”,虾须镯上怎么会有珠子呢?是镶嵌在上面的吗?不是的,这颗珠子是活动的。当年装饰造型,习惯用一种“二龙戏珠”的图式。如第三回中写宝玉的装饰,有“齐眉勒着二龙戏珠抹额”,就是用这个装饰造型。“虾须镯”,平儿没有说明它的样子,但说明它的珠子的贵重。这是因为它的样子在当时本是生活中常见的,不是故意不说,而是想不到说,无须说。实际就是“二龙戏珠”的。北京过去大金店,如三阳、天宝、开泰等,高手艺人都会作“二龙戏珠”镯子、“二龙戏珠”戒指。都是用极细的金丝编制成两条龙,龙头互相衔在一起,中间一颗珠子,是活动的,珠子一摇会动,极为精美。金丝都是一样的,只是编工有粗有细,珠子有大有小,编成镯子的,因为要把极细的金丝,编成相当粗的两条龙,蟠曲一起,成为环状。编工就十分复杂,精细。戒指因为小,用有限的金丝就可以编成一个大体上像两条龙的东西,蟠在一起,珠子是编在两条龙张开的嘴中的,拿不出来。珠子有大有小,有好有坏。在五六十年前,一个一般的“二龙戏珠”戒指,金子论重量不到一钱,珠子比小米粒要小,材料价值是很有限的,但当时这一个戒指,要卖一两黄金的价钱,可见其工艺的代价是多么珍贵了。戒指尚且如此,镯子就更不用说了。

平儿说的珠子重,是什么珠子呢?自然是“珍珠”。我国一向“珠玉”并称,从古就珍视珠子。珍珠是越大越珍贵,越圆越珍贵。为什么平儿不说大小而说重呢?因为一般作为药用珍珠、碾珠粉的珍珠是用重量计算的,因之珍珠也是按重量分等级的,所以越重就越珍贵了。清代最讲究大珍珠,认为是无价之宝。清代礼服花翎顶戴,次高级王公勋爵戴红宝石顶子,皇帝则戴东珠顶子。《清宫词》所谓“朝元法服先收拾，亲拣东珠缀宝冠”，就是指此。所谓“东珠”，是出产在东三省混同江、黑龙江等处的珍珠。其中以出自混同江、乌拉宁古塔河中的最好，匀圆莹洁，最大一粒可到半两。查抄和珅家产清单中有“桂元大东珠十粒”，可以想见其大和珍贵了。清代规定：东珠也像貂皮、人参一样，列为统制品。采珠为打牲乌喇、包衣食粮人。几个人为一组，叫作“珠轩”，四月间泛舟下江采珠，至八月间结束，采到的珠子交官，由官发价。最早三十三组“珠轩”，一年贡珠五百二十八粒。乾隆时，增至四十二“珠轩”，贡珠六百七十二粒。后又增十二“轩”，贡珠一百九十二粒。采珠人交官剩下的便以之出卖，即商品珠，自然采珠时，还是小珠多，大珠少。西清《黑龙江外记》云：

> 东珠产吉林河中，岁有珠户采取入贡。而珠户亦时至黑龙江、嫩江一带泅采……珠户皆旗人，也居吉林境内布特海乌拉城，俗称打牲乌喇。

于此可见当时采东珠的情况。平儿虾须镯所含自是东珠，但有多大呢？依造型估计，自然不会有桂圆大。参看第七十二回所写金项圈：“一个金累丝攒珠的，那珍珠都有莲子大小。”虾须镯的珠子，大约也是莲子大小吧？

再有那时妇女带镯子，还时兴带两对，即四只。如第七十七回写晴雯病骨支离道：

> 宝玉拉着他的手，只觉骨瘦如柴，腕上犹戴着四个银镯……

再看第六十二回写红香圃给宝玉过生日吃酒时道：

> 平儿、袭人也作了一对。叮叮当当，只听得腕上镯子响……

直到“众人越发笑起来，引得晴雯、小螺等一干人都走过来……”为止。前后两回都写到镯子，一个辛酸得使人饮泪，一个欢乐得使人闻声，先后辉映，都可以说是镯子绝唱；同时也可以看出当时妇女带镯子的风俗史情况了。绘声绘影，是文情，也是史实。这是后代的读者应该特别注意的地方。

当年老年妇女，带一副金镯子，再带一副玉镯子，玉镯还要讲究汉玉。但是金和玉碰在一起，又怕把玉碰坏，这样便在中间夹一个朱红漆藤圈，或一个珊瑚圈。这就等于一个腕子上带三个镯子，不过这种古老的带法，后来没有了。我还是五十年前，听一位当时八十来岁的老奶奶讲她童年时的见闻时听到的。这起码是庚子以前，光绪初年的事了。

黄金器皿

黄金从古就是贵重的金属，一般人家，妇女有点金饰、钏钗之类，这都还是常见之物；至于以黄金打造生活器皿，这就不是一般富有之家力所能及，是非豪门贵戚莫办的了。二十年前，有一次暑假回北京，正赶上为了纪念曹雪芹逝世二百周年，在故宫举办“《红楼梦》展览会”，沈从文先生预先告诉我，可以去看看。我去参观了三次，看到展出的黄金大海碗、黄金酒杯等等。各种式样的金饰虽然见过不少，但这样大的黄灿灿的黄金大海碗，的确是平生第一次看到。在感慨之余，自然又丰富了我看《红楼梦》的感性知识。不过在《红楼梦》中，真正写到黄金器皿的地方也还并不太多。在前八十回中，第四十回写刘姥姥逛大观园，凤姐、鸳鸯作弄刘姥姥，吃饭时：

> 原是凤姐和鸳鸯商议定了，单拿了一双老年四楞象牙镶金的筷子给刘姥姥。

第五十四回写宁国府过年时道：

> 擦抹几案、金银供器。

> 当地放着象鼻三足泥鳅鎏金珐琅大火盆。

而这三样金制器皿，第一种筷子是镶嵌在象牙上的，第三种大火盆是流鎏金珐琅的，都不能算真金器皿，只有第二项的金供器，虽然写的比较概括，但既称“金供器”，那多半是黄金的，即使是九成金、八成金，也通称为真金。所谓“供器”，是放在供桌上祭神、祭祖的器皿。一般有五供、七供之分。五供是一座香炉，一对蜡扦，一对香筒，共五件；七供则再加两只“花插”，供佛花。在高鹗的续书中，于第一百五回，“锦衣军查抄宁国府”时，查抄贾赦物资清单上记有不少金器皿。除去镶金、镀金者而外，计有：

> 金佛一尊……淡金盘四件，金碗六对，金抢碗八个，金匙四十把。

先把这几宗内专用名词说清楚。“淡金”，在人民文学出版社的本子中有注解云：“颜色淡，成色较次的金子。”对“金抢碗”则未加注解，什么叫“金抢碗”呢？是俗话，即由碗底成直线向上叉开的那种碗，口很大，很浅，老年间用这种形状的碗盛菜。现在这种形的碗，即使在瓷碗中也很少见了。《天水冰山录》中在“纯金器皿 · 盘碗”项下记有两宗：

> 金素折碗三只，共重三十三两六钱。金法蓝大折碗二只，共重五十两零六钱。

什么是“折碗”呢？我怀疑是“抢碗”之类。另外有人说“金抢碗”就是“枪金碗”，这种说法是讲不通的。因为“枪金”、“枪银”，虽然也要用真金、真银，也要放在坩埚上烧炼，但那毕竟是漆器，而非纯金器皿。据陶宗仪《南村辍耕录》所载，其“枪金银法”（按，抢、铊、戗同）是这样的：

> 凡器用什物，先用黑漆为地，以针刻画，或山水树石，或花竹翎毛……日晒后，角挑挑嵌所刻缝罅，以金薄或银薄……铺已施漆上……甘锅内熔锻，浑不走失。

据此，可见“金抢碗”不是“枪金碗”。现在读者看所写金器皿，已经有些光怪陆离之感，世界上真有这种事，用金子作饭碗？虽然人们俗话中常有“金饭碗”的说法，而在人们的思维中，则总觉得这是夸张形容的说法，客观上不一定真有。而岂不知在封建专制社会中，两极分化，豪门贵戚与普通百姓贫富悬殊之巨，是一般人，尤其是现代的读者无法想象的。高鹗所写宁国府被查抄的那份清单，那点点金器，实际还是很不相称的。曹雪芹在第五十三回写宁国府过年，倾铸预备赏人，给押岁钱的金锞子，一倾就是一百五十多两黄金。而高鹗写的查抄贾赦的物资清单，赤金首饰只一百二十三件，淡金只一百五十二两。金碗等数目都很少，似乎在暗示是在西平王、北静王的庇护之下，不少东西都隐匿了。不然，贾赦、凤姐都是荣、宁两府中极善聚敛、极为殷实的户头，怎么会全部金器，只和宁国府一次节赏的数字不相上下呢？因为明、清两代豪门贵戚之家，其黄金器皿之繁多，数量之巨大，即使现在拿到国际上看，也是十分惊人的。《天水冰山录》载查抄严嵩家纯金器皿，件数高达三千一百八十五件，重量高达一万一千零三十三两多。如以现在国际价格每盎司八百美元计，其价值不算艺术品价值，仅以黄金重量计，也要价值一千零五六十万美元了。宁国府、荣国府所抄之物，比起严分宜来,那真又是小巫见大巫了。

在明代后期,江南一带乡宦豪绅家中,穷极奢侈,特别要用黄金器皿来夸富。明代嘉靖时何良俊《四友斋丛说摘抄》记云:

> 吾松士夫家所用酒器,唯清河、沛国最号精工,沛国以玉,清河以金……必求良工,仿古器仪式打造,极为精美,每一张燕,粲然眩目。

同书又记嘉兴情况云:

> 尝访嘉兴一友人,见其家设客用银水火炉,金滴嗉(按,即"嗽口盂"),是日客有二十余人,每客皆金台盘一副,是双螭虎大金杯,每副约有十五六两……闻其家亦有金香炉,此其富可甲于江南,而僭侈之极,几于不逊矣。

封建时代,最尊贵富有的是皇上,在使用器皿上,有特殊规定。何良俊说他嘉兴友人家"僭侈之极,几于不逊",那就是不唯奢侈,而且"僭越",几乎要构成"不逊"的罪行了。那就是大逆,弄不好要杀头的。可见黄金器皿在当时既能炫耀富贵,又足以招来杀身灭门之祸,是十分危险的。昔人记严世蕃事云:"严世蕃当籍没时,有金丝帐,累金丝为之,轻细洞彻。有金溺器,象牙镶金触器之属,当政恐骇上听,令销之,以金数报而已。"豪势贪婪,穷奢极侈的情况,连抄家的官吏看着都害怕,还害怕吓坏了皇上、明世宗朱厚熜,这可以说是黄金器皿危险故事中最严重的了。

黄金器皿,最多的还是酒具餐具。明万历时,抄没张居正家，有金器皿六百十七件，重三千七百一十两。抄没太监钱宁家，有金银汤壶四百，金银台盏四百二十副。这些都没有细目，也都是酒具、餐具，严嵩家被抄的也都是壶、盂、杯、爵、盘、碗、羹匙等。

金子是很重的东西，做成器皿，其实并不实用。《天水冰山录》有一宗："金大碗三个，共重九十七两七钱七分。"每个碗要重二斤多，试想，这样重的碗，比锅子还重，使用起来，多么不方便呢！

封建时代，最大的豪门，是皇帝，所谓"要得真富贵，还得帝王家"。封建皇帝把全国所有的财产都看成是他家的私产，因而皇帝就可以用黄金打造一切器皿。远的不说，就说近代的吧，曼殊震钧《天咫偶闻》中记有光绪结婚时的妆奁单子，其中金器皿有：

金大元宝喜字灯　　金福寿双喜执壶、杯盘成对
金粉妆成对　　金海棠花福寿大茶盘成对
金如意茶盘成对　　金福寿碗盖成对
金胰子盒成对　　金点翠红白玛瑙盆景成对
金转花洋钟成对　　金四面转花洋钟成对
金小元宝喜字灯成对　金油灯一件
金漱口盂成对　　金抿头缸成对
金喜字羹匙成对　　金喜字叉子成对
金漱口盂成对　　金奓斗一对（按，即"大酒斗"。）
金洗手盆成对

把光绪结婚时妆奁中的金器皿抄在这里，对于理解《红楼

梦》中黄金器皿的实际历史情况，是很有参考价值的。而且这也只是清代的一个倒霉的皇上结婚的妆奁中的金器，如把其他皇帝的妆奁单子都找到，把那些金器皿的名称都抄全，那真是不可想象的了。

一九三二年前故宫博物院标卖残废金质器皿，其细目单中，除一般元宝、如意、碗、筷、匙之外，还有：

金火锅四个、金炉二个、金杵臼一份、金盆二件、金盒一件、金碗架四十四件。

只看看这些金器皿的名称，就可以使一般人感到很惊奇，而实际这也不过只是一点点残余破烂而已。几百年来，紫禁城里面聚敛的，聚敛而后又穷奢极侈地糟蹋，糟蹋的过程中再中饱某些爪牙的贪欲……那些用民脂民膏煅炼成的黄金器皿，真是无奇不有，其数字是无法计算的啊。《红楼梦》中所写到的金器，所写到的各种有关黄金的情节片段，也正是历史事实的反映，是全豹之一斑，是沧海之一滴。单从《红楼梦》与黄金来说，读《红楼梦》可以看到历史的影子；读历史文献可以更深刻地理解《红楼梦》的实质。

当头·当铺

《红楼梦》第九回写茗烟闹书房，有这样几句话：

> 璜大奶奶是他姑妈。你那姑妈只会打旋磨儿，给我们琏二奶奶跪着借当头，我眼里就看不起他那样主子奶奶么！

这几句话中有"当头"一词，是什么意思？而且又说是"跪着借当头"，又是什么意思？现在理解起这些词语来，确实是有一定距离，比较困难的了。

"当头"一词，不能读成"明月当头照"的"当头"，而应读去声，即当铺的"当"。"当头"就是拿了送到当铺里去的物品的代名词。不论是一件衣服，或是一件首饰等等，只要是准备拿出去当号，均可叫作"当头"；如果去赎，可叫作"赎当"，也可叫作"赎当头"。既然是送当铺去当的东西叫当头，为什么还要去借呢？借了东西再去当，难道不会直接借钱吗？正是这样，宁可借东西去当，而不直接去借钱。茗烟的话虽然是意在奚落对方，故意挖苦，而实际生活中则是有这种情况的。这是既有辛酸，又有虚伪的一种情况。

穷人家生活困难，有了急事，急等钱用。自己没有，只有两条路，一是当，二是借。当吧，自己没有值钱的东西；借吧，又觉得难开口，又怕碰钉子，这样就想出了第三种办法，就是借了东西来送当铺，等有了钱把东西赎出来，再还人家。这样既保存了面子,又便于措辞开口。如说到某家去赴席,借一件什么好衣服穿穿;甚至说要做什么样衣裳,借一件什么样衣裳来作样子等等。这样都可以似乎不伤体面地把东西借来,然后作为当头去当号。这正说明当时某些人的虚伪性。茗烟所说虽是恶奴的口吻,但也正是揭了璜大奶奶的短。说明璜大奶奶的确是一个十分虚伪、专以奉承为能事的可厌的小人物,这从第十回《金寡妇贪利权受辱》中,可以看到很生动的描绘。这已是题外的话,不必多引了。下面主要是从"当头"再说到当铺。《红楼梦》第五十七回写邢岫烟告诉宝钗:"前日我悄悄的把棉衣服叫人当了几吊钱盘缠。"宝钗要替她去赎,问她:"当在哪里了?"她道:"叫做什么'恒舒',是鼓楼西大街的。"这就是《红楼梦》中所写到的当铺,正是"丰年好大'雪',珍珠如土金如铁"的薛家开的。所以"宝钗笑道:'这闹在一家去了!伙计们倘或知道了……衣裳先来了。'岫烟听说,便知是他家的本钱……"这段所写,把当铺的名称、地点、东家、当东西的人都写进去了。

现在世界上可能还有类似当铺的那种买卖。但像《红楼梦》中所写的那种北京的老式当铺,现在肯定是没有的了。为此想把它作一个较全面的介绍,使当年这种最能体现世态炎凉的无情生意,留下一点历史的影子。

在当年,当铺是大字号。首先,没有雄厚的资本、高大宽敞的房舍,是不能开当铺的。当铺的铺房,都是坚固高大的;墙特别高,大门一般都钉了铁叶子,有的大门外还有高大的木栅栏;如果是铺面房,即临街开门、开窗的一般店铺式房屋,就更要装上坚固的木栅栏,特别要注意防火、防盗、防抢劫;当铺大门外照例有一个特别的大旗杆,底座是两方高石头夹好,上铁箍箍牢,旗杆中部,有一个斗形的方盘,与一般旗杆不同的是:它是一根,上刻盘龙，这不叫旗杆，有个特别名字，叫作“钱龙绕金柱”。这是当年当铺的特殊标志。当铺内部主要是各种库房，收存当来的各种物品，库房内还要防鼠、防蛀、防潮。当铺里面最多的是各种衣服，皮衣都要特别保管，到了夏天，要放樟脑，要拿出来吹风。该晒的还要晒。俗话把当铺叫作“长生库”，正是指这些库房说的。当铺的营业场所——店堂，是最特殊的。同任何买卖都不一样。进入它的店堂，什么也看不见，只有一排又高、又宽的大柜台，冷冰冰地像一堵墙头一样，把来当号的人挡在外面。当铺柜台的高度约近四尺，小个子的人有时要欠起脚来才能看到里面。当号的人把要当的东西举到这个柜台上，如果是个衣包，高踞在柜台里面的店伙，称作“朝奉”的把包打开，冷冷地一句话：“当多少？”你如要的多，他有时还你个价，有时只把原物推给你，不理你了。如果你要当的钱数他认为可以，便把东西收进去，开票，把票和钱一同付给你，这笔生意便算做成功了。当铺同收买旧货不一样，它只要看准这东西值钱，你要的价并不太多，到时候肯定要赎，它并不狠煞你的价钱。因为它要赚你一笔利钱，压的价钱太低，也是没有好处的。

拿当头去当号的人，大约可分五种：

一是最穷苦的人，贫病交加，实在过不去，拿出家中仅有的一两件衣物送进当铺，总希望多当几个钱。但当铺对这类当户照例是不欢迎的。因为这种人的“当头”都是破破烂烂，绝对没有好东西，当铺从这种生意上赚不到钱，所以不是把东西给扔出来，就是把当价压得极低，当破烂收进去，因为它本身不愿做这样的生意。

二是手头有点东西，现钱经常缺乏，但定期还有收入，这是经常照顾当铺的人。那时北京有句谚语道：“穷不离卦摊，富不离药罐，不穷不富，不离当铺。”这种人是一年四季都要照顾当铺的。皮衣脱下来，当皮衣赎棉衣，价值不同，还可以剩点钱；夹衣脱下，要当夹衣赎棉衣，这当物所得钱少，赎物所用钱多，要添钱进去，就比较困难了。当年也有京谚道：

皮顶棉，倒找钱；棉顶夹，倒找嘎（按，嘎即小钱，口语叫“嘎”）；夹顶单，倒拐弯；单顶棉，须加钱；棉顶皮，干着急。

这正是常年跑当铺的人的实际情况。岫烟出身贫寒，但又不是最穷苦的人，所以类似这种当户。

三是有些小户殷实之家，以当铺作为仓库。清代讲究穿皮货，小户殷实之家，也有几件贵重皮衣，在夏天保存起来，十分麻烦，要放樟脑，要找宽敞地方吹风，以防蛀、防潮、防脱毛等，便在春天送到当铺去当掉，冬天再赎出来。这种当户，不要求多当钱，以免多出利钱。当铺对待这种当户反而要让他多当些钱，不然到赎当时利钱太少，还不够当铺的保管费呢！

四是地痞、流氓以及地面上巡街的铺丁之类的人物。这些人是地面上的恶势力，当铺也不敢惹他们。他们随便拿件破皮袄、破酒壶，也可以当几两银子，当铺为了做生意，求太平，总要设法敷衍他们。如果得罪了地面上的混混，也不得了，带把菜刀，跑进当铺，当场斩一段手指下来当银子，当铺也受不了。这在当年北京也是最能叫狠的，任何买卖家也不愿找这个麻烦。

五是官僚大家，周转不灵，急等钱用，拿着整箱整箱的银器、古玩、书画、细瓷、贵重皮衣去当整笔的银子。《红楼梦》第五十三回贾蓉向贾珍道：

> 前儿我听见二婶娘和鸳鸯悄悄商议，要偷老太太的东西去当银子呢。

第七十二回写贾琏真托鸳鸯偷运一箱金银家伙出来去押银子，等半月光景钱来了，再赎来归还。后面他又对凤姐道：

> 你们太狠了！你们这会子别说一千两的当头……

这都反映了官僚豪门一样也要和当铺打交道，也要借“当头”当号。而当铺中则是最欢迎这种户头的。因为这种当户的当头都是值钱的东西，当的钱是很大一笔银子，赎当时能赚很大一笔利钱，如果因特殊原因不来赎取，这批东西将来死了号，那就更可以发财了。

当 票

当铺的营业性质，照现在的商业关系来说，是一种抵押放款的性质，而且是定期抵押放款。在押物与借款之间，要有一个凭证，那就是“当票”。

《红楼梦》第五十七回写湘云拿着岫烟的当票，跑到潇湘馆，“口内笑道：‘这是什么账单子？’黛玉瞧了，不认得”。结果引得大家都笑起来，还说“这个乖不是白教的”。这段文字写得十分生动，但是有的人看了产生怀疑：湘云虽是侯门闺阁，不懂市井的商情，但她却是大观园中才思敏捷、数一数二的诗人，不知道当铺固然可以理解，难道不认识上面的字吗？怎么能对着当票一点也不认识呢？这种怀疑是有道理的。但如看见实物，这怀疑便会迎刃而解了。可是二百多年前的当票，现在天地间纵然还有，也是一般人无法看到的。为此，还需要解说一下：

当铺每天开门，接受顾客当号。当者进来，把要当的东西送上柜台，朝奉看过。比如说：一件羊皮短袄，你要当三两银子。他认为可以，便接进去，对写账的先报上货名、银价，账上先生便开票、付银，登流水账，编号，送库，都依次办好，朝奉便拿了当票和三两银子付给你。你接过当票一看：除去印刷的字认识外，其他墨笔写的字，大多都不认识。这也是湘云不认识当票的原因之一。为什么呢？因为当铺开当票时，物品名称、银钱数字，都用一种当铺行业中特殊的文字，叫“当字”。

当票大约长五寸，阔四寸，用厚皮纸印刷，十分柔韧，不易破碎，便于保存，用蓝色木板水印。边框顶部是梯形横格，由右向左横印字号名称，如“恒舒当”、“裕福当”等等。横格下三行竖格：第一行写物品名称，第二行写银钱数字，第三行是年月日。字号地址印在框外，顶部梯形斜边有时分别印两行楷书，什么“富国裕民”、“童叟无欺”等等。其中下面三直行，都是临时填写，除年月日用大写数字注明外，其他两项都用“当字”填写。

“当字”，第一是用一种特殊的草法来写；第二是变体，有的只写一半，有的改换名称；第三是物品再加贬语，真的说成是假的，好的说成是坏的。草形变体如衫写成“彡”，袄写成“夭”，棉写成“帛”等等，改换名称如皮袍写成“毛夭”，花梨紫檀写成“紫木”，玉器写成“假石”等等；物品必加贬语，如皮货必写“虫吃鼠咬，光板无毛”，衣服必写“油旧破补，缺襟烂袖”，金器必写“冲金”，银器必写“潮银”等等。银钱数字“壹贰”到“仟佰”，自然都是大写，而写起来很特别，第一个字特别大，下面数字写的又草又密，只有当铺内部的人认识，生人是无法识别的。

清代南方开当铺的都是徽州人，北京开当铺的则大多是山西南路祁县、太谷、平遥人。由当家的（即经理）到头柜、二柜直到管库、看门、打杂都是同乡人。他们对顾客说官话，一回过头来便打乡谈，当号的人是一句也听不懂的。到当铺去学徒，第一步就是学着认“当字”，写“当字”，这是到当铺中学生意的主课。一定先要把“当字”学会，才能当伙计，站柜台。认识“当字”之后，还要学会各种暗语，学会认识各种货物，才能做一个称职的当铺伙计。

一张小小的当票，票面上的文字写得这样神秘，目的是为了什么呢？这是当铺从历史上沿习下来的一种保密办法。当铺在清代是一种特殊的生意，一般买卖开张、歇业都不必申请官府批准,唯有当铺不同。它要向官府领一种凭证,叫作“当帖”,没有当帖,只能开非正式的小押当,而不能开正式当铺。领了“当帖”开的当铺,每年要向官府交一笔税,当铺里的伙计也就可以叫“朝奉”了,所印的当票,也就是奉官的证券了。其保密的神秘性,也是这种奉官生意的特征。空白当票一经填写之后,照例要用该店的图书,图书照例是八分见方的木质或牛角图书,宽边细篆字,成斜角地盖在中间一行钱数上,不是盖一个,而是盖三、四个,把一行钱数盖满为止。

当票上不写当物人的姓名,因此一张当票随便落到任何人手中都可去赎取。当票是不挂失的。遗失当票的人自然是很急的,所以在五十七回中写薛姨妈道:

> 那必是那个妈妈的当票子失落了,回来急的他们找……

“当票”用现代的经济术语说,是一种有价证券,因此它可以出卖。用当头去当号的价值,一般都不超过百分之五十。即值十两银子的东西,只能当五两。当号的人要赎号时,钱不够,或者根本没有钱赎,或者不但没有钱赎当,同时还等钱急用。这时便可出卖当票,价钱自然十分便宜。如价值五两的当票,只能卖一二两,买者买当票付出一二两,赎当时,加上利钱,还要付出七八两,合起来也就等于物品原来的价钱了。

当铺在《红楼梦》时代,一直到后来,也有两种。一种是领了当帖的正式当铺,一种是未奉官的小押当,都开当票出来。正式当铺的当票有信用,有时借款时,还可作为短期的,如一两月的抵押品。而小押当最近似于借高利贷、放阎王账的人,在当时也不算规矩生意。正式当铺不敢收的东西，小押当利钱重，敢收。所以当时官庭追查贼赃时，常常是把小押当作为重点的。

史湘云、林黛玉虽然都是大观园中的才女，却不认识“当票”。一方面不懂“当票”是什么，过去没有看见过“当票”；二方面也的确不认识上面写了些什么，不认识那些“当字”。而旁边的那些人，虽然认识“当票”是什么东西，却也不见得都认识那些字。因此“当票”丢失后，第三者拾去，如果不是内行人，不识“当字”，不知道当的是什么东西，贸贸然拿了到那家当铺去取赎，柜台里面伙计一问：“你当的是什么东西？”便瞠目不知所对，真假立时就可揭穿了。这也是“当票”带有一定保密性的好处吧。

死　号

《红楼梦》第五十七回，说到当票的时候，宝钗掩饰道：

> 是一张死了没用的，不知是哪年勾了账的……

同样是一张当票，什么叫"死了没用的"？又是怎样"勾了账的"？实际宝钗这后半句话是有一定语病的，这正是编造掩饰语言时的口气。因为看一张当票是否是"死了没用的"，别的是看不出的，只能看年月，而看了年月又说不知是哪年勾了账的，这显而易见是掩饰之词了。这里牵涉到当年当铺的一些具体规矩，这里逐条解说一下：

先说利钱。一件皮袄，当十两银子，过五个月去赎，要付多少利钱？付一两五钱利钱，其利率就是月三分。《红楼梦》时代，北京的利率叫"京债、京利"，照例比外地高。当铺的利钱，外地一般是月利二分半，北京则是按《大清律例》法定的最高利率月利三分计算，从清初到清末，基本上都是如此。咸丰时署名芝兰室主人的《都门新竹枝词》中有一首道：

> 西商妙算果通神，典当重开用现银，就便亲爹能出世，三分一律不饶人。

这诗写得清楚，"西商"是山西商人的简称，"三分"就是三分利。以月三分计算，十两银子，每月利银三钱，三年便是十两零八钱，利钱便要超过本钱了。当铺当物，不能漫无期限地保存下去，听人赎取，要有个期限，过了期，便不能再赎，谓之“死号”，当物人的那张当票，便成为一张废纸，这就是宝钗所说的“是一张死了没用的”了。

“死号”的期限，在《红楼梦》时代，一般都是三十个月，即两年半“死号”。后来乡间当铺还是两年半死号，而北京则多改为两年，即二十四个月死号了。死了号的当头，当铺不管当票在谁手中，勾账了结。当铺定期把死了号的物品，分别送各旧货行出售，旧衣服最多，归估衣行，铜铁锡器、木器归挂货行，古玩、书画归古玩行，总之各归各行，变价处理。那时估衣铺、估衣摊卖不完的估衣，都是各家当铺死号下来的东西。

付利钱的标准，是按月计算。当天当号，当天取赎，也要付一个月的利钱，如隔一天更要付一个月的利钱了。算月份不是按对头一月计算，而是每月过初五计算。每月一过初五去赎号，便要多付一个月利钱。如头月二十九日去当号，下月初四去赎号，只付一个月的利钱便可，如初六去赎，便要付两个月利钱，实际上只不过七、八天的时间，十两银子便要付六钱银子的利钱，这种盘剥也是十分惊人的。

当年当铺还有一个特别盘剥的手段，就是一律以银计算。如岫烟所说：

把棉衣服当了几吊钱盘缠。

这“几吊钱”在写当票时，从来不写“钱”，一律折合成几两几钱几分银子，写在票上。在折合时，如当天市价每两白银换十二吊，那么便按十一吊或十一吊五折合付出。取赎时，如果行情不变，照例仍要加成，按十三吊或十二吊五收进。这种办法一直到清末民初，改用银元、铜元时仍然如此。忧患生《京华百二竹枝词》注云：

> 京城典市，利皆三分，出则银元、铜币，入则京平足银，写票不论银铜两币，一律合银。

总之，当铺盘剥重利的手段是相当多的，十分重的。所以《五十七回》中写黛玉、湘云二人听了薛姨妈将当铺的原故讲明后，方笑道：

> 这人也太会想钱了……

这就是“天下老鸦一般黑”的道理，所有的当铺都是这样盘剥穷人的。

当铺的历史在我国经济史上是很早的事情了。五十年前有人在《大公报》写文章介绍当铺的历史说，最早起于监狱中的囚徒，有一死囚在狱中勒索银钱，令众犯赌博，输钱者以物向之押款。后遇赦出狱，即开“小押当”，门前大书“指物借钱，无论何物均可抵押，物值十而押五，坐扣利息，几个月为期，限满不赎，即变卖折本”。实际这说的是“小押当”，而非正式当铺。正式当铺的历史可以上溯到一千多年之前，早在唐代就有“质库”、“僦柜”的名称。《通鉴》唐德宗建中三年“又括、僦柜质钱”句下注云：“民间以物质钱，异时赎出，于母钱之外，后还子钱，谓之僦柜。”另《旧唐书》中还有“质库”的记载，这都是当铺的前身。在陆游《老学庵笔记》中，也有关于寺庙中设“质库”的记载，这都可以了解到正式当铺历史的演变。至于小押当则不同。它本钱少，当利重，常把三分半、四分利押在它那里的东西，再转送大当铺中当出去，它利用别人的东西，当铺的本钱，从中倒手之间，稳赚一笔干利，这在当时叫作“转当局”。

当铺里的学徒，学“当字”、学识别货物的真假，都是一种专门知识，学起来并不容易，但学会之后，只能在当铺中当店伙，一生只能吃当铺饭，不能改行。当铺中的店伙失业之后，别的行业不会去用他，别名叫作“夜壶镴”。因为太臭，无法改作别用。那时任何生意，都讲究“和气生财”，对顾客都是很客气，以广招徕的。独有当铺伙计，平常习惯是别人求他，长期养成臭架子，一旦失业，做其他买卖，也很难改变这种习惯，自然没人要了。

第二期《中国书画》上发表了一幅光绪二十八年出版的杨柳青年画，题目是《抢当铺》，画的是庚子年（一九〇〇）的事。这年七月十七日侵略者八国联军进北京，北京大乱，所有当铺都被抢光了。杨典诰《庚子大事记》记云：

> 京城内外城当铺二百余户，连门窗户壁以及地砖，靡有孑遗，其未被劫或劫之过半者，不满十户……南柳巷之汇丰，出银四千两以保险，二十四仍被劫一空。

高枬《高枬日记》七月二十二日记云：

> 南城唯春元当未抢，掌柜请已散之练勇六十名保护。乱民全抢当铺、绸店，洋兵旁观，挟物走者，命开包与看，有银则拿去……本日抢当铺六家，米市胡同一、南横街二、大

街一、绳匠(胡同)一。

这都是当年当铺被抢的实录,上距《红楼梦》时代约一百三十多年,下距现代是八十年前的事。由当铺说到抢当铺,虽然是与《红楼梦》无关的题外话,但亦是当铺的史话,稍作介绍,用存掌故吧。

大 廊

《红楼梦》第二十七回写芒种日,大观园中做“饯花会”。大家都在园子中玩耍,探春遇到宝玉说:她又攒下十来吊钱,托宝玉出门时,替他买些好字画、好轻巧玩艺儿回来,这种情况是不难理解的。当时像这样的仕宦豪富之家的小姐,要想出来随便到街上逛逛,自己买点中意的、好玩的玩艺儿,是为礼法和家法所局限,不能办到的。这种情况如果在南宋之前,还比较好办些。如北宋著名女词人李清照,在十八岁时嫁给赵明诚为妻,公公赵挺之是丞相的地位,论门第、论身份、论年龄、论才学,都丝毫不比《红楼梦》中的那些姐妹们差,而却比较自由,可以“每朔、望谒告出,质衣取半千钱,步入相国寺,市碑文、果实归,相对展玩咀嚼”(见《金石录后序》)。十八九岁的女词人李清照和二十来岁的年青丈夫金石家赵明诚,小夫妇二人能经常自由自在地去逛汴京热闹的大相国寺,在拥挤的人群中随意买书画、碑帖、果饵等物。但这种情况在《红楼梦》时代,就变成不可思议的了。这是因为在南宋之后,理学(也就是道学)盛行,越是官僚、仕宦之家的妇女,越是要受到礼法和家法的约束。像是这一类的事情,一定要受到家长的限制,不会发生。如果发生,便要受到指责,认为是咄咄怪事,甚至认为是大逆不道了。沈三白《浮生六记》中记载他与他夫人芸娘出去游玩,常常是瞒着他母亲的,有一次芸娘甚至穿了男人的衣服化装成男人同他一道去玩。这些都说明了当时青年妇女出门游玩的困难之处。因此像探春这样的未出阁的小姐，自然更是绝对不会自己上街买东西的了。

自己不能去买，便托宝玉去买。宝玉回答道：

> 我这么逛去，城里城外大廊、大庙的逛，也没见个新奇精致东西，总不过是那些金、玉、铜、磁器、没处撂的古董儿；再么就是绸缎、吃食、衣服了。

前面的情况容易理解，从旧时的封建礼教一说就清楚了，而这几句却比较困难些。因为这是当时北京特有的生活实况，语言所表现的是具体的事物，不是抽象的道理，年代久远，具体事物发生了很大变化，当时很普通的话，到了后来，就变成为很难理解的了。比如说：什么叫做“城里城外大廊、大庙”呢？“大庙”，了解历史风俗的，还能理解为庙会；至于“大廊”，似乎就更难理解了。要知道这个特殊名词，是有它的历史根源的，这要从明代说起。

小燕王朱棣把他侄子建文皇帝打垮，坐了天下，把明代的京城由原来的南京搬到北京，建立了纪年“永乐”的王朝。永乐四年闰七月开始修建北京，营造皇宫、郊庙、街道、廊房，到永乐十八年完成，就是北京旧时内城的样子。当时把主要商业区先摆在大明门外（即现在仍保留着的前门门楼后面那一片空地），因为是正方形的，所以叫做“棋盘天街”。在这里左右两侧都修造了带有大廊子的商业用房，叫作“廊房”，租给买卖人摆摊作生意，十分热闹。明末蒋一葵《长安客话》中道：

> 大明门前棋盘天街……天下士民工贾各以牒至，云集于斯，肩摩毂击，竟日喧嚣，此亦见国门丰豫之景。

这里是当年第一等的“大廊”，是城里的大廊。不但白天热闹，连晚上也很热闹。康熙时诗人查嗣瑮，在他的《杂咏》诗中，有一首写“天街”道：

> 棋盘街阔静无尘，百货初收百戏陈。
> 向夜月明真似海，参差宫殿涌金银。

从查嗣瑮的诗中，可以想见当时棋盘街的热闹了。《红楼梦》和这个时代是相隔不远的。这种“廊房”的建筑，大体像大明门（清代叫大清门，辛亥后叫中华门）里面左右两侧，以及现在还存在的天安门里面左右两侧的朝房一样，是有宽大廊子的木建筑。棋盘天街虽然在明、清两朝一直十分热闹，但到一九〇〇年，即庚子时，因战争影响，大部分被火烧了，残余部分也拆除改建了。仲芳氏《庚子记事》六月十九日记云：

> 前内由棋盘街东廊起，东交民巷、东城根、御河桥……一带，官民住宅铺户货产，俱被武卫各军枪击火焚，蹂躏殆尽。

华学澜《庚子记事》七月十一日记云：

> 两月未出前门，城里外被焚烧，一片瓦砾，触目伤心。

这是当时的破坏情况。自此之后，正阳门之内的棋盘街全部都经改建过，再看不到当年“廊房”的面貌了。

以上是城里的大廊，还有城外的大廊，首先就数前门外的。

在永乐年初建北京时，先只修了内城，还未修外城。正阳门外两侧是都城正门出入的要冲，是最热闹的地方，所以也修了许多“廊房”给各类商人设摊贸易，因而一直到现在还有“廊房头、二、三条”的街名。康熙时诗人查慎行在《人海记》中记云：

> 永乐初，北京四门、钟鼓楼等处，各盖铺房店房，召民居住，召商居货，总谓之“廊房”，视冲僻分三等，纳钞若干贯，洪武钱若干文，选廊房内住民之有力者一人，佥为“廊房”，计应纳钱钞，敛银收买本色，解内府天财库交纳。

前门外西面廊房头、二、三条，都是这种建筑，而且照初白老人所记，可以看出这“廊房”最初不但是一种商业建筑，而且是一种商业组织。同时各个城门附近都有，所以现在阜城门内还有“东廊下”、“西廊下”等地名，这些都是从明代永乐时的“廊房”流传下来的。

年代久远，街道坊巷，各种建筑的变化太大了。就以最冲要的前门外廊房头、二、三条来说吧：在贾宝玉逛城里城外的大廊、大庙时，这些地方是否仍是永乐时建筑，已不可考。不过按年代算，已经历了二三百年，也应该是几经沧桑了。至于在此之后，那变化就更加大了。在近一百五十年中，这一带就经历过两次大火，一次是一九〇〇年庚子，五月二十日团民在大栅栏火烧老德记大药房，引起大火，烧了一两天，把大栅栏以北直到西河沿，包括廊房头、二、三条烧了个光。在此以前，还有一次大火，那就是道光二十年，即一八四〇年。杨典诰在《庚子大事记》中记录大栅栏大火时，曾引《春明丛说》道：

道光二十年庚子岁，五月十一日午时，前门外居民不戒于火，延烧数里，将正阳门楼烧去，至十二日黎明火止。

这就是“廊房”的沧桑，现在“廊房”的街名虽然还在，而“大廊”的说法，已经早已不流行，曹公的话，时至今日，要注解之后，才能为人所理解。至于当年“廊房”的建筑，则早已无法寻找了。

大　庙

说过“大廊”，再说说“大庙”。《红楼梦》中虽有“大廊”、“大庙”的说法，但却没有市井的描写，没有看到曹公笔下像《东京梦华录》、《清明上河图》等描绘汴京的场景那样，描绘一下康熙、乾隆时代北京大廊、大庙中的热闹情况，这是非常遗憾的。北京昔时所说的像汴京大相国寺、杭州昭庆寺、苏州玄妙观那样的大庙，在清代初年还首推西城旧刑部街的都城隍庙。清初谈迁《北游录》中“都市”条记云：

> 北方待期而市曰“集”，市师大明门两旁曰朝前市，不论日……刑部街西都城隍庙市，则每月朔望及念五日，今庙市移外城报国寺，期如前。甲午冬增市灵佑宫，则每月八日。

这是清初顺治年间的“大庙”集市情况，还继承了明代庙市的规模。刘侗在《帝京景物略》中记录城隍庙的热闹情况说：

> 东弼教坊，西逮庙墀庑，列肆三里，图籍之曰古今，彝鼎之曰商周，匜镜之曰秦汉，书画之曰唐宋，珠宝象玉、珍错绫锦之曰滇、粤、闽、楚、吴、越者集。

到了康熙年间，又增加了城外的土地庙（在宣武门外），查慎行《人海记》云：

槐树斜街即土地庙斜街，旧时古槐夹路，今每月逢三日为集。

到了乾隆时代，北京的“大庙”，又有了些变化。城隍庙、报国寺、灵佑宫等早已冷落了，而又增加了护国寺、隆福寺，乾隆时汪启淑《水曹清暇录》记云：

庙市，西城则集于护国寺，七、八之期；东城则集于隆福寺，九、十之期，惟逢三则集于外城之土地庙斜街。

从以上几则资料中，可以大略了解北京清初庙市的演变。所谓“七、八之期”等，就是初七、初八、十七、十八、二十七、二十八，即每月开六天。当时到这些庙中游玩、买东西，人们习惯叫作“逛庙”。这就是《红楼梦》第二十七回中宝玉所说的“城里城外大廊、大庙的逛”的具体背景。其中所说的“大庙”，实际城里所指就是隆福寺和护国寺，城外所指就是土地庙了。

这些庙的历史，在许多书中都有记载。隆福寺和护国寺都是明代就有的名刹。隆福寺叫大隆福寺，是明景宗朱祁钰勒建的。庙宇很大，前门在东四隆福寺街，后门在钱粮胡同，大法堂的汉白玉栏杆，是明代宫内翔凤殿的旧物。景泰四年，庙建成，朱祁钰本来想亲自到庙里来，后来接纳了臣下的意见，认为“不可事夷狄之鬼”、“不可临非圣之地”，所以没有去。但是敕都民观览，因而开光时十分热闹。清代在雍正时曾大修过一次，后来在光绪二十七年发生过一次火灾，把大殿都烧光了。

护国寺在西城定阜大街，正名“大隆善护国寺”，最早叫崇国寺。这个庙的历史比隆福寺还早，在元代就有了。元代叫北崇国寺，明代宣德年间，赐名"隆善"，成化时，加"护国"名。过去有赵孟頫撰并书的碑，有危素撰并书的碑。据说这个庙原来是元初宰相脱脱的住宅，后来舍以为寺的。在千佛殿旁有一老髯塑像，穿朱衣，戴幞头，一老妪塑像，穿朱裳，戴凤冠，据说就是脱脱夫妇的塑像。明代后，庙里还供过姚广孝的影像。

三个大庙中，土地庙范围比较小，庙期也少，每月只开三天。这几处庙市持续的时间很长，由《红楼梦》时代十八世纪初叶一直到二十世纪的四十年代还存在，前后差不多存在了二百五十年之久。现在老北京中五十多岁以上的人大概都还有过逛庙的经验吧。

《红楼梦》时代的庙会，正是庙会的鼎盛时期。得硕亭的《京都竹枝词》中有一首道：

> 东西两庙货真全，一日能消百万钱。
> 多少贵人闲至此，衣香犹带御炉烟。

营业额如此之大，所以叫做"大庙"。庙上生意，除宝玉所说的"总不过是那些金、玉、铜、磁器、没处撂的古董儿，再么就是绸缎、吃食、衣服"之外，还有各种卖艺的，再有值得一提的就是出售各种花木、鲜花的花局子。这是东西两庙及外城土地庙的一大项目。多少年中一直是如此，而且品种越来越多。曼殊震钧的《天咫偶闻》中记隆福寺的花局子云：

> 惟寺左右，唐花局中日新月异。旧止春之海棠、迎春、碧桃，夏之荷、榴、夹竹桃，秋之菊，冬之牡丹、水仙、香橼、佛手、梅花之属。南花则山茶、腊梅，亦属寥寥。近则玉兰、杜

鹃、天竹、虎刺、金丝桃、绣球、紫薇、芙蓉、枇杷、红蕉、佛桑、茉莉、夜来香、珠兰、建兰，到处皆是，且各洋花，名目尤繁，此亦地气为之乎？此外，西城之护国寺，外城之土地庙，与此略等。

不过这已是比较后期的情况，至于在《红楼梦》时代，各大庙会上的花铺是否也如此缤纷，这里引两首诗，可约略想见之。清初孙在丰竹枝词云：

腊后春前春未回，燕京腊月少花开。
明朝十五慈云寺，买得盆梅屋里栽。

查慎行诗云：

卖花声里过斜街，不记招寻月几回。
只有绣衣真爱客，印泥封酒必同开。

嘉庆时方朔《花市诗》云：

自出冰窖来，怅怅如无之。
人言土地庙，花市又当期。

前两诗在《红楼梦》前，后诗在《红楼梦》后，慈云寺、斜街、土地庙均在一起，《红楼梦》时代庙会买花的情况，可见一斑了。

大庙风貌

贾宝玉只约略地说到大廊、大庙的货物品种，并未详细说明当时的商业情况，这里不妨简单介绍一下。

庙会上的买卖，照过去说，既非纯属行商，也非完全坐商；形似流动摊贩，实乃字号生意，基本上是可以用以上四句话来概括它。庙市的买卖，习惯都是租赁各个庙的固定地方设摊营业，摊子有大有小，但是总是摊子，而非店铺。就是各种货物摆一两天，就要收起来，打好包，用车拉到另外一个庙上去，到了那里，再在固定的地方，如期摆出来营业。因而如果说他们是行商，他们却在各个庙上的固定地点营业；如果说他们是坐商，却只都做上一两天生意，会期一过，马上又要搬场。看上去都是临时摆摊子，但是都有字号，生意做得很大，在庙里占的地方也很大，并不是小小的摊子。所以只能说那时北京庙会上的买卖，是一种特殊的生意。这些生意，时间长了，有的也很出名，在历史上留下一点当时商誉的资料。如乾隆初潘荣陛在《帝京岁时纪胜》中记录当时著名商店时，就有两句道："隆福寺里荷包，样自大宫描出"，及"土地庙之香酥，饼泛鹅油，传来渤水"。所记虽只一鳞半爪，也可稍知乾隆时庙会上的著名商品了。

在清代二百多年中，庙市商业情况的变动是不大的。嘉庆时方朔《金台游学草》中有一篇题为《庙市》的诗，是一首介绍东西庙商情的风俗诗，把当时庙会的情况写得很全面。写到庙期时说："月七八，护国寺中市风发；月九十，隆福寺中市齐集。"写到商人的流动情况时说:“东西两庙物不分,昨日、今日即前日,笨车辇载轰山门,地毯未设先天棚。”这是说东西两庙商号一样,今天、昨天在东庙上的,就是前天在西庙上的。是由笨重的排子车拉来拉去。“地毯”就是地摊,摊子未摆先要把棚搭起来,防止雨淋日晒。写到大货摊子时说:“高者或板支案要令阅者无长蹲。”这是说大货摊用板支着高案子摆摊,不是地摊,顾客用不着老是蹲在地上看货了。写到各种货物时说:“大院衣服列如织,中殿珠玩攒为营,宝刀动辄百数十,聚钿金钏摇繁星。”又说:“食物不论冷热荤素酸咸甘苦辛。”这些货物情况,就是宝玉所说的那些内容了。前面已提到过,宝玉没有说到的是各种卖艺的和各种花厂、花局长。庙会上卖艺的也是数不清的:说评书、唱大鼓、说相声、唱小戏、变戏法、摔跤、练武艺,都是庙会上少不了的,方朔诗中也写道:“前院鼓,后院钲……钲鼓声中百戏陈,难拦大众如狂兴。”这种把购买物品、饮食娱乐结合在一起的营业方式,正是大廊、大庙贸易方式的主要特征。

贾宝玉时代的“大庙”,究竟有哪些具体内容,有些什么买卖,有哪些家有名的字号,年代久远,已渺不可知了。不过在其稍后,即同治、光绪之际,还有关于庙会的非常生动的具体资料,保存在通俗文学的作品中,虽然人们不大提起,却是弥足珍贵的。在当时有一个专印通俗唱本的出版商,姓张,绰号“百本张”,也在东西两庙摆摊。印过不少无名作者的作品,其中有一篇子弟书《护国寺》,保留了当时庙会的生动资料。按它里面所写到的,当时护国寺就有以下这许多商号及艺人:

永和斋	酸梅汤	庙西门里
某某摊	玉器	西门里甬道

翎子张	顶戴花翎	弥勒殿
某某摊	腰刀	弥勒殿旁
某某摊	古董木器	弥勒殿两旁
辛家玉摊	玉器	天王殿
吉顺斋	满汉饽饽	天王殿台阶下
云林斋	京装绢扇	天王殿前
德丰斋	京装绢扇	天王殿前
冰玉斋	京装绢扇	天王殿前
某某摊	首饰	天王殿前
百本张	书和戏本	东碑亭
某某摊	南纸	东碑亭外
天元堂	眼药	黑驴为记东碑亭外
年儿	把式卖艺	东碑亭外
照九州	测字	塔院
仁义堂	孟家卖药百补增力丸	塔院
李九儿	粘盘子、粘碗	塔院
仓儿	象声儿(即相声)	塔院
王麻子	象声	塔院
鸭蛋刘	吞剑	塔院
弦子李	弦子	塔院
某某	西洋景	塔院
叉董	把式耍叉(当时已死,作者原文云:“叉董故后真讲工夫的江湖甚少,这些个玩艺呕的我恶心。”)	
云林斋	书画	塔院外

某某摊	玉器	西廊
某某摊	旧书、碑帖	西廊
立本号	烟料	西廊
鸭子张	烟、料器烟壶	西廊
金回回	膏药	西廊外
同乐堂	书、唱本、小画	西碑亭
手艺堂	雕镂蝈蝈葫芦	西碑亭外
怯刘	旧书	西碑亭外
德昌号	绸缎	西碑亭外
联盛号磁器刘	磁器	西碑亭外
九庆堂	磁器	西碑亭外
永春花厂	花木	后院
聚文书房曾秋谷	书、唱本	庙院后门
狗市	各种细狗	庙旁胡同口外

以上是“百本张”子弟书《护国寺》所记录的当年护国寺庙会上著名的商号和艺人，很像孟元老《东京梦华录》和吴自牧《梦粱录》等书中所记的资料。只可惜在明、清两代中，更早一些时候的、有关北京的这种具体风俗资料太少了。只是在这晚近的通俗作品中，保留一点具体的、生动的资料，使我们今天仍然能够通过作者的文字，领略一下当年庙会的气氛，这也是弥足珍贵的。这里多少引两句原文，以见当年庙会风物的一斑：

忽想起今朝还是护国寺的庙，何不前去略散心……卖耗子药的说：“一包管保六个月。”卖首饰的说：“买过的知道，带过的认得，露出铜色与我拿回来。”治瘤子的满面乱点石灰面，卖膏药的说："小弟随标从镇江来。"卖烟袋的双手拧成麻花样，治牙疼的拴上绳子愣往下摘。这边说："狮子、骆驼、猴、荷花、莲蓬、藕，每件清钱三十六。"那边说："要图结实买这个啊——"手举城砖打下来。

这就是一百多年前北京庙会上的叫卖情况，基本上还能理解。北京方言把老鼠叫"耗子"，"耗子药"就是药老鼠的药。卖烟袋的表示烟袋杆子结实，所以拧成麻花样。"狮子、骆驼"等，是糖狮子、糖骆驼。"城砖"是修城墙的大砖。稍一解说，便都明白了。但是也有些话语则不易理解了，如下面几句：

又见那西洋水法水车儿、水轮儿做的十分巧，那卖旱三七的抹搭着眼皮儿，麻里麻糖真有趣，卖苦果的撅着胡子眉来眼去把人云，卖龙爪姜的说这个小碟顷刻间能起三尺浪，那边是天王堂黑驴儿家的眼药，天下把名闻。

这几句中，除眼药和"旱三七"是旱烟的一种外，其他则只能看出点意思，具体如何，则很难说清楚了。这还只是一百多年前的情况，至于《红楼梦》时代，又在二百多年之前，时代隔阂更远，不少生活细节，就更难解了。

凤姐放账

《红楼梦》中写凤姐放高利贷，是暗写，是侧面写，常常是从对话中用几句话轻轻地点出来，一带而过，但份量却不轻，关系十分重要。这事始见于第十一回和第十六回，在十六回中写正遇贾琏回来在房中与凤姐说话时，旺儿媳妇来送私房利钱，被平儿拦住，事后对凤姐说：

> 那项利银早不送来……知道奶奶有了体己，他还不大着胆子花吗？

说明这利钱是凤姐私房，是体己银子放账所得利钱，是通过旺儿媳妇经手的，是平儿管理的，是瞒着贾琏的，当然更瞒着其他有关人了。

再见于第三十九回，出园途中，袭人让平儿到屋里坐，并问这个月的月钱为什么连老太太、太太屋里还没放，平儿悄声告诉袭人："这个月的月钱，我们奶奶早已支了，放给人使呢。等别处利钱收了来，凑齐了才放呢。"又告诉袭人道：

> 他这几年，只拿这一项银子翻出有几百来了。他的公费月例又使不着，十两八两零碎攒了，又放出去，单他这体己利钱，一年不到，上千的银子呢。

又见于本回书后文，平儿对二门上该班的小厮道：

> 你这一去，带个信儿给旺儿，就说奶奶的话，问他那剩的利钱，明日要还不交来，奶奶不要了，索性送他使罢。

这里面进一步写清凤姐放账的资本，一是利用月初向账房支领大观园众人的月钱，到月底再凑别的钱来发月钱；这样每月翻滚，就等于常年这笔月钱都在为凤姐赚利钱，因此只这一笔就翻出几百两利钱。二是自己每月的月钱十两、八两攒起来，越攒越多。三是什么？平儿未说。此处平儿对袭人所说的话还是有保留的。即其他非法的资本，如馒头庵所得三千两就未说。

也写清凤姐每年的体己利钱收入，“一年不到，上千的银子”，如果一年到了呢？最少该有一千五或者两千吧。这当然还是平儿有保留的说法，实际上仍是要超过此数的。

更写清了外面替她放账的经手人和经手人的手段。经手人旺儿也是拖拉日期，暗示也是靠这个办法来捞好处。

当时社会上面的各种债务，从地区上分，一种是北京，一种是外地，在外地还分城市和农村。这中间北京利钱最重，谓之“京债”。梁玉绳《清白士集》中曾说过：“俗间以放债为业者，京债最重，人每为所累。”而在北京的债务关系中，也不一定完全相同，一是各种商店以及银钱行业炉房、票号间的正常债务；二是私人亲朋间的友谊债务；三是前面引文中所说的“以放债为业者”的债务。这三者中，利率并不一样。第一种是正常的较低的利率，第二种更是无息或者低息的，如第二十四回中所写倪二借给贾芸钱，说明“我们好街坊，这银子是不要利钱的”。但第三种“以放债为业者”的债务则是重利的，倪二就是专门干这个的。

他对贾芸虽然说是“好街坊”，不要利钱，但对别人则不然。《红楼梦》原文说得清楚：“这倪二是个泼皮，专放重利债，在赌博场吃饭，专爱喝酒打架。”这就说明“放重利债”是他的职业，赌博场是他的业务场所，喝酒打架是他这行职业的看家本领。没有这点“本领”，在当时的都城中就不能以放债为业，放出去也讨不回来。

凤姐放账，不是第一、第二种，而是第三种，即“以放债为业”式的放账。放这种账，她不可能自己出面，必须有人替她办理，替她办这种事的人，必须像倪二那样的，也就是泼皮式的人物才行。这种人就是要有本事找得到借高利贷的人，到时又要有本事把放出去的账收回来。找得到借高利贷的人也不是件容易事，都城中不比乡下的贫苦农民多，而既因生活所迫要借高利贷，又因土地关系牵连着，不怕借债人逃走，漂了账。都城大官、富商都是大笔债务来往，不会借小额高利贷，而真正贫苦、不遭遇特殊意外的人，也尽可能不沾染这些放高利贷的泼皮。因而他们要找那些最理想的借债人是不怕任何大利钱，恨不得油锅里的钱都想捞来用，而又在压力之下能够有办法还钱的人。如家里管得很严的吃喝嫖赌无所不为的浪荡子弟；薄有家产，突然吃了官司、锒铛入狱，急于打点花销而又缺少现钱的人家；外地晋京的土财主，被作好圈兜迷恋于嫖、赌的嫖客、赌客，类似这一些人，既敢图一时痛快，借各种阎王账，又不怕他还不起钱。但是这种“秧子”，不是到处都有的，最多的地方，就是赌场等下级社会。一边摆赌台开赌，一边给赌输了、已经红了眼、急于借钱翻本的赌客放账。讨账的时候，该动软的动软的，该动硬的动硬的，可以逼债客卖房、卖地、卖妻、卖儿，甚至偷抢来还账。所以能够办这个的人，一是倪二般的地痞、泼皮，二是旺儿般的豪门恶奴。在社会势力上,旺儿这类的豪门恶奴,又比倪二这类的地痞、泼皮厉害得多。所以凤姐利用旺儿做她的爪牙,在外面放高利贷。在《红楼梦》的文字描绘中虽只聊聊数语,而在实际生活中,却不知有多少奸诈、阴险的骗局。像第十二回中贾蓉、贾蔷逼贾瑞写借据,第二十五回中马道婆骗赵姨娘写借据,类似这种骗局借约,在旺儿手下也是不会少的。

高利盘剥

凤姐当时所放高利贷、阎王账等，在清代文字上叫作“高利盘剥”。要分析是否是高利盘剥，要从两个方面看：一是从利率高低看，二是从物价涨落看。如果像晚近世界上因战争引起的通货膨胀，物价飞涨，在这种情况下，假如不以实物折合，仅按货币计算，则往往是利率追不上物价。反之，如果物价涨落不大，则只从利率上就可明确是否是高利盘剥了。《红楼梦》时代的物价基本上是稳定的。据《李煦奏折》所载，在康熙几十年中，苏州一带米价每石均九钱到一两纹银之间，北京靠南方漕米，粮价自比苏州贵些，但这是地区差价，就一地来说，波动不大。清代物价的波动上涨，是到清末才日趋剧烈的。据光绪时高枏《高枏日记》所记：庚子年米价平价为每石七两二，而往前数十二年己丑，即光绪十五年，白米每石只三两二钱，庚寅即光绪十六年大雨之后，每石也不过三两六钱，至甲午冬，即光绪二十年，因战争关系，米价直线上涨，先涨至四两二，以后逐步涨至五两八。这都是以白银计算，所以这种涨是真涨。但在《红楼梦》时代的几十年中，则未有像后来这样大涨过。

物价稳定，贷款利银，纯属赢利。如借一百两，借款时可买一百石白米，以低利率计算，算年利一分五吧，则一年之后，本利便为一百一十五两，可买米一百一十五石了。这样从货币来算，从实物来算，都是百分之十五的纯利润，已经很可观。几年之后，便可本利对翻了。清代官定利率，以当铺利率最高，北京一般为三分,外地农村中是二分五或二分。

这是正式当铺的利钱,如果是“小押当”,利率还要高。至于京债的利率,高低相差就更悬殊了。银号、钱庄银钱来往,正常利率不过一分五厘。而以“放债为业的”高利贷者的利率一般就高得怕人。邓之诚《骨董琐记》引《平圃遗稿》谈到康熙初年京债的利率道:

> 康熙壬寅(按,即康熙元年),予奉使出都……及癸卯(康熙二年)还朝……以六品官月俸计之,月米一石、银五两。两长班工食四两、马夫一两,石米之值,不足饷马房金,最简陋月需数金。诸费咸取称贷。席费之外,又有生日节礼庆贺及公祖、父母(按,此“父母”乃祖籍地方官,即父母官,非父亲母亲也)交知出都诸公分。如一月贷五十金,最廉五分起息,越一年即成八十金矣。贷时尚有折数、有轻秤低色,一岁而计,每岁应积债二千金矣。

当时京官靠借债过日子,这种情况较为特殊,要详细解说,才能清楚,这里先不谈。这里只先看看康熙时的京债利率,最低是月五分,本钱五十两,五五二五,每月收二两五钱的利钱。一年之后,本钱再加十二个月的利钱,便成八十两了,在当时物价稳定时期,这样高的利率,完全是重利盘剥了。关于这点,清代律例中后来有所禁止,但有明有暗,高利贷仍在暗中变相进行。乾隆时得硕亭《草珠一串》中有一首竹枝词并加注解道:

> 利过三分怕犯科,巧将契券写多多(近日山西与本地回民放债,率皆八分加一,又恐犯法,惟于立券时逼借钱人于

券上虚写若干，如借十串写百串之类，旗人尤受其害）。可怜剥到无锥地，忍气吞声可奈何。

这是乾隆时的情况，利率已是“八分加一”，就是借一百两，每月要付八两一钱银子的利钱，如此一年之后，一百两本银的利钱，就要合到九十七两二钱。如再加复利，一年便本利对翻了。这种剥削是十分严重、残酷的。但又怕犯法，所以在写借据时要花招，逼着借债人虚写本银数额，借钱人急等钱用，便任何苛刻的条件都能接受了。

根据这样的利率，凤姐放账时，把大观园众人的月钱月月月初领，月底凑齐其他利钱再一同发放，压一个月来放账赚利钱，只此一笔，翻出几百两来，这是不奇怪的。大观园中所有众人的月钱，其总数虽无精确数字，但可大略算出。第四十三回《闲取乐偶攒金庆寿》中，每人照一个月的月例凑钱，“共凑了一百五十两有零”，其中王夫人出十六两。而第三十六回中写过王夫人的月例是二十两。因此全部月钱还不只一百五十两。即以一百五十两算，按“最廉五分起息”，每年要得九十两利钱；如按“率皆八分加一起息”，每年要得一百四十五两八钱的利钱。这样三年之后，便是四百三十七两四钱银，如再加复利，利上滚利，那就是平儿说的：“他这几年，只拿这一项银子翻出有几百来了。”

以上所述，大略可以明白《红楼梦》中凤姐放账，进行高利盘剥的具体历史情况了。

抄　家

《红楼梦》后四十回中,写到了“查抄”,这虽是高鹗的续写,但从《红楼梦》的故事发展看,也自是必然的趋势。曹雪芹早在第七十四“抄检大观园”时,就作了极明显的暗示,此时大观园已全是凋零衰败气氛,抄家的暗示,不只是“伏线千里”,而是近在咫尺了。曹雪芹借探春的口先明说了荣国府:

> 你们别忙,自然你们抄的日子有呢!你们今日早起不是议论甄家,自己盼着好好的抄家,果然今日真抄了!咱们也渐渐的来了!可知这样大族人家,若从外头杀来,一时是杀不死的,这可是古人说的,“百足之虫,死而不僵”,必须先从家里自杀自灭起来,才能一败涂地呢!

又用尤氏过来欲到王夫人处,被跟从的老嬷嬷拦住,说是甄家来了人,“慌慌张张的,想必有什么瞒人的事”等等来暗示了与甄家的勾搭,也暗示宁国府的被抄。“甄士隐”、“贾雨村”,所谓“假作真时真亦假,无为有处有还无”,甄家就是贾家,贾家又是甄家,甄家既然被抄,贾家必然也被抄,而且很快要被抄。在《续阅微草堂笔记》、《臞猿笔记》中所说的“旧时真本《红楼梦》”,以及传说的端方秘本《红楼梦》、三六桥所藏、后来流传到日本的“旧本《红楼梦》”等等,据云都写到“荣、宁籍没”的事,而现在的人,又都得之传闻,并不知哪个本子中写“荣、宁籍没”的详情,现在所知,就只有这高鹗所写的情况了。至于曹雪芹如何写呢?俞平伯老师在《八十回后的红楼梦》一文中(见《红楼梦研究》一书)曾作过详细的分析,根据探春的话推论道:

> 她上面说“抄家”,下面接着说“自杀自灭”,上面说“先从”,下面说“才能”;可见贾氏底衰败,原因系复合的,不是单纯的。我以为应如下列这表,方才妥善符合原意。

贾氏衰败:

- A 急剧的 ……
  - 甲　抄家……(外祸)
  - 乙　自残……(内乱)
- B 渐近的——丙　枯干 ……
  - a 排场过大
  - b 子弟浪费
  - c 为皇室耗费

从上表看,像高氏所补的四十回,实在太简单了。

平伯老师在文中分析的是很细致的,既有外因,也有内因;既有急剧的,也有渐近的。尤其对于高氏所补,认为“太简单”,这点我是非常有同感的。我感到后四十回如让曹雪芹自己写,根据七十四回的伏线暗示,抄家的急剧变化,在后面回目中会很快出现,不会像高鹗那样,一直拖至一百五回,由八十回算起,拖后二十五六回之多。为什么这样说呢?因为第一“抄家”是突然而来的,一般事先不会有消息,因而这种突然的急剧变化,可以随时安排在情节中,不一定要等其他故事的如何演变;第二要留出充分的篇幅来,以写贾家“衰”后的情况,可以有充裕的文字细细描写大观园人物的种种潦倒结局、悲惨遭遇。再有外因与内因的关系,该如何处理。平伯老师在“急剧的”下面,列了两点,一是“外祸抄家”，二是“内乱自残”，照探春的那段话来分析，的确是这样的。但这二者的关系如何呢？是“抄家”归抄家，“内乱”归内乱，二者各不相关呢？还是二者有密切的关系，或因自残而导致抄家，或因抄家而导致自残？我们仍根据探春的话分析，这二者是有密切关系的；而且是因自残而导致抄家的。这从探春所说：“自己盼着好好的抄家”、“咱们也渐渐的来了”、“先从自家里自杀自灭起来”等句，可以清楚地看出，贾府不久将因自残而导致抄家，这样的趋势，作者几乎是明确地告诉读者了。

不过下面又有问题产生了：因内残而导致抄家，即使肯定，那又如何“内残”呢？“内残”如何去导致抄家呢？内残导致抄家，说句文话，就是“祸起萧墙”。平伯老师分析是：“贾环母子时时想去计算宝玉”，这是很清楚的。但“计算”应不一定是去招来“抄家”。“内残”可以背后使坏，用魔法使宝玉生病，推倒灯盏烫坏他，在贾政面前说宝玉的坏话，使之挨打等等；说的再严重些，还可以用各种阴谋，如下毒、刺杀等来害死宝玉，但不能包括“抄家”，因为他们还没有分家，如果一抄，那宝玉固然穷了或犯了罪，而贾环也就得不到家产了，所以笼统地说“内残”，贾环害得贾家抄家，是讲不通的。况且“抄家”一事，是要犯了很重的罪，即使是实质上未犯罪，但却冤枉地担了很重的罪名，这样才会突然被“抄家”。而且查抄的同时，往往要把被查抄的本人和家属统统先捉到衙门中去。同时这查抄和全家锒铛入狱，虽然来得极为突然，但其原因却是实在的、复杂的、而且是有具体的严重罪名的。在清代造成这样严重后果的，一般都是所谓“叛逆案”。普通民间的、即使很严重的人命案，大体也都造不成这样“查抄”的后果。清代抄家的大约有以下几种类型：

一是真正造反叛逆，以及与之有牵连的人家，如吴三桂及其牵连者。

二是严重贪赃枉法的大官,事迹败露者,或是谈不到什么败露不败露,而是皇上有意要收拾他的,如年羹尧、和珅等,以及他们的亲属和受牵连者。

三是政治变动,消灭异己,雍正做皇上后,疯狂杀害那些帮过他弟兄们的大臣,西太后那拉氏杀肃顺等人。

四是科场案,主考舞弊,引起风波,兴起大狱,这在清代是非常多的。

五是各种文字狱,如著名的庄廷鑨"史稿"之狱、戴名世《南山集》之狱、胡中藻诗钞之狱、尹嘉铨狱、沈归愚诗狱、徐述夔诗狱、韦玉振文字之狱、方国泰藏匿五世祖诗集狱等等,这些大狱,有的最初是一个坏人拿着把柄几次告发,如庄廷鑨"史稿"狱,就是罢官归安知县吴之荣告发的;如徐述夔诗狱,就是被东台县令上报的;韦玉振文字之狱,是被他叔叔韦昭告发的。

六是窝藏江洋大盗、隐匿叛逆物品、或隐藏前朝的后人、使用僭越服饰用品等等罪名,被突然查抄获罪。

大体上是这六种类型,而更重要的一个问题,是许多大案子,都要有一根导火线,小小的一根导火线能使原来没有什么的安静状态,突然掀起轩然大波,弄得多少人家破人亡。这小小的导火线是什么呢?就是一两个极为阴险毒辣的坏人,抓住一点"把柄",捏造大逆重罪,或敲诈钱财,或图报旧仇,或狂泄私怨,置其所陷害者全家于死地,甚至引起广泛的牵连。如庄廷鑨狱,一案就死了七十多人,而且这些人的家属妇女都被发往边疆为奴。这些案子,正是《红楼梦》时代的前后,作者虽然十分谨慎,"甄士隐"去,尽力避免,但在写作时,决不能不想到这些,而正是时刻地记着这些,只是考虑如何去写。我想曹雪芹如果接着写下去，关于贾家之被抄，有三点必然可以估计到：

一、曹雪芹会很快地写到这个突变。

二、会明显地写出一两个极阴险的告发的家伙，这个人是贾家的亲族，也可能是旁姓，但必然是知道底细的，拿到什么可以构成严重罪行的把柄，可以置贾家全家于死地，但自己又可脱身得赏的。

三、钦命查抄，是有明显的、虽不一定真实的严重罪名，可以一边查抄，一边交刑部严加议处的。

根据这三点假设，根据前八十回的艺术技巧，可以想象曹雪芹如果继续写下去，会把这一转变写得极为细致、真实，有条不紊，事情虽然突然，但情节不会模糊，具体罪名会交代得更清楚。根据前面所说的六条，贾家有可能被告发哪些条呢？似乎前四条都难扯得上。根据《红楼梦》前八十回的故事，贾家当时虽是豪门贵戚，却不是什么当时炙手可热的权臣，只不过是靠祖荫，靠皇亲，靠产业，靠当权的亲戚等来撑虚架子的一群纨绔子弟而已。以贾政来说，论官职只是个员外郎，不过是从五品，所以是没有办法同清初那些被置于重典的大臣，如鳌拜、噶礼、年羹尧等人比的。贾家被人告发，获罪的最大可能是第五条，或者有什么僭越的服饰用品，够上大逆罪的；或者家中的某人是什么重要钦犯的后人，够上藏匿叛逆罪的；或者藏有什么禁书，藏有什么已判处的重大犯人的遗物，可以拉得上同谋的……如果以上这些情况，平时不大注意，而被知情的阴险之徒拿着把柄一告，便立刻招来抄家入狱，甚至多少人被杀头，多少人被充军的横祸。这样贾府便一下子会像冰山一样倒下来，贾宝玉纵然不入狱，也会一下子变成赤贫，由怡红公子一夜之间变成流落街头的乞丐，在当时并不是不可能。根据探春的话，如果照着那些话的暗示，让曹雪芹自己写下去，是完全可以写成前面假设的那种结果的。但是在高鹗的笔下，正如平伯先生所说："实在太简单了"，而且不但简单，在"抄家"情节上，交代的罪名也十分含糊，查抄贾赦家产的旨意只是：

> 贾赦交通外官，依势凌弱，辜负朕恩，有忝祖德，着革去世职。钦此。

"上谕"最后只是"着革去世职"，连一个"交部严加议处"也没有。最后"交通外官"一条，还因参奏御史不能指实，无法成立。罪名不但轻，而且都是似是而非的。因为像当时这样的豪门，单纯像因买扇子逼死一个石呆子这样的人命案情，如果不是皇上有意找他麻烦的话，那是毫无问题的。只有碰到皇权本身的什么叛逆、僭越、大不敬、大逆知情隐讳、悖逆诋讪怨望等罪名，才是最严重的，要抄家，要入狱，要杀头，家人甚至亲戚朋友都要受到审理。而高鹗写的抄家，却与贾赦的罪名似乎套不上。使人感到高鹗所写，似乎是为写抄家而写抄家了。高鹗为什么会这样呢？他有两点致命伤：

第一太照顾前文，而不能发展情节。他写贾珍、贾赦的罪，只是前八十回有的，他没有给他们添新罪，或揭出人家不知道的罪。是他想不下去呢？还是他不愿意呢？我想是他不愿意，所以才"泥腿"呀、"御史参奏"呀，写得十分虚。

第二是他有意保护贾政、宝玉这些人。既不能写他们犯罪，又不能让贾珍、贾赦的罪再大。如果贾珍、贾赦的罪再大，那贾政、宝玉便也要跟着入狱的。当时这是没有什么客气的。这里不妨举一个例子：如雍正初"查嗣庭试题案"。

查嗣庭，字横浦，官至内阁学士兼礼部侍郎。到江西做主考时，试题以“君子不以言举人”二句“山径云蹊间”一节命题，其时方行保举，谓其讽刺时事，因而被告发获罪，又查他笔记诗抄，认为语多悖逆，罗织成为重罪，下狱病死。他是著名诗人查慎行的弟弟，他一犯罪，全家都入狱。查慎行在《诣狱集》诗注中说：

> 率子侄辈少长九人同赴诏狱。

> 槛车上施栏槛，囚禁罪人。

> 念儿岁前到京，首先报狱，故名十雏。

这就是弟弟犯了重罪，哥哥、子侄等都要入狱的实例。如果高鹗把贾珍、贾赦等人的罪名写重，势必也要使贾政、宝玉等人入狱，这就达不到他保护的目的了。所以他写了这么一场似是而非的抄家，使人们感到，像贾珍、贾赦这些家伙，一旦获罪，恶行暴露，难道只能这样一点点罪行吗？不过高鹗在写抄家时，还有他成功的地方，那就是抄家时突然而又紧张的气氛，和那时来查抄的衙役们的兴高采烈的神情。正好同被抄者六神无主、惊慌失措的恐惧神态成一个鲜明的对照。如高鹗在第一百五回写到：

> 赵堂官即叫他的家人传齐司员，带同番役，分头按房，查抄登账，这一言不打紧，唬得贾政上下人等面面相看；喜得番役家人摩拳擦掌，就要往各处动手……

其余虽未尽入官的，早被查抄的人尽行抢去，所存者只有家伙物件。

正说到高兴，只听见邢夫人那边的人一直声的嚷进来说“老太太、太太！不……不好了！多多少少的穿靴戴帽的强……强盗来了！翻箱倒笼的来拿东西！”贾母等听着发呆。又见平儿披头散发，拉着巧姐哭哭啼啼的来说：“不好了！我正和姐儿吃饭，只见来旺被人拴着进来说‘姑娘快快传进去请太太们回避，外头王爷就进来抄家了！’我听了几乎唬死！正要进房拿要紧东西，被一伙人浑推浑赶出来了……”邢王二夫人听得，俱魂飞天外，不知怎么才好；独见凤姐先前圆睁两眼听着，后来一仰身便栽倒地下；贾母没有听完，便吓得涕泪交流，连话也说不出来……

谁说高兰墅的文采比不上曹雪芹，像上面这些文字，其传神处，二人不是在伯仲之间吗？难得的是，在当时文字狱余焰犹炽之际，高兰墅敢于这样淋漓尽致地描写抄家时的场景，写赵堂官及番役等幸灾乐祸，“撩衣奋臂”，急于动手，好捞外快、发横财的神态，真是历历如绘，十分不容易。当然，他毕竟是有顾忌的，先用“好了！幸亏五爷救了我们了”，一句话打个圆场，接着又写“复世职政老沐天恩”，用写皇上恩典，来抵销前面所写的抄家文字的忌讳，这样既不会惹出乱子，也达到了他内心中有意保护贾政、宝玉这些人的想法。因之他理解曹雪芹的原意，必须要写“抄家”一回；他也有这样的生活，有这样的才华，能够把“抄家”这回书写好，但是他又有顾忌：一是怕文字干触时忌；二是不忍心让贾政、宝玉这些人入狱沉沦。因而他在这种矛盾中，写成了这个样子。下面引用一段真实的"抄家"记事,用来和高鹗的描绘作个对照,以见历史的真实背景。

在康熙初,清代最大的文字狱之一,南浔"庄廷鑨史稿案"中,有一个受牵连的仁和(杭州)陆圻,字丽京,据全祖望《鲒埼亭外集》所收《江浙两大狱记》云:"惟海宁查从仁、仁和陆圻、当狱初起,先首告。谓廷鑨慕其名,列之参校中,得脱罪。"这一案,共死了七十多人,妇女并给边,而陆则因先"首告",虽然打了一场出生入死的官司,最后居然未死,出狱后出家做和尚了。《清朝野史大观·清朝史料》收有其女儿陆莘行《老父云游始末》一文,所述甚详。在记叙其父被逮解京后,衙门中人又来他家抄家捉女眷,文云:

> 癸卯(即康熙二年、一六六三)正月十六日,得父初六至维扬信。十八日,母梦曾祖妣沈太孺人举箸呜咽。十九日,系沈忌辰,年例祀后方始收新年所悬神像……忽一吏持柬云:"纪爷至矣。"母思吾夫之出,纪所知也,至何为者?少顷,见百余人随一官到,伯兄出见,母于屏中窥之,非纪也。正疑虑间,二婶母急告母曰:"京中事发,官来籍没矣。"语未竟,数十人排闼而进曰:"女眷请出来,听总捕毛爷一点,无大害也。"母将余托于二婶,冒称拒兄之女,名文姑,杂于诸侄女中。文者,拒兄小字也。仓猝中即以此名应之。故册上有侄孙女文姑年方七岁之语。近邻许周父,平日待之甚厚,此际手持糨一盂,于门上遍贴封条,且曰:"某某,系某人子,不可疏放;某某,系某人仆,急宜追絷。"官喜其勤,即取吾家米三石、布二匹与之。令为向导,同捕役进京,逮三叔父。与叔遇于纱帽胡同,为褚礼所见,叔避之,不获。许竟

> 无功。后事解,此奴惶愧欲死……是晚,五房(陆圻弟兄五人)上下计三十口(封建时,衙门计人数,男人叫若干"名",女人叫若干"口"),俱押至总捕班房……二十一日,男子发按察司监……女子发羁候所……查(查从佐)、陆、范(范文白)三姓,共计一百七十六人,二十五日,俱至贡院点名。是日人犯不齐,仍令归所。二十六日,清晨始点。

此案距高鹗给《红楼梦》续后四十回时,要早一百二十来年,把陆莘行的文字和高鹗的文字对照看,不是十分相像吗?一个是真事的记录,一个是小说的艺术描绘,二者之间,都留下了历史的影子,对照来看,不难得到更深刻的理解吧。

抄家清单

高鹗续《红楼梦》，在第一百五回中，写到抄家，是一大关目。对查抄时的场景、气氛，描绘的十分真实。写到“登记物件”，也写查抄物品的清单。按，“抄家”是俗称，史称“籍没”。所谓“籍”，就是记录的意思；所谓“没”，就是没收入官的意思。因而正式抄家，一定要按照账簿登记，不然不就是一笔糊涂账吗？当然，在查抄混乱之际，执行者是大可以浑水摸鱼，大捞外快，来发横财的。小也者，随手把贵重之物往自己口袋里塞；大也者，威胁事主，用珠宝细软，贵重之物捞饱，然后再登记账册。捞到手的东西，带领抄家的官员、书办，以及动手抄搜的皂吏衙役等，都要按大小股来分，真像强盗分赃一样。所以高鹗写的查抄场景中，赵堂官和番役、家人等最起劲，都急于想动手，甚至不管西平王的吩咐，“老赵家奴番役，已经拉着本宅家人领路，分头查抄去了”。从高鹗的描绘中，可以看出老赵这些人，好像鹰犬已经嗅到、见到带血腥的肉，急于要脱开羁系，猛扑过去恣意吞噬一样。

第二回中，曹雪芹写林如海“今已升至兰台寺大夫”，“甲戌本”有“脂批”云：“官制半遵古名亦好。余最喜此等半有半无，半古半今，事之所无，理之必有，极玄极幻，荒唐不经之处。”这一点窍门，高兰墅倒也学会了。“锦衣军查抄宁国府”，“有锦衣府堂官赵老爷”等等，这很明显地是用明代“锦衣卫”的名称，而又把“锦衣卫”改为“锦衣府”，这就更符合“半有半无，半古半今”的原则了。清代没有锦衣卫或锦衣府的机构。处理这样案件，一般是都察院、刑部、步军统领衙门、顺天府等等机构。高鹗在这点上,很巧妙地用了类明代的官衔名称,除继承了曹雪芹的手法而外,自然更重要的也是怕招时忌。

另外,在封建时代,不管明代也好,清代也好,政法衙门的堂官役吏,最喜欢遇到这种打官司的事,因为这正是他们发财的好机会。那些小的番役,听到抄家、抓赌等等,那都是在现场抓钱的最好机会,即使主管不肯,他们也要一再怂恿,要说得主管心动,他们好得逞其私欲,说不动,自然要埋怨了。所以高鹗写赵堂官说不动西平王,心里不禁要骂:“我好晦气,碰着这样的酸王”了。

记载抄家清单的书,最有名的要数记录抄严嵩父子家的《天水冰山录》了。这本是江西南昌府查抄严嵩原籍南昌府、袁州府(包括宜春、分宜二县)家中动产及不动产的清单,原是官府的档案,大概在明代就刊印过,但是没有书名。到清代雍正六年(一七二八)周石林从残本重抄,用昔人吊严嵩诗“太阳一出冰山颓”句意,题为《天水冰山录》。后来收到歙县鲍氏(廷博)《知不足斋丛书》中。“天水”者,郡望也。初抄本有严言序,其后又有赵怀玉序,汪辉祖跋。这份抄家清单可以说是现在为世人所知最详细的一份,共四千八百余款。包括金银、田产、房屋、书画、珍宝、古董、衣着、家具、杂物等共计二百三十五万九千多两。但是这只是严嵩实际财产的几分之几。第一,直隶巡按御史孙丕扬所抄严嵩京中家产,数目亦极庞大,但不包括在《天水冰山录》中。另据赵翼《廿二史札记》分析,各种物品估价太低,不过是所值的十分之一。如裘毛皮货,共一万七千四百十一件,仅估银六千二百多两;帐幔被褥,二万二千四百二十七件,仅估银二千二百四十多两。再有被查抄之前,寄存在亲友家的有十分之三四,贿赂查抄官吏的有十分之二三。因而赵翼认为,严嵩全部财产,应较《天水冰山录》一书所记,多出几十倍。但是对一般人说来,就只这几十分之一,已使人不胜惊叹而发指,感到这种人对老百姓的层层搜刮与贪婪,已到了不可思议的地步。这是一部有细目的大书,无法多引,只引一两个片段以见其罪行。如"金"一大纲下,就有三千九百余件,首先纯金,计有:

> 锭金四百五十四锭,重四千三百三十六两七钱;条金四百六十一条,重六千一百九十七两九钱;饼金一百零九饼,重四百五十七两六钱;叶金一十四包,重九百九十两;沙金一十一包,重六百一十三两六钱;碎金一十七包,重五百六十六两八钱五分。

碎金就是像《红楼梦》中宁国府过年时用以倾锞子一样的破碎金子。严嵩被抄的这一笔,从历史背景上更可证明《红楼梦》的真实性。再看看除本身价值外,带有工艺价值的东西。随便举一项,明代大官袍外要有"玉带",像现在唱旧戏的一样,不过唱戏是假玉带,当时大官都是真玉带。严嵩家被查抄共各项玉带三百多条,都是极精美的工艺品,不妨抄些名称在下面:

八仙庆寿阔玉带	松鹿灵芝阔白玉带
五仙骑鹿阔玉带	彩云仙鹤白玉带
牡丹麒麟阔玉带	苍松斗牛阔玉带
海水蟒阔菜玉带	回回狮子阔玉带
孔雀牡丹菜玉带	攀枝孩儿菜玉带
闹妆阔菜玉女带	穿花凤阔玉女带

碧梧金鹊中阔白玉带　　海青天鹅中阔菜玉闹妆带

白玉金厢五云捧日中阔带　玉金厢松竹梅带

……

从这些光怪陆离的名称中，可以想见几点。其一是封建时豪门显宦之穷奢极欲，有时是非常人所能想象的。其二是“取之尽锱铢，弃之如泥沙”。豪门显宦把最珍贵、最精美的东西搜刮在他们家中，作践物力，有些不等人查抄，也早毁弃不问了。试想严嵩单只江西原籍就放着三百多条玉带，而他住在北京菜市口绳匠胡同，每天上朝，这几千里外的几百条玉带如何带呢？《红楼梦》第十六回赵嬷嬷说道：“别讲银子成了粪土，凭是世上有的，没有不是堆山积海的。‘罪过可惜’四个字竟顾不得了！”严嵩被查抄的玉带也正可以给这话作个小注。虽然一是“圣主南巡”，是喜事；一是“奸相查抄”，是凶事，但其本质是一样的。其三是与此相反的一面，即百姓之被压榨、掠夺是多么深重；而明代的民间工艺又是多么精美，所以只此一点，从历史的角度看，可以联想到的问题太多了。

在高鹗写《红楼梦》的后四十回时，《天水冰山录》一书，他是完全有可能看到的。再有明代后期，大的查抄案，除严嵩父子而外，还有查抄张居正、刘瑾、钱宁（赐姓朱）等人，记载见王鏊《震泽长语》、田艺蘅《留青日札》等书。张居正是万历时太师，被抄时有：

金二千四百二十六两，银十万七千七百九十两，金器三千七百一十两，金饰九百九十九两，银器五千二百四十两……各色蟒衣、绛丝、纱罗、绫布三千五百余匹，男女衣服五百余件……

刘瑾是太监，正德时被查抄，计有：

金二十四万锭，又五万七千八百两，元宝五百万锭，银八百万，又一百五十八万三千六百两，宝石二斗……玉带四千六百一十二束……蟒衣四百七十袭……八爪金龙盔甲三千……以上共金一千二百零五万七千八百两，银共二亿五千六百五十八万三千六百两。

钱宁也是太监，嘉靖时被查抄，计有：

金十七扛，共十万五千两，银二千四百九十扛，共四百九十八万两……金首饰五百十一箱……胡椒三千五十石，香椒三十扛，缎匹三千五百八十扛，绫绢布三百二十扛……

王鏊本人也是明代的宰相，洞庭山人，苏州环秀山庄过去就是他的祠堂，不但还在，而且现已重修。连他也都感慨地说：

呜呼，胡椒八百斛，世以为侈也，而盛传之。今观二逆贼所籍，视元载（唐人，官平章事，贪婪，被查抄时家有胡椒八百斛）何如也！闻昔王振、曹吉祥之籍尤多，官家府库，安得不空，百姓脂膏，安得不竭。

高鹗给《红楼梦》续后四十回时，对于这些记载明代抄家清单的书，虽不能说他都看过，但按照他在小说中所拟的抄家清单看,很大可能是受到这些资料的影响的。因而我先摘引一些明代的抄家清单的片段,和高鹗所写查抄清单对照来看,就可以更深刻地看到它的普遍意义。高鹗续书在暴露封建豪门的罪恶本质方面,还是有积极意义的。

清代各种查抄

在清代,《红楼梦》成书前后百数年中,清朝以满洲皇族为核心,统治汉、满等各族人民。为了加强和巩固其统治,不但从军事、政治、经济上下手,而且从文学上下手,大兴文字狱,这样抄家之风,就更为猖狂。因之被查抄的对象,就不只是江洋大盗、犯罪的达官显宦等人,查抄的目的也不只是抄造反的武器、贪赃的金银财宝,而是注意各种知识分子,各种名士或迂儒的破书、诗文、信件、笔记等等,从这里面抄材料,罗织罪行了。这比起明代的抄家,抄什么严嵩、钱宁等人,似乎又多了一大招。正像北京土话所说:"鸟枪换炮,越来越壮(读上声)"了。

下面举几个清代不同的例子,作个对照:

一是江西人"王锡侯《字贯》案"。王是一个迂儒,因缩编《康熙字典》成《字贯》一书,被一个同乡阴险者告发。查出不但擅改御编《康熙字典》,而且书中将皇帝庙讳直行排下,犯了叛逆罪,被抄家、杀头,全家大小二十一口均连坐,或处死,或充军。前故宫博物院所编印之《掌故丛编》第二辑中有全案记载。除了记载其被告发及审问、判处等情况外,还记录了他家被查抄的清单,那个清单是十分可怜的。现抄录于后:

> 住房十间半,连砖瓦基地等项,共估值银三十六两六钱。门首空地一片,估值银三两二钱。鱼塘一口,估值银一两二钱。屋后菜地一块,估值银十二两五钱。竹木床、桌、

椅、凳、架、盘、桶、箱、柜,锡铁磁瓦,零星物件等项,共估值银六两九钱六分一厘。谷一石五斗,估值银七钱。小猪一口,估值银三钱二分。鸡五只,估值银一钱五分。

全家二十一口人,所有家当不过六十两银子,还没有《红楼梦》第四十三回所写凑份子给凤姐过生日时酒戏钱的一半多。而就这样一个穷念书人,为了把《康熙字典》改编为《字贯》,充其量不过"骗"点小名小利,却落了这样一个下场。这恐怕在千载下,也会有一些人为之一掬同情之泪吧。这是小举人的抄家情况,再看一个大学者的抄家情况。邓之诚先生《骨董琐记》卷四记有查嗣庭查抄书籍诗文清单。查嗣庭,字横浦,查慎行之弟,康熙进士,官至内阁学士兼礼部侍郎,典试江西,以所出题目获罪。雍正说他有意讥刺,居心不良。查抄其笔札诗抄,认为语多悖逆,系刑部狱,病死狱中,还戮其尸体。其子查沄斩监候。其兄查慎行从宽免死,释放回籍。这完全是因文字得罪,因而查抄其家产注意的也是书籍文字,之诚先生记云:

查抄查嗣庭清册,之诚从珏生侍讲借抄一过云:查家家藏往来字札并手录书籍编后。计开:

《二十一史》抄本十九套,又七本,共一百十四本。抄白《明史》二本。稿本《酉中集》一套八本,又《酉中集》八本。《宋翰林燕石集》四本。《罗享信集》一本。《唐珣集》一本。《唐文粹》二本。《十七帖述》一本……(中略三十三种,六十八本)查前案学考试册二十四本,查氏自作诗文并帐目杂记十本,二帙作一包。《万寿颂奏疏》一本,《秋锦诗抄》一本,《尺牍》一本,拟《四书》题一本,书夹板号目一本,《丙申诗钞》一本,《秋兴集》一本,《海汾日用帐目》一本,杂录诗文二帙,以上十本,二帙一包。

检搜查嗣庭一应字迹、书札、诗文开列于后。一应新旧来往书札共一百三十三件。一伊致他人书札共一十七件。一切新旧家书一百四十一件。伊戚友书札共一百八十四件。一众人托带京书十四件。一诗文一杂稿百九件。一零星杂录时文一包。一细字小文章共六十五张。一纸绫字对共二十二件。一纸笺字对共十七件。一杂钞共十一本,一款扇十柄。

册后署雍正四年十月,钤有巡抚浙江等处地方提督军务关防。之诚按《雍正朱批上谕》:"雍正四年十月二十五日,浙抚李卫密奏,派刑部额外郎中朱伦瀚,赴海宁海汾桥。搜查情由,将一应字迹钞录书本封固送部,此即其清单。"

这是另一类型的抄家清单,其目的不在于籍没财产,而在于从所抄获的资料书籍中再发现问题。可怜的是查嗣庭也真用功,有这么许多手抄本书籍,这么许多诗稿、文稿、书信。雍正自然可以从中找出数不清的"怨谤"之词了。对查嗣庭说来,真是笔头勤害死他了。以上是穷抄家,再看一个富抄家,据《清朝史料》记和珅查抄清单云:

钦赐花园一所,亭台二十座,新添十六座。正屋一所十三进,共七百三十间。东屋一所七进,共三百六十间。西屋一所七进,共三百五十间。徽式新屋一所七进,共六百二十间。私设档子房一所,共七百三十间。花园一所,亭台六十四座。田地八千顷。银号十处,本银六十万两。当铺十处,本银八十万两，号件未计。（金库）赤金五万八千两。（银库）元宝五万五千六百个，京锞五百八十三万个，苏锞三百一十五万个，洋钱五万八千元。（钱库）制钱一百五十万千文。（以上共计银五千四百余万两。）（人参库）人参大小支数未计，共重六百斤零。（玉器库）玉鼎十三座……（以上共作价银七百万两。）另又玉寿佛一尊，高三尺六寸。玉观音一尊，高三尺八寸。（均刻云贵总督献。）玉马一匹，长四尺三寸，高二尺八寸。（以上三件均未作价。）（珠宝库）桂圆大东珠十粒，珍珠手串二百三十串。……

这份清单太长，只引这些，其他用省略号省掉吧。因为珠宝库之外，还有银器库、古玩库、绸缎库、洋货库、皮张库、铜锡库、瓷器库、文房库、珍馐库以及住房内、上房内、夹墙内、地窖内各项金银物品，尚有家人六百零六名，妇女六百口。当时有"和珅跌倒，嘉庆吃饱"之谚语。因为和珅家中抄出的东西，有的比皇宫还多。如珍珠手串二百余串，较宫中多出数倍；有整块大宝石，宫中也从未见过。和珅被赐自裁，是嘉庆四年（一七九六）的事，正好是在高鹗续写《红楼梦》的后几年。即高鹗所拟的《红楼梦》中的抄家单，是艺术的创造，简单说，是编出来的。和珅被抄家的清单，是发生在他续书之后的事件，是历史的真实，是事实。因此从这一真一假的抄家清单中，我们可以更深刻地认识历史，知道《红楼梦》所写，与当时的真实相比，是丝毫没有夸大，高鹗也是完全忠实于当时的历史情况写的。这就更体现了《红楼梦》的现实意义。虽然他写的抄家清单不知要比和珅的东西少多少倍，但还比较恰合身份，这份清单拟的还是比较成功的。

再有我摘录这份查抄和珅家的清单，除去和高鹗在第一百五回中所拟的清单作个对照，以资互相印证历史背景外，还有一个重要的原因，就是查抄的和珅住房，据传就是后来的恭王府，甚至有人传说这就是“大观园”。而这所房子中有些建筑就造成和珅的罪行。按《嘉庆实录》载嘉庆四年御史胡季堂疏发大学士和珅罪、恩赐自裁，将大罪二十传示中外，其第十三款云：

> 昨将和珅家产查抄，所盖楠木房屋，僭侈逾制，隔段式样，皆仿宁寿宫制度。其园寓点缀，与圆明园蓬岛瑶台无异，不知是何肺肠。

现在这所房子还在，而且要修缮后开放。但对照和珅抄家清单来看，实已大大改观。原来正屋十三进，现在正屋只四进，以嘉乐堂为主，进数只是原来的三分之一弱。原来西屋七进，现在也只有三进。不过“天香庭院”的正厅，仍是和珅罪行条款中所说的：“其多宝阁隔段仿照宁寿宫式样。”这是和故宫宁寿宫乐寿堂的勾连搭式（即起两重脊，屋顶横断面成“M”形）进深，暖阁、落地罩，前面卷棚等等一样的。所以说，恭王府部分上可能还保留了一些和珅府邸的遗迹，但规模上大大地缩小了。杜少陵诗云：“闻道长安似弈棋，百年王业不胜悲。王侯第宅皆新主，文武衣冠异昔时。……”这所府第，先是和珅的，和珅被抄之后，嘉庆给了他兄弟永璘，永璘乾隆第十七子，嘉庆四年改封庆郡王，病重时晋封亲王，死后谥“僖”，史书上叫“庆僖亲王”，这所府邸就叫庆王府。死后其子绵慜袭郡王，奏称府中有“毗卢帽门口四座，太平缸五十四件，铜路灯三十六对”。奉上谕：

> 庆王府第本为和珅旧宅，凡此违制之物，皆和珅私置，

嗣后王、贝勒、贝子当依《会典》，服物宁失之不及，不可僭逾，庶几永保令名。

根据历史情况分析，绵懃主动上奏府中的僭越之物，自然是事出有因的。再奉到这样的“上谕”，房屋建筑违制之处，自然要大改特改了。因而推测，和珅时代正院十三进的大府邸，改成正院四进，大概是在这种情况之下压缩的。另据记载：和珅查抄议罪后，分其第半为和孝公主府，和之子丰绅殷德尚十公主。而当时也正是《红楼梦》在北京风靡一时的时候。郝懿行《晒书堂笔录》说：

余以乾隆、嘉庆间入都，见人家案头必有一本《红楼梦》，今二十余年来，此本亦无矣。

《红楼梦》最初风行的时候，也正是和珅倒台的前后，直到绵懃奉旨的时候，所以和珅经营府邸、绵懃改造府邸，都难免要受到《红楼梦》中大观园理想的园林艺术境界的影响。他们又有的是钱，有意模仿大观园的建筑设计来建造，自然是无所不能的了。所以，与其说恭王府是大观园，倒不如说恭王府是模仿大观园的某些境界建造的更为符合历史真实些。绵懃的子孙因事夺王爵，咸丰将这一府邸，给了他的弟弟奕䜣。奕䜣是道光第六个儿子。咸丰即位，封恭亲王，后来多年帮那拉氏垂帘听政，名画家溥心畬是他的孙子。

我在谈抄家清单的同时，结合和珅被查抄的清单，谈了一些对恭王府的看法，虽然扯得远了，但关系还是密切的。高鹗拟《红楼梦》中的抄家清单的时间，正是《字贯》案查抄与和珅案查抄之间,《字贯》案在乾隆四十二年(一七七七),程伟元、高鹗合刻《红楼梦》在乾隆五十六年(一七九一),和珅案在嘉庆四年(一七九八),如果把这二真一假的"抄家清单"排列起来看,不也是很有意思的比较,不也是生动地反映了当时的历史面貌吗?从这一点上说,《红楼梦》不但是一部文学书,也是一部极生动的历史书啊!

黛玉进京

黛玉进京，是《红楼梦》第三回的故事。起身的地点是维扬，去的地方是京都。先是林如海说：

> 都中家岳母念及小女无人依傍，前已遣了男女船只来接……

接着写黛玉登程道：

> 黛玉听了，方洒泪拜别，随了奶娘及荣府中几个老妇登舟而去。雨村另有船只，带了两个小童，依附黛玉而行。

三是写黛玉到京道：

> 且说黛玉自那日弃舟登岸时，便有荣府打发轿子、并拉行李车辆伺候……自上了轿，进了城……

从这些叙述中，可以明确地看到，黛玉进京是坐船来的，只是写的十分简略，好多细节都一笔带过。比方坐什么样的船，走什么河流，沿途的地方、名胜，在什么地方“弃舟登岸”等等，都没有加以详细的描写，现在的读者，对于黛玉当年如何坐船来京，似乎是很难想象的了。在这里我试着把黛玉的行程，做一个较具体的介绍,想来也不是没有意义和趣味的事吧。

李商隐诗云:“玉玺不缘归日角,锦帆应是到天涯。”隋炀帝为了到扬州看琼花,修了一条大运河。杨广头脑发热,自己胡作非为地断送了千万人的性命,也在迷楼断送了自己的性命,很快都灰飞烟灭了。但是这条大运河却留了下来,成为古老的南北水运的大动脉。尤其在明、清两代五百年中,它的确起了极为重要的作用。我们的林妹妹就是坐船沿大运河到京都去的。

先要把这条河里航行的船说说。当年航行的船,都是木船,大体可分三大类:一是专门运送漕粮的运粮船,这种船很大,可以出入长江,把江南的米运到北京去。这米都是国家征收的,每年运到北京多的时候要四百多万石。这种船按各省、各府编成“帮”,总数有数千条。林则徐在江苏巡抚任上,有督运漕粮之责,道光十四年(一八三四)十二月十七日《日记》记云:

> 晨起西北风,后转东北。早潮进船一百零一只,夜潮进船三十六只,连前共二千零四十八只。浙船已扫数过竣。苏省惟剩庐州三帮及镇江前后(原文少一“帮”字),共一百五十二船。

只引这样一条日记,就可以看出当年运粮河上之运输,是多么繁忙了。运粮漕船是公家的,主要是运粮。但它也捎带一些零星货物及客人,尤其是把粮运到北京回空时,更要带些北方的货物及客商。但搭运粮船行路,有两点不好。一是这等于是私货、私人,就好像抗战时期长途公家汽车带“黄鱼”一样,说来是犯法的。二是运粮船上没有舒适的坐处、睡处,路上很辛苦,这只是单身客商,为了省钱才搭运粮船,黛玉自然不能坐这种船。

二是官船，这种船是专门坐人的大木船，一是属于某些大官僚家中自己的，如查抄严嵩的《天水冰山录》中有"座船一只，估银五十二两"。这好比现在外国财阀自用游艇一样，是预备自己坐的。另外船行、船户打造的大官船，专门包给官僚仕宦家水路旅行乘坐的，也叫"官船"。这种船是通水域的地方都有，仍引一条《林则徐日记》中的具体资料，以见一斑。道光二十一年（一八四一）八月十三日记：

> 早晨发行李，午刻出永清门，至天字马头登舟……余坐河头船一只。船户林亚四，船长四丈六尺，中舱宽一丈一尺，马门三处，至南雄价六十元，舵工水手共十四人；另雇小河头船一只，船户周实有，船旧而小，舵水八人，至南雄价三十二元，装轿二乘，并伙食。

这是广东的船，运河的船相对要小些。但是一般官船，首尾三丈是有的，分前舱、中舱、后舱，有床、有桌椅，路上自起伙食，讲究的自然收拾得也十分干净。那时黛玉去京，自然也坐的是这种船。照林如海的口气，"前已遣了男女船只来接"看来，自然这船是贾府自用的了。按荣国府的气派，当时也应该有自家的坐船。

三是各种小船，这由单舱座船直到各种小船，包括绍兴的那种乌篷船、武昌的"双飞燕"（见刘继庄《广阳杂记》）、扬州的"草上飞"（见李斗《扬州画舫录》）在内，情况太复杂，无法细说了。但贾雨村跟随黛玉而去，"另有船只，带了两个小童"等等，这船自然不大，顶多是一个单舱坐船罢了。

各种类型的船说清楚了,那么这些船只的动力呢?那就比较简单,而且也没有什么差别,那就是顺风时,张帆;为了快,在张帆的同时,还要拉纤;逆风时,那就更要拉纤,全靠人力来拖动了。这个连皇帝的御舟也不例外。隋炀帝张锦帆,用锦衣仕女拉锦纤的故事不必多说了。康熙、乾隆几下江南,在运河中的御舟也是这样的。据李斗《扬州画舫录》记载御舟拉纤情况云:

> 拉船帮纤侍卫四员,四副撒袋,令在拉帮纤侍卫后行走,纤手用河兵。沙飞、马溜(快船供支应)添纤用州县民壮、盐快,不敷,雇民夫。

这是当年御舟拉纤的情况。当然最好是得顺风,又遇水涨,那样张起帆来,便十分快了,所以现在送别时,还说“一路顺风”的祝愿。

黛玉乘船去京都,出发的地方是维扬,就是扬州。那时由扬州坐船到北京,要经过哪些地方呢?不算小地方,只说说比较著名的大地方吧。要经过高邮、宝应、淮安、宿迁、大王庙、台儿庄、韩庄、济宁、阿城、东昌、临清、武城、故城、德州、东光、沧州、青县、静海、杨柳青、天津、丁字沽、桃花渡、河西务、张家湾、大通闸(到京都)。这许多地名,在天津以南,都是比较有名的,现在都是县城,一般都还知道。过了天津,我写了几个小地名,如丁字沽、桃花渡,这些地名都很漂亮,在古老的年月里,都是粮船必经之处。现在,不要说外乡人,即使天津、北京的人,大概也很少知道这些地名了吧。这样的水程,有多少里,要走多少天呢?运河由浙江算起,全长不过一千四百四十公里,从扬州算起,不过一千公里，只是两千里路。不要说现代化的交通工具，就算当年走旱路吧，两千里路，从从容容地有一个月也走到了。但坐运河的船要慢得多。据明末清初谈迁《北游录》所记推算，他是顺治十年（一六五二）秋天由江南去北京，顺治十三年（一六五六）春天由北京回江南，来回都走的是水路。去的时候是七月十一从扬州开船，十月初十到北京，在路上共走了八十九天；回来时，是二月初七动身，五月初六到扬州，在路上共走了八十八天。因而可以想到黛玉当年坐船由扬州到京都，路上的时日也和这差不了多少，肯定不会再快。一是风不一定顺，航行在某一个地方，正遇顶头风；有时即使是很小的地方，一停泊就是几天，必然耽误行程。二是水浅，船无法航行，要等开闸放水。要知运河的水，并不像长江浩浩荡荡，它是借别的河的水引入运河，如山东的汶水，淮北的泗水，河北的白河、卫河等等，有的地区是天然河道，大部分地区是人工河道，河身有高有低，水流有大有小，因之全靠各处闸板调节。用闸板把各段水截住，使上游水位增高，到过船时，开闸放水。开闸放水，水位固然高了，但逆水而上的船只，就要费很大的牵挽力才能航行上去，自然很慢了。三是运河航道本身很狭窄，而粮船是络绎不断，再加其他官船、民船，因而在各个码头地方，船只拥挤，无法航行的情况常常发生。前面的船发生了什么事，后面的船便想走也走不了，所以就更耽误时间了。下面一二则例子，可以看看旧时运河行船的艰难，谈迁《北游录》记过通济闸云：

> 初，陈瑄虑黄河灌内河易淤塞，设通济、兴福、清江三闸。慎其启闭，三月初运毕，即下钥，筑土坝。惟贡鲜船启一闭二，通济闸最险，势若建瓴，各舟并力而挽。又涯上系

轮绞之,得不退堕,过此人人色喜。

《林则徐日记》嘉庆十八年(一八一三)二月二十三日云:

> 前途粮艘拥挤,本舟缓行。傍晚过朱龙坝,至支河口泊,计行四十里。

二十四日记云:"一路水浅,午刻泊舟。"二十五日又记云:"北风甚大,仍泊。"试想这样费力牵挽,走走停停,说不定在某一个荒村野店一泊船就是一天两天,这如何能走的快呢?所以林黛玉坐船到京都,肯定也是走的很慢的。不过凡事有一弊,也有一利,船行缓慢,人很心焦,耽误时间,这是弊的一面;而另外缓缓航行,可以细细的看那沿途的风景,经过小城、小镇可以上岸游览游览。柳永词云:"今宵酒醒何处,杨柳岸、晓风残月。"船行缓慢,可以细细地领略旅途况味,留下极美好而深刻的印象。第四十八回写香菱学诗,香菱谈体会时曾说道:

> 还有:"渡头余落日,墟里上孤烟",这"余"字合"上"字,难为他怎么想来!我们那年上京来,那日下午便挽住船,岸上又没有人,只有几棵树,远远的几家人家作晚饭,那个烟竟是青碧连云。谁知我昨儿晚上看了这两句,倒像我又到了那个地方去了。

香菱的这些深刻的体会,都是从坐船的旅况中获得的,如果说是"体验生活",这也该是一个鲜明的例子吧。黛玉在上京途中,船窗无事,体会一定更多,说不定还有不少诗作,只是曹雪芹没有写出来，我们便不得而知了。这一条水路，经历江苏北部、山东、河北，沿途的湖泊名胜也是很多的。湖泊如白马湖、邵伯湖、张山湖、独山湖、安山湖等等，有名的水泊梁山就是在这条路线上经过的。著名的项王祠、韩侯钓台、漂母祠，前人记载，漂母祠最好的联句："世间多少奇男子，终古从无一妇人。"如果在古运河上航行，均可顺路看到。现在要看，则要特别专程访问，可能也早已没有了吧？第五十一回《薛小妹新编怀古诗》中的《淮阴怀古》，就是古运河畔的名胜。所谓"寄言世俗休轻鄙，一饭之恩死也知"。就是韩信和漂母的故事。宝琴自说："从小儿所走的地方的古迹不少"，可见《红楼梦》中坐船走过古运河的大有人在，固不止黛玉一人啊！

黛玉弃舟登岸，上轿进城，到了京城。这弃舟登岸的地方又在哪里呢？古运河向北直通到北京，最早还得从元朝说起。元世祖用郭守敬言，开通惠河，使南来粮船可以直接航行到积水潭。据明初佚名氏《北平考》卷五云：

> 世祖至元二十八年，都水监郭守敬奉诏兴举水利，因建言疏凿通州至都河，改引浑水溉田……引神山泉西折南转，过双塔、榆河、一亩、玉泉诸水至西门，入都城，南汇为积水潭，东南出文明门，东至通州高丽庄，入白河。总长一百六十四里一百四步……赐名曰"通惠"。丞相以下皆亲操畚锸，为之倡，船既通行，公私两便。先时通州至大都五十里，陆輓官粮岁若干万，民不胜其悴，至是皆罢之。

元代大都城靠北，文明门在现代的东单一带。在元代运河的粮船，可航行到现在的东单一带，今天的人不能够想象吧？可见古代人也是有巨大的创造力的。历史的记载，也并非完全是大话和谎言。东单一带，现在还有泡子河的地名，那还是当年“通惠河”汉河的旧迹，只是人们不读历史，不知道罢了。

明、清二代，北京城大变样，元代大都完全破坏了，永乐在元大都的旧址上，向南推了二里多，建了新城。通惠河再不能进城，只能到朝阳门外，东便门外了。谈迁《北游录》记“丁字沽”（天津）情况云：

> 时江南民运白粮，聚于丁字沽，民呈户部吏剥船八百，至通州粮厅。又剥船百至京师大通桥入仓。

那时粮船直至大通桥、二闸一带，就是现在的东便门外。《天咫偶闻》记“二闸”云：

> 二闸，即庆丰闸也。其水上源城河，下接通州白河，水不甚广而船最多，皆粮艘、剥船也。由京至通，来往相属，行人亦赖之。

因此黛玉下舟登岸上轿的地方，最近可以到东便门外大通桥边。但是人们当时坐船由南方来，一过天津，就巴不得快到都门，而在天津、通县这一带，越是离京近的地方，不但船拥挤，而且河道也极为纡折，船走的就更慢了。因而人们不管进京、出京，走水路一般都不在大通桥上下船，一般在河西务、张家湾、通县这些地方就弃舟登岸，或车或轿，或骑小驴，从陆路进京了，不进朝阳门，习惯进广渠门。出京时也一样。龚定庵《己亥杂诗》所谓“白云出处从无例，独往人间竟独还”，出都时出的就是广渠门,这是走水路的;如陆路,便出彰仪门了。因而想到,黛玉弃舟登岸的地方,估计应是张家湾,或通县,坐轿进城的城门,大多是广渠门,也有可能是朝阳门。不过这是按照历史情况的猜想,并非完全事实,因为那究竟是小说呀!

释轿之一

《红楼梦》中不少地方都写到轿，那是当时重要的交通工具。在本世纪初以及再往前数，直到《红楼梦》成书的年代中，轿子是到处都有的，看书的人都知道，原用不着多说。但是时代在不断地变化着，有的事物仍旧流传到今天，有的则已淹没无闻了。因而现在《红楼梦》虽然还是一部大家都爱看的书，而轿子则早已没有了。几十年前，还有新娘子坐的“花轿”，现在则连“花轿”恐怕也没有了吧？随着时代的前进，各种落后的东西，遭到淘汰，这原是必然的规律，但作为历史实物，有意地加以保存一些，却似乎更有一种特殊的意义。而各处历史博物馆，似乎很少注意。连有名的故宫博物院等等大单位，也摆不出一套完整的“銮驾”。什么“五辂”、“步辇”等等，以及什么蓝呢、绿呢等轿子，虽然为时代淘汰，也不过七十来年的事。但今天看来，也只是文字上，或偶然图画上看到，对于实物，一般人则已是茫然无所知了。因而现在看《红楼梦》，对于写到轿子的地方，则只能从字面上理解。具体如何，各种不同的轿子又如何区别，这些恐怕大多数人都是说不清楚的。下面先不妨举几个例子，如第二回写贾雨村娶娇杏：

> 当夜用一乘小轿便把娇杏送进衙去了。

第六十五回写贾琏偷娶尤二姐：

至次日五更天，一乘素轿，将二姐儿抬来……

第三回写黛玉到京：

便有荣府打发轿子、并拉行李车辆侍候。

第十三回写秦可卿办丧事太监戴权来上祭：

次后坐了大轿，打道鸣锣，亲来上祭。

第十四回写宁国府大出殡：

堂客也有十来顶大轿，三四十顶小轿。

第十八回写元春省亲：

一队队过完，后面方是八个太监抬一顶金顶、鹅黄绣凤銮舆，缓缓行来。

第二十九回写荣、宁二府去清虚观打醮：

贾母坐一乘八人大轿，李氏、凤姐、薛姨妈每人一乘四人轿。

从以上所引《红楼梦》原文可以看出，同样一个人抬的轿，有许许多多名称：什么小轿、素轿、轿子、大轿、銮舆，还有大轿、小轿对称，八人大轿、四人轿对称，这么许多名称，如何区分呢？因此在谈轿子之先，先要把它简单地分分类。

一是以抬轿的人数分，有二人轿、四人轿、八人轿。在一般概念上，二人抬俗叫“二人小轿”，是江南旧时最普通的轿子。四人轿，是最普通的轿。八人轿，叫“八抬大轿”，就是比较高级的了。还有什么十二人抬的，那是特殊豪侈的大吏违制的东西，不足为例。另皇帝轿三十六人、二十八人、十六人抬，那就更特殊，不是常见的了。

二是以轿的用途分：步舆、凤舆、仪舆、翟舆等，这是皇家的轿。八抬官轿、四抬官轿，这是各级官吏的轿。花轿，各地娶亲的轿。一般轿子，民间所用。

三是以轿的设备装饰分：皇家明黄轿，官吏蓝呢、绿呢轿，娶亲的花轿，也叫彩轿。送殡的、守孝的素轿。像贾琏在贾敬的丧礼之后，偷娶尤二姐，而且是偏房，因而用素轿，偷偷的把她抬到花枝巷。

四是以上帷子、不上帷子来分：上帷子的叫暖轿、暗轿，不上帷子叫亮轿、显轿。另外还有简便的椅子轿，江南叫竹椅显轿（类似四川的滑杆）。

从上面的简单分类中可以看出，笼统地是一个“轿”，而稍一区分，便有这些不同的种类和差别。当时都是具体的实物，而今天则都成为历史的名称了。考证“轿”的历史，俞正燮的《癸巳类稿》中收有一篇《轿释名》的文章，考证极为详尽。但他并未讲当时轿子的形状、材料、制作方法等，因为这些在那时人们日常生活中是习见的，不必多说；而今天则又成了历史事物，有必要加以解说了。在《天水冰山录》“一应变价竹丝骨花等轿”项下云：

凉、暖官轿，八乘，内轿板二副；藤竹丝卧轿，十三乘；骨花、竹丝女轿，十乘；竹丝女轿，四乘。以上轿三十五乘，每乘估价银二两，共银七十两。

这里所估的价钱，即在当时，也是极为便宜的，不过这个我们先不管它。只根据这项实际的记载，谈谈那时轿子的制造情况，所用材料及尺寸形状等等。现在的车辆基本材料是钢铁，而当年车轿的基本材料是竹、木，自然也要用一点铜铁等金属，但那只是一些小饰件，而主要的则是竹、木、藤之属。轿的部分，简单地分是轿杆、轿底、轿厢——又叫轿帮、轿顶。其使用竹或木，大抵是江南一般用竹最多，北方及皇家所规定之格式，则多用木。但用竹制的，也少不了木，用木制的，也少不了竹篾藤丝。

说的简单一些，轿子像一个木头做的小的有窗户的亭子，左右有两根杆子，抬上好走。但这个小木亭子，这两根杆子也颇复杂。先说轿杆，左右两根穿在轿帮上的叫"直杆"，前后直杆头上，包铁、包铜，甚至镀金、真金等，架"横杆"。四人抬，横杆上再架一"肩杆"，如八抬轿，便要架两个肩杆。前后还各有一根"撑杆"，如果轿子停住，抬轿人便可用撑杆把轿子撑住，不要让重量再压在肩上。一般四人官轿，轿厢约二尺五寸见方，八抬大轿三尺以上见方，左右直杆，前后都伸出三尺不到，四人抬。轿前二人，一前一后，后面那个人后背正对着坐轿人；轿后二人，也一前一后，前面那个人的视线正被轿子挡住，往前看不到什么，只能低头看路面走。所以清代中叶北京流行四句谚语，以抬轿比喻京官。这四句话对京官讽刺极为尖锐，其词云：

前一为军机，扬眉吐气；前二为御史，不敢放屁；后一为翰林，混天黑地；后二为部曹，全无主意。

军机处在清代是最高权力机构，不论大臣还是小军机，都是大权在握，受人奉承的，因而像头一名轿夫，扬眉吐气，可以趾高气扬地乱撞。御史是负责监察，职在言路，应该不畏强暴，弹劾贪官污吏。但他们都怕大官，不敢说话，所以叫不敢放屁。翰林院的翰林，一般不了解中枢内情，只是在大官中乱钻，所以叫混天黑地。部曹，就是各部具体办事的小官，全听上官的指挥，自己没有主张，像最后一名轿夫，只能跟着前面的走。这就是当年最普通的四人轿的抬法，和四个人的位置、情况。

八抬轿，轿厢大，前面直杆用轿绳横穿，此杆两头穿两根肩杆，抬轿人在轿杆外。轿厢前四人、后四人。二人小轿，是最轻便的，不用肩杆，只是把横杆搭在肩上，抬了就好跑，就像现在抬担架一样。宋人王明清《挥麈录》三辑云：

> 宣和中，苏叔党游京师，寓居景德寺僧房，忽见快行家者同一小轿至，传旨宣召，亟令登车。叔党不知所以，然不敢拒。才入，则以物障其前，惟不设顶，上以小凉年蔽之，二人肩之，其疾如飞。

明清以后，南北各地的二人轿，也都是最轻便的。从历史上讲，北宋时轿子也很普遍。京城汴梁有专门出赁轿子的铺子，这同清代北京的喜轿铺已一样了。轿杆是轿子主要承荷重量部分，一要其坚固，二要其轻而有弹性。按《明史》、《清史稿》之《舆服志》所记，一切舆轿，均为“木质”，轿杆自然也都是选用质地坚韧的木质。江南所制，常常更为轻巧。晚明文震亨《长物志》云：

今之“肩舆”……出闽、广者精丽，且轻便；楚中有以藤为杠者，亦佳；近金陵所制缠藤者，颇俗。

文震亨是从美观、雅俗上考虑，实际轿杆缠藤，是防止竹或木裂缝断折，是从坚固实用上考虑的。轿子是用人抬的，《道光都门纪略》记云：

轿夫俱系年青力壮，腿健如飞，上身不动，稳而且快。陋习，一遇前后来轿，与人群拥挤处，更要加紧直走，上轿时尤勇，以人马赶不上者为能。

那时抬轿的轿夫是一个专门的职业。轿杆一上肩，有一种特殊的走法，右肩抬，左手叉腰，右手大幅度摆动；反之亦如是。左右脚交叉速进，脚印在一条线上。要换肩，由最前面轿夫发出信号，同时一低头，右肩即换到左肩，或左肩换到右肩。轿子要讲究抬得稳，走得快。走起来，上身不动，“索索”前行，讲究一杯茶放在轿杆上不落下来。走的姿势，俗名“一炷香”。要停轿，用挂在轿杆上的“撑杆”一支，抬的人便可“息肩”。要落轿，把轿子放在地上，抬的人退出，轿中的人坐在轿中便可同立在轿门前的人谈话，扶持。如第十四回写宝玉在途中见北静王：

便换了素服，坐着大轿，鸣锣张伞而来，到了棚前，落轿……贾珍急命前面执事扎住，同贾赦、贾政三人连忙迎上来，以国礼相见。北静王轿内欠身，含笑答礼……宝玉忙抢上来参见，世荣从轿内伸手搀住。

这是落轿而未下轿，抬轿的人立在轿杆外，宝玉抢在轿杆内轿门前打躬参见，就要下跪，世荣从轿内探身弯腰搀住。不然，稍微一远，就没有那么长的臂膀了。世荣是王爵，坐的是八抬暖轿。按《清史稿·舆服志》，亲王、郡王的轿是：

> 明轿一，木质，洒金，不施幨。盖、辕、杆皆髹朱饰金。暖轿一，银顶，金黄盖幨，红帏，缎、毡各惟其时……广三尺三寸，地平广与轿面同。俱施羊肝漆洒金，上下雕玲珑花卉。直杆、横杆、撑杆各二，肩杆四，俱朱髹贴金饰。红布幨衣、油绸雨衣各一。……八人舁之。

根据这段文字，可以想见北静王世荣轿子的样子。当时冬天，是坐暖轿。再"红布幨衣"是"轿罩"，不出门时，轿子放在马号车轿库中，用罩子罩起。这种轿前面好像房门口一样，帘子不放下来。如是女眷，便放下轿帘。第三回中写黛玉初到荣国府下轿时：

> 那小厮俱肃然退出，众婆子上前打起轿帘，扶黛玉下轿。

这就说明女眷的轿子是放下帘子的。

释轿之二

轿子除去椅子轿等简易的而外，其他虽大小有不同，但制造结构基本上是一样的。即两个轿杆中间，先是一个四方的像木头盘子一样的轿底，四角四根木支柱，顶着轿顶的木框，左右两面中间用横木连紧，即穿轿杆处。木框上是用竹篾编的轿顶，竹篾很密，再用纸或绢裱糊过，刷上桐油，不惟不漏水，且十分坚固。俞正燮《癸巳类稿·轿释名》说："今轿顶俱凸盖。"就是轿顶在上面木框中，小于木框、又高出木框，呈圆弧形方盖。一般民用轿皆无尖圆形轿顶饰。只有皇帝、王公大官及官轿、喜轿上才装轿顶，或金、或银（一至三品）、或锡（四品以下）。在轿底与轿顶之间，左右后三面轿帮，上半截窗棂，下半截木板，在这个好像柜子般的轿厢中，在左右横木上架块板，铺上各式各样的垫子，便是座位。坐的人像坐在老式直背椅子上，只能直背坐，不能靠。手可扶在两边木棱上，也可扶在面前一块小搁板上。上轿时要背转身，退着上去。下轿时，要弯腰低头出来。老实说，过去坐轿远没有现在坐小汽车舒服。放下轿帘，里面很闷气。旧时新娘子坐花轿，常常会晕轿，还会呕吐，就是套上花轿帷，放下帘子以后，密不通风的关系。

所谓"明轿"，就是木制油漆轿架子，全部露在外面，上面窗棂上挂纱帘，人在轿内，可以看到外面，外面看不到里面。这是夏天的轿子。天气冷了坐"暖轿"，就是用布、缎、毡、呢等帷子套起来的轿。轿子有简陋破旧的、华丽崭新的，帷子自然也不同。

在色彩上是明黄、红、青、绿、黑，在用料上也有严格区分，棉布、绸缎、呢毡各按官品规定。一般民间轿子，都是绿幨黑帷子。四五品的中等官吏，是蓝帷子，所以叫“蓝呢官轿”、“绿呢官轿”。轿帷子套在轿子的木架上，左右两面有纱窗，一般圆角方形或海棠形，沿黑绒或黑缎边。撩起窗帘，轿中人可以看外面景物。第三回写黛玉进京道：

> 自上了轿，进了城，从纱窗中瞧了一瞧，其街市之繁华……

这就是从轿帷左右的纱窗中观看的。至于其他的设备和装饰，那就花样繁多，说不胜说了。

当年轿夫数字，民间都是二人、四人，官轿则四人、八人，按《会典》规定，三品以上才能坐八抬轿。而且旧制规定，文武满、汉大臣，朝会乘马，不坐轿，到后来才坐轿的越来越多，但不久又少下来，坐车的多，坐轿的少了。因在京官吏，有的品分虽高，而官俸不多，养一乘轿子，雇用轿夫开支是很大的。有的甚至一乘轿子，要两班、三班人来轮流抬。同治时方濬师《蕉庵随笔》述清代前朝京官乘轿的情况云：

> 旧制……汉大臣虽准坐轿，惟都城广大，署、宅相去辄远，北人不任肩负，必蓄舆夫两班，以大板车随后，载易班之夫，跟仆复须乘骡，非数千金不能蓄轿，故皆乘车。

两班轿夫轮流抬轿，这在外官走长途，更是极普通的。林则徐道光十九年（一八三九）奉旨去广东查禁鸦片，由北京出发，就是坐八人大轿由正阳门出彰仪门，几班抬轿的人在后面跟着，兼程赶路，一直抬到德化县，才上船过江。到了江西南端大庾岭，过岭时，又是大轿。《林则徐日记》记着：“连肩舆用夫一百六十余名。”可见当年大僚出门用人之繁多。据传清初武官福康安出行，须用三十六名轿夫，轿夫每人良马一匹，不抬的人，骑马跟着轿子跑。

坐轿的风气是明代末年流行起来的。晚明顾起元《客座赘语》记云：

> 长安中苜蓿冷官，非鞍笼、肩舆、腰扇，固不出矣。……今即幕属小官，绝无策骑者……壬寅入都，则人人皆小舆，无一骑马者矣。事随时变，亦其一也。

另据同时人何良俊《四友斋丛说摘抄》记江南金陵、苏松二府的奢侈风气云：

> 乡官虽见任回家，只是步行，宪庙（成化，朱见深）时，士夫始骑马，至弘治、正德间，皆乘轿矣……今举人无不乘轿者……今监生无不乘轿矣。大率秀才以十分言之，有三分乘轿者矣。其新进学秀才乘轿，则自隆庆（明穆宗，朱载垕）四年（一五七〇）始也。

轿子一物，也反映了我国封建社会的经济变化。宋代奢侈风气上涨时，轿子增多，王安石大为反对，气愤地说：“奈何以人代畜。”朱熹《名臣言行录》云：“司马温公尝同范景仁登嵩顶，不喜肩舆，山中亦乘马，路险则策杖以行。”可见那时有正义感的人，一般都是反对轿子的。而在明代后期,江南官僚因贪污而财力雄厚,奢靡成风,另一方面,城市人口增加,百姓在其他方面没有生活的办法,便以出卖劳动力,服务于官僚为生。江南影响京城,京城又影响江南,以至一个小小的秀才,横行乡里,也要坐轿了。清初满人进关,提倡骑马,而且规定“贝勒”以下,非年老至六七十者,均须乘马,不能坐轿。但官僚恶性,习于安逸,后来则坐轿的越来越多了。乾隆十五年,还为此特地下了“上谕”云:

> 本朝旧制,文、武满、汉大臣,凡遇朝会皆乘马,并不坐轿。从前满洲大臣内有坐轿者,是以降旨禁止武大臣坐轿,未禁止文大臣。今闻文大臣内务求安逸,于京师至近之地,亦皆坐轿。若谓在部院行走应当坐轿,则国初部院大臣未尝坐轿。此由平时不勤习技业,惟求安逸之所致也。满洲大臣当思本朝旧制,遵照奉行。嗣后文大臣内年及六旬实不能乘马者,着照常坐轿,其余着禁止。(见《清史稿·舆服志》)

乾隆下“上谕”的时候,也正是《红楼梦》所反映的年代,而书中所写除北静王、太监戴权坐大轿而外,秦钟的父亲秦邦业也坐轿子,见第十五回写秦可卿出殡时,“那时秦钟正骑着马随着他父亲的轿”一句,而秦邦业的官职只是“营缮司郎中”,属“工部”,是正五品,但也坐轿。他的官职,离开所谓“大臣”,还远得很呢。因而,乾隆“上谕”所说,在当时也还只是形式上的。

官吏坐轿,抬轿人数,在京和出京还不同。按规定三品以上京堂(即《红楼梦》中所说“堂官”)在京四人,出京八人。外省督、抚八人,以下四人。钦差三品以上,舆夫八人。清代放到外省考举人的正副主考,都是“钦差”的身份,但不一定是三品。坐不坐八人轿,其中讲究很大。嘉庆二十一年(一八一六)林则徐以翰林院编修外放江西省副主考(正主考吴美存),其《日记》八月初六日记云:

> 午刻赴入帘宴,晤学使、司、道、府。未刻由抚署坐亮轿(即不上帷子的明轿)赴贡院。自进省时,地方即备八座肩舆,力辞之,改为四人。是日亦已预辞,而临时改备八座,仓卒不及改,心甚愧之。

这就是说地方上,即江西省以“钦差”的待遇接待他,而他官品不够,虽说编修很清高,受人尊敬,而官阶只不过“正七品”,怎么敢坐八抬大轿呢?所以必须要一辞再辞,而地方却还要以此招待他,以示“抡才大典”之隆重。而他又在《日记》中写明,表示很惭愧。清代的八抬大轿,是很不容易坐的,所以第二十九回写去清虚观打醮,也只有贾母一人坐八人大轿。第十九回写袭人和宝玉对话,什么“你在这里,不怕没八人轿你坐”,什么“有那个福气,没那个道理,纵坐了也没趣儿”等等,也只随便说说,要够上三品以上有诰命的命妇才有资格坐八人大轿呢。

《红楼梦》所写贾元春省亲的“金顶、鹅黄绣凤銮舆”,八个太监抬着,简单说,也就是一顶八人轿。但如严格讲,这样写,在当时还是有干时忌的。因为元春的身份是“贵妃”,不是皇后,而“绣凤”是皇后的“凤舆”,贵妃则只能坐“翟舆”。按《清会典》及《清史稿·舆服志》,“皇贵妃翟舆”是这样的:

> 木质,髹明黄,绘绣皆金翟。横杆中为铁镀银双翟相

向，翟首镂金。凡杆纵加铜镂金翟首尾。肩杆四。舁以八人。余同皇后凤舆之制。

“翟”是锦鸡，以此规定和曹雪芹所写对照，还是大有差别的。

最后再说说轿夫。京官和外官轿夫不同，轿夫在京和出外又不同。京官的轿夫大多是自己花钱雇的。查慎行康熙四十六年（一七〇七）《南斋日记》七月初五记云：

早雨，腹痛不能入直。付轿夫七月工食，文银四两。

当时他的职务是南书房行走，是文字侍从之臣。但是轿夫的工钱、伙食，要自己开销，公家并不管。再有京中所谓“天子脚下”，地面管的严，一般官轿轿夫还不大敢仗势乱来，而一出京就不对了。各地县官，一直到府、道等官，他们的轿夫就不简单了。这些轿夫叫“轿班”，公家和官吏私人，都不给他们正式工钱，谁想到轿班抬轿，还要花钱去买，叫作“买轿杠”。他们给官抬轿子，有如百姓应官差，出夫役，不但不赚钱，还要自带干粮。而他们这样的差事，是长期的，固定的，花钱买来的。这是为什么呢？他们抬了官街上跑，所过之处的各家商、贩，都要按月给他们敛钱，逢年过节，还要特别多。只此一笔，每月远远地超过一般工匠的工钱。何况在官府中，还可以得到其他好处呢？要抬着官下乡，那地方上就更加要孝敬他们了。街上哪家商号、摊贩得罪了他们，他抬着轿子，故意撞到你摊子上，不但踢坏你的东西，还要问你一个“冒犯冲撞”的罪。至于抬的是大官，什么钦差等类的官，那轿夫到了地方上就更骄横的不得了。清人笔记中记乾隆时，福康安（大将军）的轿夫入苗人家，抢妇女的首饰，巡视都司徐斐禁止，轿夫把徐拉下马，剥去衣服乱打。后来这一轿夫被地方捉了，引起群愤，打了一顿，不当心给打死了。其他轿夫跪求将军，不肯再抬轿，以示要胁。最后把打轿夫的那个官撤差了事。于此一例，亦可见清代大官夫役人等之强横。对于为什么要花钱“买轿杠”来抬，也就可以稍微理解了。

驮 轿

二人、四人小轿，八人大轿之外，还有“驮轿”。第五十九回写贾母等人要给老太妃去送灵，要出远门，记其准备及登程情况云：

> 跟随的一共大小六个丫环，十个老婆媳妇子，男人不算。连日收拾驮轿器械。

> 临日，贾母带着贾蓉媳妇坐一乘驮轿，王夫人在后，亦坐一乘驮轿，贾珍骑马，率领众家丁围护；又有几辆大车，与婆子、丫环坐，并放些随换的衣包等件。

这里把驮轿写的很具体，很明确。一是收拾驮轿器械，二是二人合坐一乘驮轿，三是一人坐一乘驮轿，有此三点，即可说明驮轿的几个特征了。“驮轿”又叫“骡驮轿”，简单说，就是用骡子驮着一顶轿子。因为它是用骡子驮而不是用人抬，所以又有它的特征，不同于一般的轿子。特征之一，是它体积大，比一般八抬官轿还要宽大些。因为宽大，所以轿杆也比一般轿子为粗，更结实些。其长度是前三、后四、中五尺，即中间轿厢部分，长约五尺，伸在轿厢前面的轿杆长约三尺，伸出后面的轿杆长约四尺。特征之二，是可以坐两个人，一般人抬的轿子，只能坐一个人，如果多一个小孩，那小孩不是抱在大人怀中，就得盘腿坐在大人脚下轿板上。驮轿之轿厢宽大，便可坐两个人，挤一挤，并排坐也可以。两边架板，斜身交错坐也可以。自然都是比较狭窄的。两边架板当坐位，那个板就很窄，有似乎坐狭板凳了。特征之三，它不同于一般轿子处，是没有“横杆”、“肩杆”等，驮轿的轿杆，前后两面杆头上，有四五寸长的地方，都用铁包起来，有很粗很牢的铁环，用粗绳子把轿杆绑在驮骡的驮架上，那是用很粗的柳木弯成的两个半圆圈，用横档连在一起，架在驮骡背上时，架子正好嵌在驮鞍鞍槽中。所以驮轿在使用时，必须把轿杆两头都绑在架子上，这样驮骡才能驮。所谓“收拾驮轿器械”，就是把平日不出远门、不常使用的驮轿的轿厢、轿杆检查一遍，看看有没有松铆的地方，轿厢松动否？轿杆坚固否？铁环勾子等有否锈损，该掉换的掉换，该加固的加固，要准备好架子和绳索。把驮轿帷子上好，把前后轿杆绑在架子上。轿厢内坐板放好、垫好等等。

驮轿也要上帷子，冬天棉帷子、呢帷子等，布制棉帷子、夹帷最普通。棉帷子有里有面，中间絮棉花，像做夹板棉门帘一样，都要用线密密地衲过，而且衲成各种花纹，如像眼块、贯圈、云头、回文万字，再高级如什么“八仙过海”、“狮子滚绣球”等。也要开窗，一般在帷子左右两面，各有一尺许见方的小窗，或装玻璃，或嵌纱，四周也有阔边。轿门是小夹板帘子。如夏天行路，轿门前还要撑起遮阳幔子。前后两匹骡子驮着走，骡子驮载力在三百斤左右，合力当超过六百斤。一乘驮轿，如坐两个人，再加轿子本身以及所带物品，总重量也不过三四百斤，两匹健骡驮来是十分轻松稳妥的。

乘坐的时候，轿中坐板上坐垫铺好，撩起轿帘，人坐进去，扶住两边窗棂扶手。上驮的时候，先上后面的架子。把备好驮鞍的骡子拉过来，两个人抬起架子腿，骡子一低头钻进架子去，当骡头快要碰到轿子后壁时，抬的人对准鞍槽，往下一放，正好稳嵌在鞍槽中。后面驮好，马上过来抬起前面的架子，再让前面那匹骡子驮好。同时驮好后，一乘驮轿便可款款地上路了，前面的骡子也挂着大串铃，大红蹋胸，迎着朝阳烟霭，或冒着料峭晨风，驮着客商，开始了一天的旅程。

驮驮轿的骡子，是经过特殊训练的。首先，前后两匹走路，要保持一致性，不但快慢要一致，而且步伐节奏要一致，尤其在转弯、过河、上山、下山时，两个骡子的动作要配合好。因为两个骡子驮着一个沉重的东西，而且是庞然大物，又是硬的，这就势必要求熟练于这种驮载的骡子来驮，所以都是一对对配好的，高低一样，步伐、性格都适应，拆开来使用一般都不行。两个骡子，前面一个走起来方便，因为没有东西妨碍它的视线，但它上驮时，要退着上，像拉车驾辕一样。后面骡子头正碰在轿子后壁，前面的路一点也看不见，好像蒙头闭眼走路一样，是要很驯良的、能耐劳负重的牲口担任。后面先上驮，当骡倌把架子放在它鞍槽上后，前面尚未上驮，这时驮轿后高前低，成四十度左右倾斜着，在这片刻时间里，它要默默地、一动也不动地站着，等着。

驮轿被健骡驮着，负重至远，在不到一百年前，还是重要的交通工具，尤其走远路，走山路，更是非常实惠的。坐驮轿走长途的实际情况，现在已经看不到，当然也就更难体会了，只好依靠旧时的文献，来想象一下驮轿行旅的况味。八十多年前，庚子时，那拉氏和光绪狼狈地逃出北京，经延庆州向怀来、宣化逃去，路上就坐的是官轿和驮轿。下面摘引一点当时怀来知县吴永（字渔川）《庚子西狩丛谈》七月二十二日的记录：

> 出城八九里间，忽大雨如注……幸俄顷而雨止。适见近面有一驮轿，迤逦而来，一骑为前导……即高声问曰："来者其怀来县耶？"予应之曰："然。"曰："此即军机赵大人，"而舆行已至身畔，予方拟下马，赵公即搴帘止之……

> 俄见肃亲王乘马先至……语曰："皇太后乘延庆州肩舆，其后驮轿四乘，皇上与伦贝子共一乘……旋见导骑十余驰骋而来，前骑传呼驾到，遥见四人舁蓝呢大轿前行，将至店门，予跪唱怀来县知县臣吴永跪接皇太后圣驾；接连一驮轿，见其中对坐二人，复高唱"怀来县知县臣吴永跪接皇上圣驾"……

从吴渔川的记载中，不但可以看出当时那拉氏出走时的慌张情况，什么皇太后的"龙凤舆"、全份銮驾都没有法子摆了，只坐了个延庆州的四人官轿就不错了。延庆州即现在的延庆县，在北京北面远郊山中。当时是"直隶州"，比县高一级，比府低一级。四人蓝呢轿，是知州的轿子。"赵公即搴帘"，看得出驮轿上是放下轿帘的。当时正下过雨，旧时驮轿、轿子等都随行带有油布、或油绸雨罩，是能防雨的。当时吴渔川骑在马上，轿中人搴帘谈话，近在身边，高度一样。"而舆已至身畔"数句，写的十分逼真。"其中对坐二人"，其一就是光绪，不让他一个人坐，而让伦贝子和他同坐，又对面坐，自然座位很狭窄，十分局促了。《红楼梦》写贾母带着贾蓉媳妇坐，按情理是不会对面坐的。因为驮轿虽然宽大，两人对面坐，随便怎么也坐不舒服。如何才能使贾母舒服一些呢？一是并排坐，贾母宽敞一些，贾蓉媳妇侧着身子稍坐一些。再不然贾母坐正面，贾蓉媳妇盘腿坐在前面轿底上。

至于为什么别人不带，单带贾蓉媳妇呢？因为这在宗法社会的礼仪中，“长房长孙”是最重要的，分家产他要单独得一大股，参加各种典礼活动也要有他。“长孙”重要，自然长孙媳即所谓“孙妇”也就处处少不了啦。

驮轿过去主要是秦、晋山区行旅的特殊交通工具，后来在北方许多地方普遍使用。明代李日华《紫桃轩杂缀》说：“天下有九福……秦垄鞍马福”，这也该包括驮轿在内吧。乾隆时秦朝釪《消寒诗话》中有一则道：

> 余壬辰春游晋，暮春自晋入都，乘马舆行正定道中，山坞桃李盛开，夹道绿杨如画。如此数十里不绝，得句云：“轻雷小雨涨山泉，净洗桃花彻骨妍。一枕软舆蝴蝶梦，春魂飞绕绿杨烟。”孰谓北方风景遽逊江南也。

这里所说“马舆”就是驮轿。因为“驮轿”、“轿”等都是俗称，不能入诗。文人总不免要酸溜溜地换个雅言，如轿子叫“肩舆”，八抬大轿叫“八座”，驮轿虽是骡子驮的，但为了“雅”，也只能叫“马舆”了。这就是昔时写文、写诗的窍门。不过这一段文字写得的确不差，真可以说是为山乡行旅之乐传神，堪称有关驮轿的风流诗话了。小诗也极清丽，所说“一枕软舆”，也是有真实体会的。驮轿轿厢宽大，靠后壁横放近二尺宽的坐板，摆个靠枕，人可以斜着身子半躺下，打起轿帘，一边行路，一边看风景，缓缓而来，深得“卧游”之乐。如果是春秋佳日，行走在风景优美的山区中，那真比现在坐旅游车旅行还舒服呢。当然，有乐也有苦，遇上天气不好，大风大雨，发大水，那就要十分狼狈了。《林则徐日记》道光二年五月十八日记云：

黎明行，积水甚多，车已没髁，幸未颠复。遇台湾都司骡轿落水，众人拯而起之。

在这种情况之下，驮轿就没骡车稳妥，弄不好就要翻轿，能落水而救起，那还是小小的不幸。在过去，驮轿掉崖，把人摔死；发山水，连轿带人一起冲走，也都是数见不鲜的事。

再有，在清朝关里人下关东，山西人大多是去做生意，山东人大多是去种田，河北人则很多都是逃荒去的。几年之后，山西人赚钱最多，可以坐驮轿回乡；山东人次之，可以骑牲口回家；河北人则又次之了。所以当时流传民间谚语道：

山西人，骡驮轿；山东人，大褥套；河北人，瞎胡闹。

这又是有关驮轿的民间文学资料，可供关心“民俗学”的人采风了。

骡　车

《红楼梦》第三回,写邢夫人带着黛玉去见两个舅舅,其中写到骡车道:

> 垂花门前早有众小厮拉过一辆翠幄清油车来,邢夫人携了黛玉坐上,众老婆们放下车帘,方命小厮们抬起,拉至宽处,驾上驯骡,出了西角门往东,过荣府正门,入一黑油漆大门内,至仪门前,方下了车。

这段文字把骡车写得很形象,是很简洁、很优美的一段文字。《红楼梦》在后面各回中写到车的地方很多。如第十九回写宝玉到袭人家去,袭人怕人家看见,“命他哥哥去雇一辆干干净净、严严紧紧的车,送宝玉回去”。又写“一直送宝玉至门前,看着上车,放下车帘”。这是在街上雇车的情况。

又如第二十九回写到清虚观打醮,“贾母坐一乘八人大轿……宝钗、黛玉二人共坐一辆翠盖珠缨八宝车,迎春、探春、惜春三人共坐一辆朱轮华盖车。然后贾母的丫头鸳鸯、鹦鹉、琥珀、珍珠……黑压压的站了一街的车”。这是写荣府女眷全体出门的车辆情况。类似这样的例子很多,不多举了,总之所写的都是骡车。

在我国的历史上,车的使用是很早的事。甲骨文中很早就有“车”字,而且是横写,是个很明显的象形字。近年殷墟出土的文物中，也有当时殉葬的车架和马骨。到了春秋、战国之际，更是以“乘”来计算战车，以“高车驷马”表示阔气，车更成了很普通的东西。不过那时都是马车，而且很高大，根据流传下来的古代文献图案看，倒很有些像西方轻便马车的样子，同近代的骡车不大相同。六朝时达官贵人又多坐牛车，有“陈世子青、王三郎乌、吕文显折角、江瞿昙白鼻”等快牛名称（见《南齐书·陈显达传》）。石崇和王恺斗富，王恺有三样赶不上石崇，其中有一条就是他的牛车没有石崇的牛车快。另外，晋朝宫禁中还流行过“羊车”。唐代流行骑马，不大流行车。明、清两代，官吏都是坐轿的多，在北方和在首都北京，又盛行骡车和驴车。骡车阔气，驴车寒酸，像《红楼梦》中那样的豪富之家，自然都是乘骡车的了。

骡车有自己家中养的，也有市上雇的；有在城市内街道上行驰的，也有走长途的；有十分考究的，也有一般的，其间种类繁多，也是说不胜说。我国历代的“车制”，研究起来，也是一门专门学问。过去孙人和老先生专门研究过车制，对于历代车辆情况，如数家珍，可惜没有著作传下来，是很遗憾的。骡车，本来是近代的东西，去古未远，原本用不着多谈。但是在现在这种车辆却不容易看到了。尤其是当时高级的、十分讲究的骡车，像《红楼梦》中所写的那种“翠幄清油车”，如不稍加解说，对于未见过实物的人说来，也是很难想象的了。

要说清楚骡车，最少要分三个部分来谈。即第一说清楚“车”和“骡”，这是骡车的根本；第二说清楚车的附属部分，如车帷、车垫、挽具缰辔等物；第三说清楚骡车的演变过程和坐车人的身份等等。把这三个部分说清楚，对于《红楼梦》中所描绘的各种车辆，不管他在文字上描绘得多么绚丽，也都是不难理解的了。

车和骡

骡车,笼统地说,是骡子拉的车。这样叫实质上并不确切,因为这种车在过去习惯上也是叫做“轿车”的,它区别于现在还是普通的载物用的骡车,即过去习惯上叫做“敞车”,北方俗称“大车”的车辆。现在所说的骡车,是用骡子拉的专门坐人,有篷子、有帷子、有些像轿子般的车辆。

轿车的具体样子,在五十年代出版的小本《新华字典》上还有图,虽不十分细致,但可以看出个大体的样子。车是木头作的,一般用榆木、柳木、槐木、桦木等等,高级的可以用红木。分车辕、车身、车梢、车篷、车轴、车轮等六个部分。车辕是两根长木后连车身、车梢,是全车的龙骨。车辕部分长约三尺,车身五尺,后尾车梢一尺。嘉庆时人方朔《金台游学草》收有一篇《骡车行》,开头四句道:

> 厢二尺阔三尺高,轮双辕两八尺交,上复圆幕前帘飘,后余一尺为空梢。

这四句诗基本上把车的尺寸说清楚了。只是箱二尺阔少一些,即使按老尺计算,车厢的阔度一般也在二尺五以上吧。车辕前梢头部以铜或铁包镶,上下有竖插销,如大钉状,用以挂牲口的挽具。车辕前梢后约尺许处,钉有金属槽口,夏天用以插遮阳的撑竿,即《骡车行》中所说的“檐外莲茎竹对挑,高承青障阳不骄”是也。车身前沿靠辕处，外露一尺余，左右跨辕坐，可各坐一人。车身底部坐人处一般为木板，高级者木板处用极密的棕绷，再高级的用朱漆的细藤绷，基本上和床绷一样。有一条长矮凳，放在车辕处，不用时和车身一样平，用时拿下来放在地上作为女眷上车时垫脚的踏脚。另有一根方形木棍，平时也横放在车辕上，车停下来时，用以支住车辕，省得白白压着牲口。车厢有木架、有篷，顶部半圆形，用竹篾编制，以布裱糊后，拿桐油或广漆，里外油过，不怕雨淋。车厢尾部露出一尺多长的后梢，有横木档，木档上再钉金属饰件。可以捆绑行李等物，也可以面向后坐人。普通轿车，车轴都在车厢中部。轴亦木制，因重量正好在重心上，没有弹性，所以行走时震动很大。如果路再不平，人坐在车中是十分颠簸的。在清代同治、光绪之前，有一种大型的、车轴在车身后部，旁边开车门，类似西式马车的一种骡拉轿车，叫作“后档车”。震动小，坐着舒服，但车身重，要极为骠健的牲口才能拉得动。后来到了清代末季，这种车便慢慢淘汰了。俞曲园《茶香室丛钞》中道：

> 至旁开门后档车，道光年间三品以上大员皆乘之。光绪丙戌，余送孙儿陛云入都会试，此车竟不复见。

丙戌是光绪十二年，说明后档车在光绪十二年，即光绪初叶已经少见了。车轮也是木制，车辐十六根，轮框用硬质木板开笋头拼接为圆圈，用大铁勾钉钉牢。轮面遍钉大蘑菇头铁钉，车辋、即车轮触地的一圈，也密钉大头蘑菇钉，其制造工艺也是很复杂的。车身、车轮全部要用桐油或广漆油漆成荸荠色、栗壳色，即前面引文中所说的“清油”，也即《骡车行》中所说的“辕木左右檀梨雕，木俱施漆轮涂膏”了。讲究的轿车上面有不少金属饰件，最普通的是用黄铜刻花，高级的用白铜刻花，再高级的还有景泰蓝的、乌银的、乌银戗金丝的，如前辕包头、遮阳撑竿的槽口、车门帘钩、后梢大瓦陇钉等等，都是必有的饰件。

讲究完车，还要讲究拉车的牲口。第一要看骡子的年龄、几岁口；第二要看骡子的毛色；第三要看骡子的身材，是否适宜拉车，能否驯练成驾辕的好牲口；第四要看驯练、调教牲口的车把式如何？总之，骡子口要嫩，毛色长得要整齐漂亮，最好是纯色，如纯白、纯黑、枣骝红，身材要头扬、腰长，腿有弹性，在车把式驯练之后，跑起来能又快、又稳，听人指挥知人意。

元代萨都剌诗句道："三月京城柳飞花，燕姬白马小红车。"这诗写的该有多么漂亮。所以车和骡子要配合得好，互相称得上，才能招人喜爱。清代百本张通俗唱本《阔大奶奶妙峰山进香》段子中有几句写车辆道：

> 吩咐来喜与老王，叫他速去套上车一辆，要大鞍儿搭后档，套上银鬃子带着荔枝黄，支上宝蓝洋绉的过凉帐，矮缎围子亮纱窗。

这种唱本写得非常通俗，生动细致地反映了当时的生活，这就是那时最漂亮的轿车。"银鬃子"、"荔枝黄"都是骡子的名字，是因毛色而得名的。轿车在城里走短途，只用一个驾辕的牲口就够了。去妙峰山进香是出城，路较远，所以要两个骡子，一个驾辕，一个拉梢。像前面所引《红楼梦》第三回中的"翠幄清油车"，那只要驾一个牲口就可以了。那几句引文中所说"方命小厮们抬起，拉至宽处"二语，其"抬"字，不是一前一后抬轿子那样地抬，而是一左一右抬起车辕，把车拉到宽处。

车围·车垫·挽具

《红楼梦》第十四回,写凤姐于秦可卿丧事中在宁国府协理事务时,王兴家的来"领牌取线,打车轿网络"。彩明念道:"大轿两顶,小轿四顶,车四辆,共用大小络子若干根,每根用珠儿线若干斤。"后来又是张材家的回事:"就是方才车轿围子做成,领取裁缝工银若干两。"这两处所写似乎是忙笔中的闲笔,实际却是忙笔中的忙笔,是十分重要的。因为秦可卿出殡时,荣、宁二府车轿要全部使用,为了丧事风光,照贾珍的说法,所谓"要好看为上",就必须赶制新的车轿素围子,赶编搭在车轿顶上的,表示出丧送殡用的白色珠子线网络,这些穿插同本回书后面所写"一切执事陈设,皆系现赶新做出来的,一色光彩夺目"。在文字结构上,是呼应很紧的,因而这不是闲笔。

过去轿车,如果单有车和骡子,即使再讲究,也还漂亮不起来,而且也还无法使用。必须有车围、车垫、挽具,这样车才能使用。这些东西,有最普通的,也有十分讲究的,说起来是无穷无尽的。

先说车围子,简单地说就是用布缝个套子,把车身顶篷和两旁都套起来,以遮风雨。但是如果具体细说起来,那就十分复杂了。从用料说,有布的、绸子的、洋绉的、库缎的、绒的、呢的;从薄厚说,有纱的、单的、夹的、夹纱的、棉的、皮的等等;从补制工艺讲,有缝处、衲处、绣处、锁处、镶边、滚条、顶绦子、顶穗子、嵌纱、嵌玻璃等等,其工艺之复杂,也几乎是没有止境的。当然在颜色上更是五花八门。不过也有原则，即一不能用明黄色，这是皇帝特用的，用了要杀头的；二不用白色，这是死人时穿重孝的色彩；三不用大红，清代后季，三品以上坐车的帷子，下面镶一圈红呢，谓之“红围子”车，不能乱用。一般常用颜色，是深蓝、亮蓝、翠蓝、宝蓝、枣红、秋香、古铜、豆绿等。如果家中守孝（正名守制），车轿也要用素围子，蓝的、灰的，再镶上、嵌上白线。

最普通的是蓝布夹帷子，左右各开一个一尺见方的洞，四周乌绒镶边，中间嵌块玻璃，车门挂个小夹板帘子，中间也嵌块玻璃。考究的就不同了，如夹纱围子，面子用各种盘花亮纱，里子用浅色绫子。在车篷里面，再挂上绣花戳纱里衣子，左右开四个小窗，后面还开小窗，在小窗之间，还开小小窗，最多四周开十三个小窗，谓之“十三太保”。小窗形状，有方、有圆，有海棠形、梅花形、连环形、竖着的宝瓶形、银锭形。小窗四周，用缎子或绒镶边，还可嵌一条泥金线。如果圆形小窗中间所嵌纱的花纹是“寿”字，那镶边处便镶五个同样料子的蝙蝠，成为“五福捧寿”的图案。车门上的帘子同围子一样，是同样的制法。为了防止小窗外太阳晒，小窗外面两侧，还可以作一个小凉篷，沿上彩色穗子，车一走动，随风飘扬。车前檐上一大幅遮阳，约四尺多长，一边用横杆钩在车篷前檐上，一边用两根撑竿撑起，撑竿斜插在车辕金属槽口中，即前面引文中所说的“檐外莲茎竹对挑”和“支上宝蓝洋绉的过凉帐”了。用纱围子的时候，正是夏季天雨时行的季节，出车时还要带好大油布散布，或油布外罩。如果冬天，便又要换呢围子、棉围子，其制作更是十分麻烦。棉围子有里子、有面子，中间要絮棉花，里外三层要一针针地纳起来，一般要纳成象眼（斜方块）、万字、回文、云头等各式花样。车里面四周所挂里衣子，用绒、用呢，再高级用皮毛，如灰鼠脊子的车围子，在当时豪富之家，也是常见的。

有了围子，还要有垫子。轿车底部像床绷一样，不铺垫子，无法坐人。垫子两大块，一块铺在车厢外车辕处，长方形横放，给跨辕的人坐。一块长方形直放，铺在车厢内。垫子像老式椅垫子一样，内部用棉花压得很紧，用布上下四周缝成有棱有角的扁方形，外面再套上套子。其考究完全在套子上，缎套子、呢套子、栽绒套子、绣花、堆花、平金。夏天当然用龙须草套了。清代末年轿车最流行二蓝（即各种深浅蓝色）“博古”花样的车垫套子。

骡子拉车，要有挽具，零零碎碎，说来也颇复杂。先要有个拉车的鞍子，有“大鞍”和“小鞍”之分。大鞍就是骑鞍，鞍桥是圆形的；小鞍鞍桥梯形，制造较简单。此外还有搭攀、后鞧、套鞠、滚肚、嚼子、前鞅、缰绳等许多皮革和金属铆钉制造的东西。木制鞍桥要油漆，皮革要染色，金属饰件用黄铜、白铜，还可镀银、镀金，所有绳索、皮件还可用彩色丝绒线缠起来，这些挽具都可妆饰成花团锦绣一般。“百本张”子弟书《禄寿堂》段子中有几句写轿车的唱词道：

> 那辆车价直彀所四合房，外围子洋呢埸绦沿矮缎，里衣子、弓棚子，一色戳纱花样辉煌，镀金的什件鞧嚼，玲珑剔透，山西较子振地咯当。

从这几句唱词中，可以想见当时轿车的价值，绝不低于现在一辆高级本茨小汽车。“山西较子”中所说“较子”，在《说文》和《广韵》中解释都不同。在俗语中是夹竖车轴上的横木名称，上有铜钩，如有拉梢牲口，套绳系在这钩上。昔时因自然条件，江南讲究船只，中原、秦晋讲究车马。山西南路开钱庄、票号的资本家多，讲究玩车，所以轿车配件，不少都是山西货最好（“较子”解释见下篇附记）。

车围、车垫、挽具等都是轿车的配件，是少不了的。《红楼梦》第二十九回写的“翠盖朱缨八宝车”和“朱轮华盖车”，是作者用典雅的词语来形容车的漂亮，是装点词藻，而非如实描写。而且“朱轮”二字根本不能用，清代舆服制度，“朱轮紫缰”，是“带八分”王公才能用的。魏元旷《蕉庵随笔》中谈到清代车制时特别说明：“福晋皆朱轮紫缰。”所以《红楼梦》中的“朱轮华盖车”是不能看作事实的。

办白事以及守孝人家的车轿，要套素围子。又因秦可卿是大出丧，极尽豪华之能事，所以车轿都要赶制簇新的素围子，即蓝灰等色的围子，平日嵌蓝嵌红线的地方，一律沿白边，嵌白线。但在出殡的正日子里，跟随出殡行列的白马素车，只有素围子还不够，车篷、轿顶还要罩上白色网络，簪满白花，四角还要垂上白绸子扎成的绣球，这才显出送大殡车轿的漂亮。所以前面引文中所说的领珠子线编网络，就是派这个用场的。网络编好，不张开用时，是一条条的，所以文中叫“根”。

演变和乘客

骡车在清代是经历了一些演变的。如清代初年，前三门新修石板路，不许行车，所以京朝官坐轿的多。后来逐渐坐骡车，但开始还不大时兴，骡车最出风头的时期，则是在乾、嘉以后了。乾隆时汪启淑《水曹清暇录》云：

> 国朝京官及部属康熙年间尚乘肩舆……今骡车有极华者。

稍后戴璐《藤阴杂记》云：

> 京官向乘肩舆……嗣后皆有骡车。

这是符合《红楼梦》中所写的情况的。第十五回书中写凤姐、宝玉、秦钟三人给秦可卿送殡，到了郊外，宝玉原来骑着马，凤姐特地叫他，并对他说“别学他们猴在马上”，叫他下了马和她一起坐在车中，“二人说笑前进”。到下处休息时，宝玉命人去请秦钟，“那时秦钟正骑着马随他父亲的轿”。这段叙述写明凤姐坐车，宝玉、秦钟骑马，秦邦业坐轿。这时秦邦业的官职是营缮司郎中，是正五品或从五品，同修建陶然亭的江藻是同样的官职。

从这段叙述中，和从其他各回书所写的车马情况中，都可以看出，像宝玉、贾珍、贾琏、薛蟠、柳湘莲等人出门时，都是骑马。女眷中除去够品的外，一般都坐车，够品的坐轿。男人中的王公官员一般都坐轿。男人中坐车的时候很少。只是第十六回写宝玉看秦钟的病是坐车去的，有“到外面，车犹未备”等语。第二十四回写卜世仁对贾芸说贾芹领着小道士去家庙时，有“坐着好体面的车，又带着四五辆车”等语。这些都说明当时坐骡车的情况，就是主要是女眷们坐，一般人们坐。现任官吏和贵家公子等都是不大作兴乘坐骡车的。

嘉庆时杨懋建《京尘杂录》中道：

> 乾隆初年，尚以骡车为市侩代步。

光绪时魏元旷《蕉庵随笔》中对清代车制说明较清楚：

> 旧制，王、贝勒以下，年未六十，未免骑射者，皆须骑马。汉大臣虽准坐轿，惟都城广大，署宅相去辄远，北人不任肩负，必蓄舆夫两班，以大板车随后，载易班之夫，跟仆复须乘骡，非数千金不能蓄轿，故皆乘车。其车围下端，饰以红呢，广约一尺，谓之“红堕呢”，则与轿之用绿呢者等。小臣惟有书房差之翰林，及军机章京乃得用之，所以别等威也。王公多乘后档车。轮在车后，行不倾颇。福晋皆朱轮紫缰。

从这两则引文中可以看出，康熙、乾隆之际，旗人王孙公子是骑马的多，官吏是坐轿的多，认为骡车为市侩代步，坐骡车便要失身份。所以《红楼梦》中男人坐骡车的少。后来坐轿的官吏改坐骡车，还是为了省钱，因为乘轿子太贵了。像秦邦业那样的小小五品营缮司郎中，在康熙和乾隆初期，还坐轿子。在此之后，则只能坐一般骡车，坐红围子车的资格也是没有的。至于贾珍、贾蓉这一类人，在当时还按制度骑马，如果在乾、嘉之后，也必然改乘讲究的骡车，所谓“意气扬扬坐热车，逢人便碰势堪夸”，都是到南西门外去跑飞车的豪客了（见得硕亭《京都竹枝词》市井门）。

再有，同样是骡车，有大有小。第七十五回写尤氏回到宁国府，“因见自己门首两边狮子下，放着四五辆大车”。这里写车就特别加了个“大”字。又如第五十一回写袭人母亲生病，王夫人准许她回家去看视，凤姐为此吩咐周瑞家的道：

> 再将跟着出门的媳妇传一个，你们两个人，再带两个小丫头子，跟了袭人去。分头派四个有年纪的跟车。要一辆大的，你们带着坐；一辆小的，给丫头们坐。

这里所说的“大车”、“大的”，不是现在一般“大车”概念的大，而是“大鞍车”的大。杨懋建《京尘杂录》说：

> 惟以骡车为通用，官车用大鞍，市车用小鞍。

魏元旷《蕉庵随笔》说：

> 郎曹入署，旧皆乘大鞍车，其制较宽。

这就是所说的“大车”，即大鞍车，比较宽敞。“要一辆大的”，主要给袭人坐，周瑞家和“跟着出门的媳妇”带着坐，三个人，大车坐得下。“小的”就是小鞍车,给两个小丫头坐。“四个有年纪的跟车”,即每辆车由两个人来赶车,一个在里手拉缰绳、执鞭赶牲口,一个在外手扶车辕带牲口相帮照料。“百本张”俗曲《阔大奶奶出善会》有几句唱词道:

> 仆妇丫环搀扶上车,去两三个小厮搭车,穿上搭腰,套上骡子,赶车的拴好了夹板子,跟随的后面把小车儿上,赶车的拉着小拴儿带骡子,一边儿一个是个双飞燕,一炷香、风摆荷叶卧腿儿如飞,走的俏皮。

这基本上和袭人出门时乘车的情况一样。一边儿一个,是赶车和带骡子的。“一炷香”等是赶车人走路姿态的专名词,在当时是很时髦的。《道光都门纪略》道:

> 车夫,帽戴长缨,足登快鞋,身束短袄,御轮如飞,有“风摆荷叶”、“一炷香”之名。并有用“双飞燕”者。

袭人出门,两辆车,四个人跟车,每辆车两个人,就是所谓的“双飞燕”了。

老实说,坐骡车并不舒服。第一是要盘腿坐,不能活动,坐久了,很难受。第二如果坐两个人,只能一前一后地坐,不能并排坐,地方很小,车帘子如果放下来,那坐在后面的人就更感到闷气了。第三那时道路不平,车辙内晴天尘土飞扬,雨天泥泞不堪,车轮上有铁钉,车本身又没有弹性,因此走起来自然十分震动了。所以方朔《骡车行》一诗的结句道:

我性南北虽俱调，摧残震动常嫌嚣。

这实在是经验之谈，在舒适程度上，和现在的小汽车比，那自然是望尘莫及了。

附记：

关于清代车制问题，近人夏枝巢老先生在《旧京琐记》中，有一段十分简要的说明，现全文录后，作为一个注释：

> 旧日乘坐皆骡车也，制分多种，最贵者府第之车，到门而卸，以小童推之而行。出则御者二，不跨辕，步行于两旁，健步若飞，名之曰“双飞燕”。次曰“大鞍车”，贵官乘之，京堂以上，障泥用红，曰“红拖泥”。其余皆绿色油布围之，曰“官车”，寻常仕宦乘之。曰“站口车”，陈于市口，以待雇。“跑海车”，沿途招揽坐客。车轮亦有别，曰“山西较子”（京语呼轮曰“较”），来自晋，轮皆有齿；曰“伏地较子”者（京语本地曰“伏地”），本地仿西轮为之，惟无齿曰“夯较”者，斯下矣。

枝巢老人这段文字简明扼要，对庚子（一九〇〇）年前，即距今八十几年前北京的“车制”各方面都写到了，不少地方和《红楼梦》中所描绘的乘车情况一样。清代北京在二百年中，骡车变化不大，因之乾隆时和光绪末叶的“车制”，并无很大差别。如枝巢子所说“府第之车”、“小童推车”、“御者二”等，不是都和《红楼梦》中所写邢夫人带黛玉坐车、凤姐带宝玉坐车、袭人出门坐车时的情况一样吗？

我前面三篇短文,都是写车制的,把枝巢老人这段文字作为附记,是对前文很重要的参考,足以补前面三篇短文之不足。尤其是关于“较子”的解释,我文中说的很不清楚,现引枝巢老人的著述,就十分清楚了。枝巢老人名夏仁虎,字蔚如,一字啸庵,江苏江宁人,庚子前以举人身份在北京作京官,后入邮传部。辛亥后,一直在北京各大学教书,对北京掌故,极为熟悉,所著《旧京琐记》一书,十分有文献价值,所惜者卷帙过少,而且印数少,流传少,现在很不容易见到了。

薛蟠旅行

看《红楼梦》第四十八回《滥情人情误思游艺》，写薛蟠被柳湘莲痛打一顿之后，羞于见人，想和他家当铺揽总张德辉出去做买卖，逛一年，赚钱也罢，不赚钱也罢，且躲躲羞，并且逛逛山水。临行之前，先有一番安排，请张德辉来家吃酒，薛姨妈"自己在后廊下，隔着窗子，千言万语嘱托张德辉照管照管"，张德辉满口应承，饭后告辞时，又回说：

> 十四日是上好出行日子，大世兄即刻打点行李，雇下骡子，十四日一早就长行了。

下文接写道：

> 薛姨妈和宝钗、香菱并两个年老的嬷嬷，连日打点行装，派下薛蟠之奶公老苍头一名……主仆一共六人，雇了三辆大车，单拉行李使物，又雇了四个长行骡子。薛蟠自骑一匹家内养的铁青大走骡，外备一匹坐马。诸事完毕……至十四日一早，薛姨妈宝钗等直同薛蟠出了仪门，母女两个，四只眼看他去了，方回来。

文字并不多，没有描绘，全是叙述。把旧时代出远门前的准备过程，一一写来，极为细致完全，毫无疏漏之处。现在交通发达，不要说飞机瞬息千里，就是火车、汽车，也不知比过去的行旅要快出多少倍。对于只习惯于今天交通，而没有老式长途行旅经验的人说来，对于这段文字的细腻处是很难体会的。而对有过旧式旅途经验的人说来，那就样样都是极为亲切的了。

古代行旅，十分不易，不要说在前不着村、后不着店的地方遇到要留下买路钱的强盗，遇上吊颈白额的大虫，遇上山洪暴发等等极端危险的事，就是一般遇上大风雨雪，也都是十分狼狈的。所以人们把出门行路，看的十分慎重。首先要选择一个起身的日子，张德辉说"十四是上好出行日期"，怎么知道的呢？这最简便的办法，便是翻翻《历书》，再不然翻翻"祟书本子"。如第四十二回写巧姐儿生病，刘姥姥让翻祟书本子，彩明来念《玉匣记》道："八月二十五日，病者东南得之……"再不然就找算命的推算，总之是十分迷信的。那时一般是翻《历书》，历书上在每月每日下面都注明，如"宜出行"、"宜沐浴"、"不宜上梁"、"不宜出行"、"宜婚嫁"等等。《历书》在明、清两代都由国家专管天文运算的衙门钦天监编印颁发，每年十月初一颁发第二年的历书。明刘若愚《酌中志》记云："十月初一日，颁历。"近人沈太侔《春明采风志》云："十月颁历，在官皆领，以后书肆出售。"因为是国家颁发的，所以叫《皇历》，又叫"时宪书"。书中在每天下面所注"不宜出行"、"宜沐浴"等等，自然是迷信的，但也不是编历书的人随便写的，也是用天干、地支推算出来的。过去天文历法上，有"黄道"、"黑道"的说法。《汉书·天文志》云：

> 日有中道，月有九行。中道者黄道，一曰光道。月有九行者，黑道二，出黄道北；赤道二，出黄道南；白道二，出黄道西；青道二，出黄道东。

在历法上推算，哪一天是黄道，哪一天是赤道，哪一天是黑道……其中黄道最好，所谓“黄道吉日”，是宜出行、宜沐浴、宜嫁娶等的“上好日子”了。历法是我国古老的科学，对黄道、黑道不能无知地说成是迷信。但变成什么“不宜出行”以及《玉匣记》和算命先生口里的话，那自然是迷信了。古人行旅不易，出远门选个好日子，以期行旅平安，这种良好的愿望，也还是未便非议的。

起身日期选定，便要准备行李、衣服、盘费、路菜等等。当时行旅，不论步行、坐车、坐轿及骑牲口，都是一步一个脚印，少走一步也到不了目的地。而一天最快也不过走近百里，一般只有七八十里，千里之遥，在路上便要走个十天半月的。所谓“未晚先投宿，鸡鸣早看天”，天天要住店。而老式店，不像现在的宾馆，是什么也没有的。除去几间客房外，只有房中的一点简单家具。床上或炕上，没有被褥，要客人自带；店中没有厨房，要客人自备饭菜；路上经过的地方，有时要住小村小镇的旅店，不但店中不准备什么东西，街上也买不到。因而日用之物，如笔砚纸张、碗筷及盥洗用具等都要带在身边。长途行旅，天气变化，阴雨寒暖不定，随时可以加添的衣服也要带全；防止路上伤风感冒，跌碰损伤，一些成药，如什么红灵丹、避瘟散、万应锭、薄荷锭等也要带上，其复杂程度，是现在旅行的人很难想象的。

薛蟠去哪里？在《红楼梦》中并未写明，这是曹雪芹笔法的特征，所谓“甄士隐”也，自然不能写实。但从张德辉“顺路就贩些纸札、香、扇来卖”看来，这去的地方自然是江南苏、杭以及皖南一带。北京往南，当时分作两大路，一路江浙，一路湖广；而离京时，一般则都出彰仪门，到了涿州才分路。《林则徐日记》道光十七年二月初七记云：

初七日，乙卯，晴，黎明行，天寒，笔砚俱冻。离涿州二里许，有当路戏台一座，往江南者由戏台前向南行，今往湖广，从戏台旁向西分路。

那时出京去江南走旱路的大路，出京先往正南方向。其站头大约是这样：长辛店、良乡、豆府店、涿州、南皋店，新城、高桥、雄县，郑州、任邱、二十里铺，河间府、臧家桥、富庄驿，景州、刘智庙，入山东界。德州、恩县、腰站，高唐州、新店、茌平县，铜城驿、旧县，东平州、草桥口、汶上县，高吴桥、兖州府，邹县、滕县，临城驿、多义沟，韩庄、柳泉，荆山桥、徐州府，邳州府，宿迁、顺河集，仰化集、重兴集、杨家庄，过黄河，清江浦。走旱路，由北京到江南苏、杭一带，单到清江浦就是十九个大站，要走十九天。每天还有“打尖”的小站，可以吃早饭、中饭休息一下。历史上黄河改过六回道，最后一次决口改道是咸丰六年（一八五六），就是现在的黄河口。而在《红楼梦》时代，黄河是流入安徽、江苏境内，经铜山、宿迁县东流入海。所以薛蟠南来的路线，也必然是到宿迁县再沿黄河大堤走，到杨家庄渡口过黄河，然后到清江浦，然后改走旱路为水路，在清江浦上船，沿南运河就可以到扬州瓜洲渡，入大江到镇江，然后在江南各处走，大多都是水路了。

所谓“鸡声茅店月”，旧时行旅，一上路之后，每天起身是很早的。贪早的人，鸡叫头遍，就起身了，收拾完毕，算完店钱，该装车的装车，该上驮的上驮，该坐轿的上轿，该骑马的上马，络绎出了店门，出了村或城，顶着一天星斗，迎着晓风上路了。有时走上二三十里路，太阳才老高，远远望着村镇的炊烟，到了打早尖的站头了，到了什么三义店、高升店门口，车、轿等也不用进店，就在门口停下，客人进店洗洗脸，喝点水，做点或买些早饭，讲究的拿出自己带的干粮、路菜，一般都是不容易坏的，什么炒大头菜呀、咸鸭蛋呀等等，或是下点挂面、买点馒头等。人吃饱喝足，牲口也喂一喂、饮一饮，然后再上路。根据站头大小，再走上二三十里，到一个地方打尖吃中饭。吃完中饭再上路，一根据站头远近，二根据天长天短，如春夏日长，走的站头又短，一般下午三四点钟就可以到投宿的地方了；如果秋冬天短，走的站头又长，九十里，近百里，往往到掌灯，甚至夜间才能到站。

远路客商，在斜阳中投住旅店，有时真是倦鸟归林，是很有诗意的。骑着牲口或坐着车，吆吆喝喝到了一个镇、一座城关厢了，看着街上都是陌生的人，自己坐的车或牲口在人群中弯弯曲曲、簇簇拥拥过去，到了车把式或自己熟识的店前了，宽阔大车门，挂着大匾："鸿升客栈"，临街墙上都写着几尺见方的大字："百年老店，安寓客商"，"车马大店，草料俱全"，车辆驮骡，轿子从人吆呼着，銮铃哗啦哗啦地赶进院子中去。店家把各类型的客人让到各种客房中，忙着送洗脸水、茶水，像薛蟠这样的丑公子类型的人，到了店趾高气扬，哼三喝四，跟他的苍头、小厮忙着给他卸铺盖被褥，铺好准备他休息……但是有时路上遇到特殊情况，大雨、大雪，发大水，一时路途阻塞，旅客集中在一个站头上，店都住满了，后来的住不上，那也就够人着急的了。《林则徐日记》道光二年五月十五日记他在临城大水后赶路的情况道：

十五日，戊子，晴，晨起闻前途水落始行，泥淖甚深。郑家庄及官桥一带尚有积水，雇人领路扶车，勉强前进。午刻临城驿饭，各店内车辆俱满，道旁停车且数十辆，有停至三四日未行者……

遇到这样情况，长途劳累，连店也住不上，那就十分狼狈了。

宋人作画，常常喜欢画“秋山行旅图”，在秋山重叠，白云黄叶中，骡马行旅，盘旋于峰回路转处，构成极为优美的画面，使看画的人，觉得走路的人，真像神仙一样。薛蟠在启程之前想道：“二则逛逛山水，也是好的。”事实也的确如此，那时长途行旅，有它辛苦的一面，甚至雨里、泥里，赶不上程头，吃不上饭，住不上店，十分艰苦。但天气好，途程不紧，可以潇潇洒洒地走，那乐趣和收获，又是现在的坐火车、飞机不能比的了。它能看到一路上的风景，顺便游览一路上的名胜古迹，可以体验一路上的风俗人情，所谓“读万卷书，行万里路”，这种旧时旅途所能得到的乐趣和益处，又是今天瞬息千里的旅行方式所得不到的了。引用一些俞陛云老先生《入蜀行程记》的片断，以见旧时行旅之乐的一斑吧。这是光绪二十八年（一九〇二）六月，老先生“奉命典蜀试”，由北京去四川的日记：

初五日，晨，经三里铺、六里铺至尚汲村，莲花数十本，凌波媚影，有孤秀自馨之致。地近贾岛墓，午膳于固城，即范阳故里……

初六日道出陇畔……五里食于慈航寺，苔径幽芳，筠帘静碧，一洗缁尘之色……

初七日出保定城，林梢屋角，倒影晴波，案舆图当是五云泉。十里小激店，五里大激店。出都以来，西山一桁，恒在掖右，过易水后，层青叠翠，或错峙若亭阁，或秀发若冠珥，岩峣百态……

从这几则日记中，不是很可以看出，当年一天一个程头的行旅，天气好时，岂不是很有意思的吗？

大车·长行骡子

薛蟠出远门，交通工具是三辆大车、四个长行骡子、一匹铁青大走骡，一匹坐马。在这几样东西中，对现在人说来，大车还是容易理解的，因为在北方各地，大车还在较普遍地使用着，虽然不照过去那样，一两千里路拉长途了，但是短途运输还很方便。而用来载人的，大概除蒙古草原上而外，在有火车、汽车的地方就更少了。而过去大车却是载人载物的重要长途交通工具。大车又叫“敞车”，《光绪顺天府志》记云：

> 敞车，按一呼大车，无帷幔，用芦席以遮雨阳。载人装货，如南方航船，有坐到十余人者。

据《林则徐日记》道光二年春天所记，他由淮安府王家营雇大车直到北京。公事完了，出京时，由北京仍雇大车拉行李到淮安。这是一千四五百里的长途。道光二十二年他戍伊犁，由西安起身，全是大车拉行李，在凉州还换一次车，路程就更长了。其八月二十一日《日记》云：

> 此次在凉州雇大车七辆，直至乌鲁木齐，计程四十八站，每辆价银五十六两，是日已将行李俱上车矣。

长途大车，用骡子拉，一般是一个驾辕，三个或四个拉梢，曰“三套车”或“四套车”，可拉货四五千斤。本来是很方便的，但是毕竟有落后之处。冬天地冻时，路面坚硬，运输还好，其他季节，就常常出问题。因为那时大车都是很窄的铁钉子车轮，重车压在土路上，成为两道很深的车辙，平时不但尘土飞扬，而且辙中高低不平，常有深坑，俗名“载窝”。重车经过，十分颠簸，弄不好就要断轴。如遇雨天泥泞，那就更困难了。看林则徐道光二年五月间，在山东旅途中的《日记》：

初九日……未刻大河口过渡，酉刻至旧县宿，大车在后行走，辋轴折断，不能到站。

十二日……未刻中山店住，是晚大车仅到一辆，其一辆骡毙轴折……

十三日……滕之北境泥淖甚深，车辆多陷。

科学发达，交通便利，现代人很难想象到当年长途车马行旅中，经常遇到的困难境地了。

大车之外，是长行骡子，为什么叫“长行”呢？为什么又是雇的呢？当年“长行骡子”，又名“长帮骡子”，是很重要的一种交通运输工具。那时社会上有五种行业，叫“车、船、店、脚、牙”。“脚行”，就是赶脚的，又叫赶牲口的行业。专门受雇于人，为客商驮载货物，长途运输。从事这种行业的人，小资本的，养一帮两帮骡子，每四个或五个作一帮，由一人来赶。资本大的，同其他行业结合起来，如粮店、烧缸等，那可能养三帮五帮、十帮八帮，一方面给自家店里运输粮食；也受雇于其他客商，替别人驮运，以赚脚钱。粮店和烧缸（专门烧酒的，又叫缸房），为什么常常兼营脚行呢？一因其本身运送粮食，烧缸要大量高粱，烧出的酒也要运到其他地方去卖，所以要大批骡子。二因粮店有的是麸皮、蒙糠，烧缸有的是烧过酒的酒糟，这都是骡子的好饲料。那时养牲口要好草、好料，麸皮、酒糟都是好料。所以粮店、烧缸兼营脚行，骡子都养得膘满肥壮。

长行骡子都是从脚行雇的，都是走长路的。尤其是山区的运输，山路不能走大车，各种货物运送全靠长行骡子，即骡驮子。有某种特产的山区，更要靠大批骡子运输。雁门关外有个浑源县，当年出好酒，鼎盛时代，有七十多家缸房，烧出的酒，主要销售到保定一带，隔着几百里山路，全靠长帮骡子驮着大酒篓每天川流不息地运送。七十多家缸房养着两千多头骡子，一个骡子走长路的运输能力是驮二百七八到三百一二十斤。就是说两千头骡子就等于六十万斤的运输力，等于六十辆五吨卡车了。自然骡子走得慢，运输周期没有汽车快。不过在一二百年前，一个县城、一个行业就有这样大运输能力，却也不简单了。

北方的长行骡子，就同云南、贵州山区的马帮一样，旧时代是主要运输力。但也不只是山区，在平原地带，也同样有长行骡子，以补大车运输之不足。遇到天雨泥泞，道路难行，大车断轴折辐，那还要用驮骡来解救，把车上东西卸下，用骡子驮走，来拯救破车。长行骡子受雇于人，都是讲好到什么地方，多少站，多少钱。林则徐做钦差大臣，由北京兼程去广州，过了安徽临淮关，要转入山路，走湖北黄梅，过江到九江。《日记》记云：

> 自雇驮骡十一只到黄梅，用钱五十贯。每骡每站五百文，至黄梅作九站计。

这种驮骡，也就是《红楼梦》中薛蟠雇的那种长行骡子。现在这种行业大概就全国来说，也基本上没有了吧！

赶长行骡子的脚夫，也像车把式一样，不但走南闯北，有极为丰富的长途行旅经验，熟悉各地路程，山川形势，风俗人情；而且善于观察气候变化，知道雨雪的征兆。走在野外，该早下店就早下店，可以再赶一站就再赶一站，尽量能躲过风雨的侵袭，保证旅程的安全。除此而外，他们要有几样特殊技艺：一是善于饲养牲口、观察牲口，勤于加草加料，牲口在路上有点小毛病，能及时料理。二是会垫鞍子。驮骡驮物，最重要的是一副驮鞍，木制鞍架，鞍架下是皮革的鞯，下面要垫很厚的棉花，棉花里面还有一层很厚的土布鞯衬。木鞍架是半圆形的，鞴在骡背上。里面两边垫的棉花，要很服贴地贴在骡子腰部的皮肤上，虽经重压，仍不可有高低不平之处。因而这棉花就垫成一个弧形的，靠骡子脊梁处薄些，靠骡子肚皮处厚些，最厚的地方要垫到四寸多厚，愈向上愈薄，全用旧棉花一点一点地扯开垫平，是很不容易的。走在长路上，晚上落店，卸下鞍子，如发现骡背某处受压皮毛有损，当晚便要重新整理鞍子，把棉花不服贴的地方，重新垫过。在当年不会垫鞍子，就没有资格当赶脚的。即使当，也只能做伙计，跟着头儿一起走，自己不能单独赶。三是要会编鞭子，编笼头，要会打扮牲口。编鞭子是把各种细皮编成蛇皮型、花篮型花纹的长马鞭，一个好的赶脚的，没有一条好鞭子，那是丢人的。再有要会编种种花纹的花笼头，装上大红绒球，来打扮牲口。

长行骡子，不论四匹、五匹、六匹，作为一帮，走在长路上，是排好队走的，走在最前面的是头骡，其次二骡、三骡……一年到头都是按着固定次序排列着走，都是很可爱、很善良、很守秩序、任重致远的“使者”。所谓“识途老马”,头骡总是按着熟悉的道路,纵使一千里、两千里,也一站一站地走下去。头骡打扮最漂亮,头戴粗的藏蓝色线绳编的大笼头,鼻孔以下是编成“贯圈”、“柳叶”、“连环”等花纹的笼头帘子,垂着长的流苏,可以保护牲口鼻孔及口部,夏天不被迎面来的牛虻、狗蝇等侵袭,冬天可以稍避风沙寒气。笼头前额横绊上,一朵拳头大的大红绒球,两鬓两朵小红绒球。前胸到颈部,斜挂着两寸多宽的厚皮圈。左右两面各挂三只饭碗大小的光闪闪的黄铜串铃,皮圈下垂近一尺长的猩猩红缨,俗名“踢胸”。一上路,骡子头左右摇摆,串铃哗啦哗啦响着,“踢胸”像一团红光也在下面晃动着。二骡笼头也如头骡,只是不带串铃,而带“扁梆”,一个椭圆形、高五六寸的金属筒,中间吊一个硬木或兽骨的芯子,一摇晃,会发出沉重的钟一般的声音。串铃声音很大,近处可以受到震动;走山路,峰回路转,隔着里把路都能听到;在狭窄处,可以互相警戒;对面来的驮子可以互相让路。扁梆声沉重而致远,好的扁梆顺风可以传声到十华里,可以在近一小时之前,把声音传到站头或家中,做好等待接驮子的准备。当年养长帮骡子的人,十分珍视一个好扁梆,可以卖到几十两银子的价钱。人们说笑话:一帮骡子的二骡坠崖跌下去了,后面跟上来的脚行的掌柜的,急着问扁梆摔坏了没有?而不问骡子如何。可见“扁梆”之珍贵了。三骡以后,装饰就简单了,考究的也不过是一个红绒球的笼头,项下悬一枚敞口大铜铃而已。

驮的东西,绑在架子上。架子像一条半圆的四条腿板凳,左右两面,绑上平均重量的箱笼等物。液体油、酒之类用篓装,柳条编的小口大肚子篓,里面裱好,用桐油油过,不漏。散体糖、盐、粮食之类用包。布用捆。杂物用箱装。脚夫揽好生意,头天下午驮空架子来，把驮子捆好，苫好油布。回去把牲口钉好新“掌”（马蹄铁），驮骡只钉前掌。夜里好草好料把牲口喂好。第二天一大早，顶着晨星，把牲口鞴好鞍子，戴好嚼子、笼头，挂好串铃、扁梆，打扮的整整齐齐，拉出来。掌班的同伙计，弯倒腰，把驮子把着架子腿一抬，头骡自动的会低下头钻进去，等到把驮子放在鞍槽中，骡背一感到重量，抬驮子的人一松手，头骡就哗啦哗啦地在前面走了。跟着二骡上驮子，三骡上驮子……鱼贯而行，任重而道远的千里之行开始了。

黄昏时分，在斜阳古道上，望着远处林峦暮霭，有缕缕炊烟升起；这时一阵哗啦哗啦的串铃声，乒乓乒乓的扁梆声自远而近，缓缓地一帮长行骡子过来了，头骡的大红绒球、大红踢胸红艳艳地映照在斜阳中……缓缓地又走了过去，向远处的站头旅店投宿了。这长行骡子，也曾是迈过古老的、历史的、诗意的步伐的啊！

走　骡

“薛蟠自骑一匹家内养的铁青大走骡,外备一匹坐马。”薛蟠自骑之骡,“家内养的”,容易理解,自己家中所养,不同于雇来的长行骡子。“铁青”是指毛色,没有多看见过骡子的人,虽然不能确指各种毛色的骡子,但骡子毛色有种种不同,一般还是知道的。“大”字是形容词,不过状其高大,“大”字下面这个“走”字就颇难理解了,是骡子都会走,难道还有不会走的骡子吗?这走字岂非赘词?如果不是,这“大走骡”又是什么意思呢?

“走骡”,是过去豢养驴骡马匹的一个专名词,也可以说是术语吧。是什么意思呢?就是经过特殊训练,特别善走的骡子,叫作“走骡”。同样马也可以经过训练,不要求其跑,而要求其“善走”,谓之“走马”。在蒙古草地上,小骆驼经过特殊训练,特别“善走”,叫做“走驼”。这种叫法,实际是古老的了。《史记·越王勾践世家》:“狡兔死,走狗烹。”现在“走狗”一词,意义已经有所引申,而当初所说“走狗”,也是因为“猎狗”善走而得名。

“走骡”是专养来骑人而不驮物、也不拉车的,在过去习惯叫作“细牲口”。查慎行《沁园春·寄徐初邻金陵》有句云:“欲别谁留,欲歌谁和,细马驮过皂荚桥。无人管,弃酒边归路,风堕鞭鞘。”这个“细马”,也就是俗话所说的“细牲口”。粗细又如何分呢?凡是家中养着、经过特殊训练,不驱之干活,只备骑乘的,谓之“细牲口”,不管它是马、是骡子还是驴。反之,凡是驮物、拉车、耕田,以及一般驿马、战马等,都是属于“粗牲口”的范畴。

"细牲口"可以说是当年牲口中娇生惯养的"天之骄子"。

"走骡"鞴骑鞍、骑人,但是只走不跑。这种"走",不是一般的走,而是很轻盈的快步疾走,有似现在运动会上的"竞走",但是更为轻盈,文字的所谓"蹄声的的",很可以为这种走骡的步伐传神。走,看上去比跑慢,实际比跑快,因为持久耐时,可以长时间地快走。而且骑的人很稳,不要用力控制缰绳,裆中也不用夹紧。所以走长路,骑走骡比骑马好,又快又省力。

骡子是特殊的"中性牲畜",它本身不能繁殖,是马和驴交配而生的,最古可能是自行交配的吧。世界各地都有骡子,而且是从古就有的,但我还没有看过关于讲骡子繁殖史的专书。关于马,《尔雅·释畜》中说:"牡曰骘,牝曰骀。"郝懿行《尔雅义疏》中注云:"今东齐人以牡为儿马,牝为骒马。"所谓九方皋相马,赏识于"牝牡骊黄"之外,文言叫公马为"牡马",北方俗话则叫"儿马",叫母马为"牝马",北方俗话叫"骒马"。另外公驴俗话叫"叫驴",母驴俗话叫"草驴"。北方春秋天庙会上,有专门养膘满健壮的儿马、叫驴的人,叫作"拉公子的",拉着毛色油亮的,用红绿布把眼睛蒙起来的儿马、叫驴,给别人的骒马、草驴配种。骡子有两种,公驴配母马生的叫"马骡",公马配母驴生的叫"驴骡"。马骡耳朵小,腰长,腿较细长,体形近似于马;驴骡耳朵长,腰短,腿较短粗,体形近似于驴。两种骡子在体力上也各有特征:大体马骡腰部较灵活,训练拉车的驾辕牲口,马骡较好;驴骡腰部力大,训练驮物的"驮骡",驴骡为优。"走骡",就是骡驹子经过专门训练而成的。一般也以马骡为好,因为它腰部弹性好,腿脚灵活,容易训练成功。另外不管马骡也好,驴骡也好,长的都很高大,一般都比它母体为大。

训练走骡,是一种专门技术,是很辛苦的。大体是选毛色好的、体形好的二春驹来训练。毛色讲全黑(俗名“一锭墨”)、枣骝、银蹄(黑毛白蹄)、甘草黄、菊花青(灰白相间)、铁青(青灰色)等等。体型讲求,腰要长而软,前裆要宽,头要高扬,腿要长,腿腕要细,蹄要大,在其自由奔跑中观察,看看奔跑姿态如何?步子大不大?好马后蹄子超过前蹄,谓之“跨灶”,骡子虽不能这样,但步子大小也极有差别。专门调教走骡的骑手,俗名叫“牲口把式”,又名“耍牲口的”,又名“压牲口的”,他们都有丰富的经验。他们或者受雇于人,为人家训练;或者自己训练,都要先花点功夫去选择骡驹,看中谁家的骡驹好,都能花大价钱买来,加以调训。

走骡鞴“骑鞍”,完全不同于“长行骡子”的“驮鞍”,这是同马鞍完全一样的鞍子,鞍架很小,前面高出一块,后面也高些。鞍槽完全是圆弧形的,便于骑坐,鞍中不垫棉花,只垫毡韂。左右系马镫,腹下用“滚肚”系好,鞍前后都用皮绊系好,带銮铃,颈上皮圈系三十二个小铜铃,小红踢胸。带皮嚼子,有勒口。这些鞍韂、嚼子讲究起来是无穷的。就拿个马镫说吧,有铁的、铜的,甚至银的、镀金的,讲究的都是精工雕凿,各种花纹。汉唐出土文物中,有不少镂金镶玉的“马饰”,都是当年马鞍、马嚼子上的饰物。所谓“金勒马嘶芳草地,玉楼人醉杏花天”,这“金勒”也并非完全是形容夸大之词。当年像薛蟠这样的豪门恶少,那一匹家养大走骡的鞍韂之鲜明华丽,是完全可以想见的。

训练的人把没有鞴过鞍子的骡驹,鞴上骑鞍,带上嚼子后,就要骑在它身上,开始训练了,俗名就叫“压牲口”。主要是压着锻炼它的腰部,使之富有弹性,习惯于人骑在上面颠动。然后训练它似乎小跑一样的快走。牲口是不懂什么的,这全靠骑手的训练工夫。骑手骑在骡子背上,脚认在镫中,两个膝盖要扣拢,两条大腿要夹紧，刘备久不骑马，有“髀肉复生”之叹；就是骑士全靠大腿骨的力气。训练小骡驹更要注意好跨下的力量。另外，两手要扣好嚼子，右手要随时空出来运用鞭子。嚼子有铁链子或铜链子勒口，一套在牲口头上，勒口正好勒在牲口嘴岔上，一提缰绳，嚼子勒紧，牲口便听人指挥，不自由了。所以第六十八回“苦尤娘赚入大观园”中，凤姐骂尤氏道：“你发昏了，你的嘴里难道有茄子塞着，不就是他们给你嚼子衔上了……”衔上嚼子嘴就不能动了，压走骡时控制牲口，也就靠这嚼子。

沈尹默论书法执笔有句云：“运腕如调生马驹。”没有鞴过鞍子的小牲口，不管马驹子也好，骡驹子也好，都是很调皮的。破题儿第一遭鞴上鞍子骑上人，要么它不肯走，原地转圈圈；要么尥蹶子，不肯让人骑；抽它一鞭子它又要乱跑，这就要靠骑手的控制了。腿要夹紧，手要提紧，既不能让它站着不动，又不能让它狂跑、乱颠。让它一步一步的走，又要催它有节奏地快走，提嚼子的手要忽松忽紧，不断地振动，全靠腕力运动自如。所以尹默老先生以提笔写字之运腕拟之于牲口把式调教牲口之运腕了。

“压”的时候，简言之，就是骑上人让它快走。但要调教好它善走的步子，就要纠正其不听指挥的步子，控制它使之持续听指挥的步伐，要注意它走时的节奏、呼吸，使它走的既快，又能持久。每天早、午、晚按固定时间骑着压，先跑短程，慢慢增加距离，训练其长时间、长距离的耐久力。每次压到一定时候，牲口出汗，已经十分疲劳了，骑手下来要牵着它慢慢地蹓，也就是散步，以将息它的体力，使之由紧张渐渐松弛下来。自然更要好草好料地喂养，好干草，好料，煮黑豆、麸皮、酒糟、豆饼等。尤其重要的是夜间精心饲养，所谓“马不得夜料不肥”，骡子也是一样，是要整夜吃草的。饲养它的人，半夜里总要到槽边加一趟夜草，添些料。清人有诗云：“卧听疲马嚼残刍”，在枕上听着牲口午夜槽头吃草，也是一种诗的意境。

把一个二春骡驹，训练成一个好的走骡，大约要一年半到两年的时间。随着调教，随着骡驹长骨骼、长身体，到四岁上，就进入骡子的青壮年时代，闪耀着毛色的光泽，腾骧着矫健的步伐，配上金勒丝缰、华丽的鞍鞯，骡主人就可以骑上大出风头了。

养一匹走骡是很费钱的。骡子的价钱，牲口把式的工钱，都比一般的要贵。平时草料、配备鞍鞯等等，都要用不少钱。当年大买卖，如钱铺、当铺、大粮店、票号等都欢喜养几匹走骡，掌柜的、伙计出门办事，二百来里的路程，一天就可走到，是非常得力的。薛蟠是“皇商”，家里养大走骡，正符合他的身份。这种细致处，是极真实地反映了当时的生活面貌。可惜因为时代的隔阂，现在的读者，往往因为不了解当时的生活，对这种细致处，常常忽略了。

也许有人问，薛蟠自骑一匹家内养的铁青大走骡，为什么还要外备一匹坐马呢？难道他一个人能骑两个牲口吗？这也有其特殊原因。一是途中偶遇紧急情况，有匹坐马，跨上去，打上两鞭，二三十里的路很快就能跑到。最普通的，半路上，看着黑云上来，眼看要下雨了，跨上坐马，加鞭快跑，就能跑在雨前面，提前赶到客店，不被雨淋。二是正常赶路，薛蟠骑走骡，走得快，还必须要有小厮能跟得上他，好服侍他。如一天八十里的站头，中午打尖，上午走三四十里，走骡同马，一般两个小时即可到达，要比长行骡子及行李车辆等早两个来钟头到站头，下店休息。当年这种公子哥，处处要人服侍，只有一匹快牲口，别人都跟不上，那提前打尖、下店，又有谁来服侍他呢？因而走骡之外，必须还要有一匹坐马了。

拜　影

《红楼梦》中有"拜影"、"悬影"等词语。红学家赵冈先生在其《考红琐记》(原载一九八〇年十二月二十八日台湾《中国时报》)一文中,说这是满洲礼仪,其实不对。辨之如后,以就正于高明。

原文在《〈红楼梦〉中糅合满汉礼仪》一段中说:

> 雪芹写《红楼梦》时,往往南北兼用,红学家早已指出。除此以外,雪芹往往也将满汉两族的礼仪混合杂糅。此点似乎未见红学研究者提出。最具体的例子是第五十三回宁国府除夕祭宗祠的过程。

文后引乾隆时大兴潘荣陛《帝京岁时纪胜》云:

> 送灶神后,扫除祠堂舍宇,糊裱窗槅,贴彩画玻璃窗眼,剪纸吉祥葫芦,还账目,送节礼,谢先生,助亲友,馈炭金,整齐祭器,擦抹杂物,蒸糕点,炸衬供,调羹饭,治祭品,摆供献,雕茶果,神堂悬影……

作者根据这段文献指出道:

> 值得注意的是,这是描写满人年关祭祖的礼仪,其主要

区别是“悬影”一词,“悬影”就是悬挂影像。

接下来作者就说:汉人的礼法是把祖宗的名字写在木牌上,即“木主”,以供后代子孙祭奠;木主是放在祠堂里,不得移动,而满人则是画出祖先遗容,称为“影像”,供祭以前拿出来悬挂,礼成以后再收藏起来。并云满人礼仪可以上溯到辽等等。后面又引《燕京岁时记》、《天咫偶闻》等书记载,最后论断说:《红楼梦》第五十三回所写除夕宁国府正堂上悬影、拜影、贾母上供菜等细节,“是明显的满族祭礼,用影像、以主妇主祭,皆符合”。

应该说,赵冈先生这个论断是错误的。这里不说贾母上供菜等情节,先说“悬影”、“拜影”。按“拜影”一词,在第三十一回中也写到过,原句云:“老太太和舅母那日想是才拜了影回来……”这究竟是满洲礼仪,还是汉人礼仪呢?明确说,完全是汉人礼仪。明末刘同人《帝京景物略》记除夕风俗云:

> 三十日,五更又焚香楮送迎,送玉皇上界矣,迎新灶君下界矣,插芝麻秸于门檐窗台,曰:藏鬼秸中,不令出也。门窗贴红纸葫芦,曰收瘟鬼。夜以松柏枝杂柴燎院中,曰烧松盆,熰岁也。悬先亡影像……

这“悬先亡影像”,不就是“悬影”吗?在此句后接着说:“祀以狮仙斗糖、麻花、馓枝、染五色苇架竹罩陈之,家长幼毕拜。”“毕拜”就是都拜完。这里不是把“悬影”和“拜影”说的很清楚吗?康熙时张茂节等人编辑的《康熙宛平县志》中也记道:“三十日,悬先亡像,染五色苇架、麻花、馓枝、编竹罩诸果以祀,长幼毕拜。”这除去当时风俗仍旧如此而外,在文字上,显见还是据

《帝京景物略》编纂的。

旧时尚未有照相，做儿女的，在父母年事渐高时，常常要找专门画神像的画师画个像，裱成轴子，生前叫做“喜容”，去世后叫作“神轴”，正像“木主”正名应叫“神主”一样，意思是人死“神”犹在，可以寄托在这个木牌上，画轴上，所以叫“神主”、“神轴”。逢年过节可以悬挂祭祀，本是纪念亡人，慎终追远的意思。父母、祖父母，远至曾祖父母，生前见过的，挂起遗容，都还可以认识，再上去就很难认识了。在大家族中，分房另过，除父母、祖父母的遗容外，其他曾、高祖父母的遗容都按谱系缩影在一个轴子上，一轴图上，许多小像，一同悬挂祀奉，这些都叫做“神轴”，也就是“影”，这不止不是满洲的礼仪风俗，而且也不单是北京的风俗，在全国各地同此者也不少。道光时苏州顾禄（字铁卿）《清嘉录》记“过年”云：

> 择日悬神轴，供佛马，具牲醴糕果之属……

这是江南的风俗，悬神轴也就是“悬影”。除夕、元旦“拜影”的风俗也是很普遍的。李慈铭《越缦堂日记》咸丰八年元日记云：

> 皇帝咸丰八年仓龙集、戊午，春王正月，建甲寅，元旦、戊寅，终日密雨，下午尤甚。早起祀神，拜曾王父母、王父母、先君子像，诣直河拜殿纂公、樊太君、太高祖父母及本生曾王父，本生王父母、大伯父、二伯父像。各本家贺年，又进城拜高祖父母，生高祖母像，及各房贺年，以雨不克遍。族人毕来，午赴家庙谒拜。

这年李慈铭尚未到北京，仍在绍兴，所记是绍兴风俗。从日记看，其家是大家族，且看出他父亲是过继在他们这一房的，所以有拜“本生王父母”的记载。再有他所记都是先在家中拜影像，后来族人聚齐到“家庙”（即宗祠）中行礼的。绍兴这种礼仪直到本世纪初仍然如此。周遐寿老人在《鲁迅的故事》中引用他自己庚子年（一九〇〇）除夕日记云：

> 晴，下午接神，夜拜像，又向诸尊长辞岁，及毕疲甚，饭后祭书神……

从以上所引，可以看出，除夕、元旦悬挂先人影像，瞻拜祭祀，这是早自明代就有的遍及南北各地的汉人风俗礼仪，绝非满人独有的。不过这与祭祀“神主”又如何区别，有何关系呢？赵翼《陔余丛考》卷三十二“宗祠塑像”条中云：

> 近世祠堂皆设神主，无复有塑像者，其祖先真容则有画像，岁时展敬。

他把神主和影像分得较为清楚。大抵神主都供在祠堂中，影像都收藏在家中，或收藏在近支长房中。大家族中，祠堂可以几房共一个祠堂。而家则一般最多三代共居，“五代同堂”那是很少的了。家到了一定时期，就要分家，“影像”不能分，一般都归长房收藏祀奉。为了说清楚这点，把“神主”一物也要说明一下。

神主简单说是个写着老人名讳的木牌，但详细说却是很复杂的。“神主”不只有一定形式、规格，而且其建立，由死者去世办丧事时“署主”、“点主”直到神主入祠，是有复杂的礼仪细节的。大略说：神主的形状是一个宽约二寸、高约五六寸、上面半圆顶、下面有雕花底座的木牌。这个底座要插两或三个木牌，只有父母，便是两个，如有继母，便是三个。顶头写朱笔“神主”二字较大，下面一行写“先考某某府君讳某某之神位”，及“先妣……”牌位外还有一个长方木匣子从上面套下来，叫作“神主龛”，平时都套着，并看不见里面的牌位。每到逢年逢节祭祀时才摘下套子，露出牌位。（按，“神主”一律是恭笔小楷所写，不足一尺高，稍远就看不清楚上面的字。赵冈先生文中说“神主不是放在正堂里，而且看不真切……影像是悬挂在正堂上”等等，感到不解。实际很易理解，即神主在祠堂中，小小的牌位，自然看不真切。影像悬挂在“正堂”不是祠中，而是宁国府的正堂，相当于荣国府的“荣禧堂”，即贾母先到“祠堂”，又到宁府“正堂”，又到尤氏所居“正室”。）

“神主”牌位，在人死之后，丧事时，由孝子出面建立。先请有身份的人写牌位，曰“署主”，但“主”字少点一点；再请有地位的人举行仪式“点主”，点上“主”字那一点，这样才是正式“神主”。死者出殡后，神主送到祠堂中“供奉”叫作“神主入祠”，也要举行仪式，常常为神主能否入祠，家族之间，还闹纠纷。“神主”入祠之后，家中即不再供“神主”，而逢年过节，只在家中正房中供先人的影像了。似乎死去的祖先，尸体在墓中，魂灵住在祠堂中，逢年过节，还要请到家中来过年，与后代儿孙团聚。“影像”供在家中正堂，也就是正院正房的堂屋中，而且还要写“亡疏”，用白纸按家谱或亡疏摺写的各位祖宗的神位，要摆供菜，由除夕到十六“落灯”送神，每日三次要在“影像”、“亡疏”前上香，供茶水、羹饭（即每当饭时，由主妇用小碟每样菜都夹一点点，供在供桌上），直到十六把“亡疏”焚亡，把“影像”收起，这样这个祭祖的礼才算完，这个“年”也才算过好。因此说祭宗祠和悬影、拜影是并行不悖的，大家族都是这样，这都是汉人的礼仪，完全不是曹雪芹写了汉人的礼仪“祭宗祠”，又来写满人的礼仪“拜影”。这本来是同时举行的。许多汉人家中都是这样的，如李越缦所记，又拜影，又祭家庙，不就是很好的明证吗？当然，这正像《燕京岁时记》和沈太侔《春明采风志》所说：是“世胄之家”、“世家”，才能如此。至于一般人家，则常是神主、影像、亡疏三者都供在一张供桌上，就谈不到什么“宗祠”了。再有赵冈先生文中说：曹雪芹所写贾母上供菜等细节，也是满人礼仪，实际也是不对的，唯限于篇幅，此文不能多谈了。

祭　祖

赵冈先生在《考红琐记》（原载一九八〇年十二月二十八日台湾《中国时报》）一文中，于《〈红楼梦〉中糅合满汉礼仪》一段内论述“拜影”为满洲礼仪之后，又进一步说明第五十三回中所写贾母献供菜等情节也是“满洲礼仪”。“拜影”一事，前已写文辨明。今再将贾母献供菜等礼亦非“满洲礼仪”辨之如下。先引作者原文于后：

> 满汉祭祖礼仪第二个大区别是主祭之人。汉族礼仪，主祭之人一定是辈份最尊的男性。满族则以辈份最高的女性主祭。震钧的《天咫偶闻》卷二页三，特别提出此点说明。“满洲六礼惟婚祭二礼不与世同。祭礼以主妇主祭。”现在让我们看一看《红楼梦》第五十三回祭宗祠是怎样写的……

在此之后，即引用《红楼梦》原文宗祠中一段，贾敬主祭等等，说是汉人礼仪；再引“众人围随着贾母至正堂上影前”至“贾母方捧放在桌上”、“俟贾母拈香下拜”等句，说“这是明显的满洲祭礼，用影像，以主妇主祭，皆符合”。

作者先定结论，再引论据，然后再引原文分析论证。其关键不是论证的次序，而是论据是否准确有力。单文孤证，固然不好，而如果的确是事实，那也可以证明结论。而赵冈先生所引《天咫偶闻》的话，却是大成问题的。原文很长，赵先生似乎为了证明其论点，有意地缩短为简单的两句。这话在《天咫偶闻》卷二《南城》篇“堂子”条下，为了说明问题，将有关原文全引如下：

> 余尝有《满洲婚祭礼合“仪礼”考》篇，今录之云：满洲六礼，惟婚、祭二礼，不与世同。余尝疑为古礼之遗，乃以“仪礼”考之，始知即婚礼及特牲、馈食二礼。如满洲旧家，皆有“神堂”。神堂之户在东，而牖在西，此“仪礼”户牖之制也。室中以西为上，“仪礼”室中之位也；庋板为神位，宗祏之遗也；设几于地，古之席也；植竿于庭，贯以锡盘，丧礼之重也。古以代主，既虞废之，满洲无主，遂不废也。祭用特豕，特牲，馈食也。其祭也，夫妇亲之，仪礼之主人、主妇也。祭之先一日，主妇亲成糕饵，“仪礼”之主妇视饎也。祭日厥明，主妇献糕饵十一器，“仪礼”之主妇亶祭也。奉首槃于神板上，迩黍稷于席上也。主人跪，巫者祝辞，“仪礼”之释辞于神也。巫者鸣弦索，歌吉辞，古祭乐也。“仪礼”无乐，盖士礼如是，大夫则有之矣。而乐之始作。亦当于释词迎神之际乎？主人出迎牲，“仪礼”之视牲也。既至，振牲，令其鸣，“仪礼”之雍人作豕也。置牲于床，即“仪礼”之榆也。省牲，主人亲视之，“仪礼”之视杀也。灶居西方，“仪礼”西荣之位也。以盆盛血，献于神前，《诗》之“取其血膋”也。献牲承以木盘，古之俎也。随肉必献汤，太羹也。至暮再祭，以幕蔽其窗牖，阴厌也。明日，晨祭于庭，仪礼之绎祭也。《诗》谓之“祊”。祭毕，阖族大燕，及宾客皆与，“仪礼”之族酬也。此祭礼之合“仪礼”者也。（以下婚礼略。引自光绪丁未仲春刊甘棠转舍本《天咫偶闻》。）

这段引文较长，但为了阐明论点，不得不引。读者如有兴趣，不妨把《红楼梦》第五十三回所写贾母献供菜、拈香行礼等等情节，同震钧这段文字对照研究，看看能找到丝毫共同之处吗？肯定是找不到的。原来《考红琐记》的作者，为了证明其假设的论点，把《天咫偶闻》中大段的文字缩减成两句：只取开头一句，下一句则非震钧原文，而是作者编的了。怎么编出了“祭礼以主妇主祭”一句呢？这是震钧原文中“其祭也，夫妇亲之，‘仪礼’之主人、主妇也”的后面一句，被错解为“‘仪礼’的主人是主妇”了。而没有注意到后文的“主人、主妇”是针对上句“夫妇亲之”的。大概是由于这样的错解，才把大段文字压缩成为“祭礼以主妇主祭”，除此而外，是再找不出其他原因了。

在震钧大段的原文中，丝毫也没有“主妇主祭”的意思，只是《考红琐记》的作者理解错了，才压缩了原文，改变了震钧的原意，引来证实他的论点，这自然是徒劳的了。

至于说到震钧《天咫偶闻》中这段对照“仪礼”考证的文章，究竟是说什么祭礼呢？简单说：这是考证满洲旧俗“祭神”、“祭堂子”的仪礼。如果把震钧这篇考证文章，与《清史稿·礼志第四》，即“吉礼四”中“堂子祭天”、“满洲跳神仪”等参看，会发现许多共同的东西，如“供神牌”、“用木龛”、“西方为上”、“献牲”、“女巫”、“集宗人食胙肉”等等。而且《清史稿》中说“满洲俗尚跳神，其仪……颇与《礼经》合”。这种用《礼经》来证实“满洲旧俗”合乎“古礼”的说法，也极像震钧的说法。一个在前，一个在后，可见《清史稿》编写这一章节时，是明显地参考了震钧的文章的。为什么《天咫偶闻》和《清史稿》又都要把这些“满洲祭礼”、“满洲俗尚跳神”硬说成是与“仪礼”、“礼经”相合呢？因为这原是满洲人带进关来的一种比较原始、迷信，而又带有一种神秘性的风俗。震钧在其《满洲婚祭合“仪礼”考》后面，还详细地记录了这些祭礼的细节，如准备什么供品，用什么工具，作什么点心，吃大量的白肉，摆“饽饽桌”等等，极为复杂，而实际上是保留了不少部落时期的落后的东西。硬把这些扯来说成是合乎“仪礼”，这是有意抬高满洲的文化，实际所祭为谁，满洲旗人自己也说不清楚。如震钧文中所说的“神板”、“神竿”，认为合乎“仪礼”，而在另一个满人福格的《听雨丛谈》中所记则完全不同。文云：

悬木板或木龛于西上，是妥神之灵也。或有轴像，或灵位望祭其轴像，绘神三尊，一为关帝，一为观音，一则袍髯也。相传我朝向前明索神佛像，使还，得奉关帝、观音、土地三像而归。愚按家家所供者，应是奉来神像。

供的是什么人，还弄不清楚，还谈什么“仪礼”、“礼经”，再扯来证明什么《红楼梦》中“供荣、宁二祖神轴”、贾母献供菜等等，是什么“满洲礼仪”等等，这真是捕风捉影的一笔糊涂账了。因而不避文抄公之嫌，把震钧全段文字引出，予以辨明之。至于满洲“祭堂子”、“祭神”本身，则原是一个复杂的民俗史问题。过去孟心史（森）先生曾有《清代堂子所祀邓将军考》一文，专门讨论这个问题，这里不再多谈。只是再明确一句：这些祭礼和《红楼梦》中祭宗祠、供祖宗是毫无关系的，更谈不上什么“主妇主祭”了。

那么所写贾母献供菜、拈香等，是否就是“主妇主祭”呢？简单说：不是。《红楼梦》第五十三回已写明祭宗祠是“贾敬主祭”，而在“正堂上影前”摆“供桌”，贾母供供菜、上香等等，作者并未写明“贾母主祭”，因为这不是“主祭”。按照“礼志”来说，这种礼节的正式名称叫作“致荐”，包括“荐匕箸醢酱”、“荐饭羹”、“荐饼饵时蔬”等等。下面引一段《清史稿·礼志》“吉礼六”中“品官士庶家祭”的话来看看。文云：

> 岁祭以四时仲月诹吉……主妇率诸妇盛服入，诣爨所视烹饪……主人诣高祖案前献爵，曾、祖、祢案前毕献如仪，分荐者遍献祔位酒，读祝。每献，主妇牵诸妇致荐，一叩兴。初献匕箸醢酱，亚献羹饭肉胾，三献饼饵果蔬。卒献，主人跪香案前，祝……

又“庶士家祭”云：

> 荐之前夕，主妇在房治馔，逮明……主人上香毕，一跪三拜，兴。主妇率诸妇出房荐匕箸醢酱，跪，叩，退。……再献，主妇荐饭羹，三献，荐饼饵时蔬。

以上这些引文虽然摘自《清史稿》，但这“主妇荐馔”却完完全全是汉人的古礼。去年夏天在北京谢刚主（国桢）夫子处，见到明万历建昌刻本《朱文公家礼正衡》，对年终家祭之礼写得很详细，而且还附有“昭穆之图”。只是这是珍本书，一见之后，已无法再见，不能在此征引了。总之，贾母率邢夫人、王夫人等献供菜，正是家祭礼中的“主妇率诸妇致荐”，这原是整个“年终家祭”的一部分，绝不是“满人的礼仪”，更不是什么《红楼梦》作者写了“汉礼”、又写“满礼”。《考红琐记》作者说：

> 雪芹为什么要写满汉双重礼仪,令人不解。而且叙述文字有简有详,似乎是两者之中,特别偏重满洲祭礼,有关汉式祭礼,前后只有两三行文字。神主不是放在正堂里,而且看不真切。(按,"正堂"是宁国府正堂,宗祠是另外一所房舍。神主是不足一尺高的小木牌、字很小,任何祠堂中,站在香案前,都很难看清神主上的字。作者可能没进过祠堂,没过见"神主",所以感到奇怪。)对于满洲祭礼部分,文字要长出好几倍。影像是悬挂在正堂上,披龙腰玉的情状清晰可见。(按,"影像"一般都是"大中堂",也叫"大立轴",挂在墙上,自然清晰可见,这又有什么值得奇怪呢?)参加典礼的贾府人员,每一辈如何排站,菜如何传送,一一详细描述,丝毫不马虎,而且这种满洲式祭礼,一直要连续十六天,直到元宵节以后才完毕……

作者把旧时过年祭祖,主妇供羹饭菜肴等等普通礼仪,一股脑儿都说成是"这种满洲式祭礼,一直要连续十六天"等等,这是对于旧时代我国的岁时风俗习惯太隔阂之故。其实这些"礼仪",作者因为写的是阀阅之家,所以十分花团锦绣。至于一般小户人家,虽然一切简单些,但礼数也是一样的。旧时过年供祖宗,公公上香,婆婆带着大儿媳妇、二儿媳妇上供菜,这是很普通的。如果公公去世,老太太带着儿子、儿媳上供、焚香,也是很普通的,小户人家都如此,毫不奇怪。至于说"连续十六天",那更是最普通的。三十晚上请亡疏、迎神,灯节后落灯,焚化亡疏,送神,这才算过完年,南北各地,都是如此。李慈铭《越缦堂日记》咸丰六年元日记云:

> 连岁元日晴丽……早起视先祖前设供，整衣冠祀神，拜先祖像，诣族中各家贺年，诣宗祠行礼……

十八日记云：

> 丙子，晴甚暖，蚤起诣影堂拜，奉曾王父以下栗主归寝（按，即将神主牌位放回在木函中，俗名“神主龛”中），卷藏曾王父以下像。

这就是到正月十八日才“下影”、“收供”，才算过完年。所以《红楼梦》中写：“十七日一早，又过宁府行礼，伺候掩了宗祠，收过影像，方回来”，是一点也不足为奇的，也绝对不是什么“满洲式祭礼”。福格《听雨丛谈》中，在谈到祭祀“颁胙”（即满洲风俗，祭神后吃白肉，文人沿用中国古礼“颁胙”之名称）时说：

> 八旗汉军祭祀，从满洲礼者十居一二，从汉人礼者十居八九。内务府汉姓人，多出辽金旧族，如满洲礼者十居六七，如汉人礼者十居三四耳。

当时在旗人内部，分“内八旗”、“外八旗”，又分满洲旗、蒙古旗、汉军旗，生活习惯，风俗礼仪不尽相同。在当时北京的实际生活中，在政治上，满洲旗人是统治者；在文化上，汉人则是占绝对优势的；在生活区域上，汉人文化发达，繁华秀丽的江南，又是满人艳羡的天堂。在北京的官吏中，除去旗人，江南籍贯的汉人占绝大多数。这样就造成一种汉人羡慕旗人贵族的豪势，旗人又羡慕汉人的文化、诗酒风流；汉人羡慕旗人贵族的官场派头，旗人又羡慕江南籍京官故乡的山水风景、饮食起居的情况。这样互相影响，也就构成《红楼梦》中所描写的生活习惯、饮食起居、言谈礼仪上有汉有满、有南有北的社会基础。《红楼梦》是写到满洲礼仪的，但这一是在其他地方，不是在过年祭祖的礼仪上；二是作者自然地写到的，不是特地有意描写满洲礼仪，这些也很值得讨论，但不在本文所论范围内，所以不多说了。

历史在剧烈地变化着，各种风俗习惯，也在剧烈地变化着。过去最普通的过年时祭祖的种种风俗习惯，当年穷乡僻壤妇孺皆知的东西，现在都变成非常陌生的了。现在和未来，读《红楼梦》时，真正难以理解的地方，其在斯乎？这是十分值得忧虑的。

搭　棚

《红楼梦》第六十三回，描绘贾敬的丧事，其中有几句道：

> 贾蓉巴不得一声儿，便先骑马跑来，到家，忙命前厅收桌椅、下槅扇、挂孝幔子、门前起鼓手棚、牌楼等事。

第六十四回中又有有关叙述道：

> 一日有小管家俞禄来回贾珍道："前者所用棚、杠、孝布、并请杠人青衣，共使银一千一百十两，除给银五百两外，仍欠六百零十两……"

这两处都提到"棚"，叙述办丧事为什么要提到"棚"，这"棚"又是什么样的棚？这些都已是历史上的名称，具体事物的情况究竟如何？不作介绍，是很难理解的了。简单地说，这棚就是为了办丧事临时搭的"灵棚"，包括和尚念经的"经棚"，吹鼓手奏乐的"鼓乐棚"等等。北京旧时代办红白喜事，为了招待客人方便，以及摆各种仪仗、鼓乐等等，都一定要搭棚。"搭棚"几乎成了红白喜事的代名词。五十年前，北京还流传着一句古老的歇后语：甲乙二人相遇，甲拉乙去某处或做某事，乙云："不行，我有事。"甲习惯上接着说："什么事，有事你不'搭棚'。"这个歇后语可能现在还为五六十岁以上的熟悉北京生活的人所稔知。

"搭棚"成为有事、无事的歇后语的语汇材料,可见其在当时的普遍了。

这是什么样的"棚"呢?不妨先举个例子介绍一下。比如有一个中等之家,住了一所小四合房子,即三正两耳五间北房,三东三西厢房,四间南房,一间大门,如此局面,家中老人去世,要办丧事,搭灵棚,如何搭法。由大门说起,先在门口搭个简单的牌楼,用杉槁左右各竖一根,上面横扎两根,左右再斜撑二根,牌楼架子就好了。再用白布在杉槁头上扎上莲花头,横扎两根杉槁,用布蒙上,四周用布绞花纹为边框,表面再横绷布条,成棱形方格,每个方格中,都插上纸花。横架杉槁两头,也都用白布裹住,再用白布扎成彩球,下垂穗子,吊在两头。两旁杉槁立柱,也都用白布或蓝布缠住,外面不露木头。中间再挂上两只或四只白纱灯或纸灯笼。这样一个简单的白色牌楼就搭成了。然后进入大门再说院子,院中用杉槁像搭大天棚一样,全部搭起大布棚。院中先成"井"字,竖起四根大杉槁,然后靠四面房檐再竖杉槁,横向再用长杉槁相连扎成大架,再按地势、角度、斜着扎上杉槁加固。顶部先用细杉槁和竹竿扎成横格,上盖芦席,下绷白布,用大弯针按接缝缝牢,站在棚底向上仰视,像天花板一样,一片雪白。棚顶一般高度,在正屋檐上,与屋瓦衔接,比厢房屋檐要高出二三尺,或按装棚铺中现成的活动窗框,或扯白布挡住。棚内所有立柱,一律缠布。棚内悬挂灯笼,均穿过棚顶布缝,钩在棚顶竹竿上,十分牢靠。棚内四周,厢房檐下,均可挂帐子、挽联等物。

如果在正房中停灵,那正房中间堂屋前面门窗槅扇要卸下来,正房前还要搭一个挂灵幔的白布落地罩,上面可悬横匾。如果灵停在院中,更要搭出挂灵幔的架子。这样在灵棚之内,可以上祭，和尚念经，吹鼓手奏乐，招待吊丧的人休息，按时摆酒席酬谢吊客，实际上这个灵棚就是起一个礼堂的作用。例中说的是最起码的灵棚，如像《红楼梦》中所描绘的秦可卿、贾敬等人的丧事，那灵棚就更大得多了。如前面引文中所说“门前起鼓手棚、牌楼等事”，单纯搭这个牌楼就不得了。宁国府是三间大门，按照北京王侯、贝子府邸的格局，大门要宽到四五丈，前檐要高到两丈左右，要搭一个高出前檐的、“三门四柱七重楼”的华丽的白布彩牌楼，就已非四合院的门户可比了。何况搭一座还不够，按照这样府邸的派头，大门左右面对面还要搭两座过街牌楼，才成格局。试想想，单只这牌楼一项，就十分可观，更不要说其他了。

牌楼等等都包括在“棚”内，统称之曰“搭棚”。棚不管多高、多大、多精致，材料则是一样的。都是用杉槁、竹竿、芦席、绳索、白蓝红绿布（白事用白、蓝，喜事用红、绿、蓝）、纸花以及一些彩绸搭成。各种“棚”都由棚铺来承包搭建，棚铺在北京旧时代中是大生意，内外城都有，家数很多。专应夏季天棚、白事灵棚、红事喜棚，厂甸、白云观、妙峰山、二闸、什刹海荷花市场等各庙会上的画棚、货棚、茶棚，一年忙到头，生意十分好。棚铺自己的材料是大小杉槁、各种竹竿，成捆的芦席、绳索、现成的窗框等，凡是用到布匹的地方，全部向布行和染房去租用，用过送回染房，重新去染。过去搭棚，都用木机土布，门面一般一尺四五寸阔，一匹长三丈五六尺。搭灵棚用布量很大，一般不大的灵棚，也要用到上千匹布。一次丧事，用上两三千匹布，在当时是不算稀奇的。

专门负责搭棚的手艺人，称作“棚匠”。他们一般不是棚铺雇的，而是散处各处，但与各家棚铺都有联系，棚铺揽下买卖，有头儿到固定茶馆、叫做“口儿”的地方去找他们。他们去干活，工钱根据手艺高低拿大小份儿。高手棚匠都有一手绝艺,第一是爬高,现在叫高空作业,昔时棚匠的行话叫作“飘高”,搭棚时和拆棚时,都要爬到很高,甚至几丈高的地方去工作,还不是空手爬,常常是一只手爬竿,一只手还要抱一根大杉槁逐渐送上去,其惊险处,不亚于马戏团的空中飞人。而且没有安全保障,身上不系安全带。自然也有不幸失足的,但绝大多数是靠身上的技艺功夫能够安全作业的。第二是凭师徒传授和操作经验,摸索出一整套力学原理,在任何高低不平的地面上,凹凸不平的立面旁,都能平地立柱子,搭出很高的各式各样的棚,坚固挺直,符合结构原理。即使在狂风、暴雨中,也绝不会倾斜,更不会倒塌。第三是他们有一双巧手,能用芦席、布匹在杉槁架子上搭成各种各样的亭台楼阁,扎成各种各样的花朵、彩球等等。这是旧时北京的绝技,全国任何地方都比不上的。

《红楼梦》时代,正是最讲究搭棚的时代,乾隆时得硕亭《草珠一串》“风俗门”中有一首竹枝词道:

> 丧事时兴作细棚(京师棚匠之巧,当为天下第一。以芦席做成玲珑窗槅、舍宇牌坊,无不逼真,可称妙手),灵前无物不求精。与其易也宁哀戚,说尽千年以后情。

这说的还不够具体,再看《道光都门纪略》的记载:

> 京师搭盖丧棚,工细绝伦,点缀有花木鸟兽之形,起脊大棚,有瓦陇、柁头、稳兽、螭头之别,以及照壁、辕门、钟鼓楼、高插云霄。

这种绝技，按照过去棚匠公法，还可以分为架子工和扎彩工，架子工专管搭杉槁架子，搭天棚；扎彩工则可搭彩牌楼、起脊亭台楼阁等。这些高手棚匠，在历史上曾经留下过极有名的杰作，虽然这种杰作，都是临时性的，过后就拆除了，但在前人的著述中，则还保留着详细的纪录。曼殊震钧《天咫偶闻》记云：

> 京师有三种手艺为外方所无，搭棚匠也，裱褙匠也，扎彩匠也。扎彩之工，已详一卷；搭棚之工，虽高至十丈，宽至十丈，无不平地立起，而且中间绝无一柱，令入者只见洞然一宇，无只木寸椽之见，而尤奇于大工之脚手架。光绪二十年，重修鼓楼，其架自地至楼脊高三十丈，宽十余丈，层层庋木，凡数十层，层百许根，高可入云，数丈之材，渺如钗股，自下望之，目眩，竟不知其何从结构也。

其记扎彩工云：

> 光绪己丑（公元一八八九年）十二月太和门火……明年庚寅正月二十六日大婚，不及修建，乃以札彩为之，高卑广狭，无少差。至榱桷之花纹，鸱吻之雕镂，瓦沟之广狭，无不克肖。虽久执事内廷者，不能辨其真伪，而且高逾十丈，栗冽之风，不少动摇，技至此神矣。

这都是近百年中棚匠杰作的实录。当然《红楼梦》时代，棚匠必然有更多的杰作，只是都湮没无闻，消失在历史的长河中了。现在架子工自然还有，而扎彩工的高手，能用芦席和布匹维妙维肖地搭出一座太和门的高手，则恐怕没有了。自然这丧事搭细棚的工价是很贵的。前引《红楼梦》原文俞禄报账,共四个项目,总计一千一百十两银子,“棚”列在第一项,即平均以总数四分之一算吧,也近二百八十两银子。当时江南米价,每石只在九钱银子上下。这样贾敬丧事,只搭棚一项,就要用掉三百三十石白米的价钱了。

“纸 札”

《红楼梦学刊》第一期在《红注集锦》中刊登了关于迷信品的一则短文，题为《“纸札”不应作“迷信用品”解》。文中谈到新校本征求意见稿第十四回注（二）“纸札”条云：

> 你们注为“迷信用品”，值得商榷，按“札”的本义，是古时写字用的木片，故“纸札”实际就是纸。《红楼梦》第十四回中所谓“领取呈文京榜纸札”，就是领取用作呈文和京榜的纸，按上下文，也似指纸。如下文有“命人按数取纸”，就明明指出是纸了。接着又写“来旺媳妇自己抱进去了”。如果是指“纸糊的车、马、楼、库等”一大堆“迷信用品”，她一个人哪能抱进去？显然她抱的仅是纸。又，来旺媳妇是荣府仆人，她请王熙凤批领的东西可能为荣府派用场，不一定是为秦氏办丧事用的。所以，不能用这回写的是办丧事，就把“纸札”理解为“迷信用品”。当否？请酌。

新校本征求意见稿我没有看过，我只是根据一九六四年人民文学出版社所刊启功先生注释的《红楼梦》来谈谈。我想都是新刊《红楼梦》，文字上不会有大出入，据此则“纸札”注为“迷信用品”是不错的，只是笼统些，如果改成“此处纸札是迷信用品”就更确切了。因“纸札”二字的解释，有广义和狭义之分。广义地来说，当时把一幅尺把高或几寸高，一尺阔或几尺长的纸，曲折地折叠起来，都可叫作“纸札”。“纸札”，俗写也可写成“纸扎”或“纸折”。狭义地来说，这种反复折叠起来的长幅纸，则各有各的用处，因之便有不同的纸札。如会试时，榜上有名的人参加殿试要写“大卷”，一种尺多高、四寸多阔，印有直行红格、宣纸裱的折叠多层的试卷。平时准备考试时，要练习写“白折子”，这就是“纸札”的一种。又如商业上用的折子，展开是一长条，折叠起来只一点点，蓝布套子一套，俗名“折子”，实际也是“纸札”的一种。旧式书房里，学生练小楷，开始用红格纸，写到一定程度，就写小一些的“白折子”，也是“纸札”。办丧事、上坟、祭祖，烧给死人的“烧纸”，即将一种尺许见方的很薄的白纸，先把左面向右一折，又把右面向左一折，折到三寸多阔的一个长条，叠起来放在灵前备用，这也叫“纸札”。所以狭义地说，这里注作“迷信用品”，是不完全错的。实际“纸札”、“纸扎”、“纸折”、“札子”、“折子”等等，都是宋以后的名称。即唐代的“卷子”。用卷起来的纸书写、阅读等等都不方便，五代以后，在实际生活中，想出了方便的办法，把纸折叠起来使用，这样便出现了“纸札”、“札子”等等名称；明、清而后，实际使用中，这样折叠起来的纸张越来越多，因而便出现了各种“纸札”。其实用不上引这些字的古义。如一定要引，也可以扯得上。如“札”字：

《尔雅·释器疏》：“古未有纸，载文于简，谓之简札。”这就可按使用来解释，和“奏札”、“画札”、“书札”、写“白折子”等都扯得上。

《释名》云：“札、栉也，编之如栉，齿相比也。”这就可从形状上来解释，同各种“纸札”都能扯得上。

所以解释“纸札”这一名称，倒不必扯上古义，因为它是近古的东西。而且“纸札”就是纸札，不能和“纸”划等号，这完全是不同的两个概念。宋人习惯用“札子”一词，明张自烈《正字通》解释“札”字道：

> 笺札用以奏事，非表非状者，谓之札子。

因而“纸扎”写成“纸札”，也不能算错。人民文学出版社一九六四年出版的《红楼梦》，第一五四页上印的就是“纸札”，注云：

> 纸札，成叠的剪刻有钱形的“烧纸”。纸糊的车、马、楼、库等焚烧的冥器，称为“纸扎”，也或写作“纸札”。

这个“纸札”注，是原文“这八个单管各处灯油、蜡烛、纸札”一句的注，而不是前面来旺媳妇一句的注。前面一句，在这个本子中是“只见来旺媳妇拿了对牌来领呈文经文榜纸”，第一没有“札”字，第二是“经文”，不是“京榜”。

关于这条注解，当初还和原注者启功先生结下一点文字缘。因为此注在人民文学出版社的老本子中，注作纸糊的车马等冥器，是完全注错了的。大约是一九六二年吧，曾把老本子中一些值得商榷的注解，写了一篇小文给《光明日报》，后来大概辗转寄到原注者的手中，荷蒙不弃，新版都照这篇小文有所改正了，“纸札”就是其中的一条。后来出版社还给我寄来一套精装本的书。可惜当时未能通讯识荆。一晃则已是十七八年过去了。今天又提到这条注，实在也是没有想到过的事。而《红注集锦》短文中提到一些问题，还要说说清楚，才能全部解决。因为旧时生活当中的一些风俗习惯十分琐碎，社会上早已没有，书上也很难找到，即使找到，也是隔阂的。去夏在谢刚主老师处，看到一部明万历版的重刻申阁老校正《朱文公家礼正衡》，载有旧时婚丧礼义，但一来简略，二来也不完全和清代北京的风俗习惯一样，即使找到这类书，一时也不得要领。比如给死人“烧纸”就是这样。

按，我国旧时给死人烧“纸钱”，从唐代就开始了。宋人王应麟《困学纪闻》记云：

> 欧阳子谓：五代礼坏，寒食野祭而焚纸钱。案纸钱始于开元二十六年，王玙为祠祭使，祈祷或焚纸钱，类巫觋，非自五代始也。

演变到后来，越来越繁复，到清代之后，烧给死人的“货币”类的迷信品有三种，一是锡箔元宝，俗名金银锞子；二是“纸钱”，有大张白纸切割成的连在一起的纸钱，也有完全切成茶碗大小，中间方空，一叠叠的纸钱；三是折叠起来的白纸，叫作“烧纸”，同敬神的“黄表”一样。这三种各有用处。锡箔折叠成的金银锞子、元宝等，清明上坟，十月一送寒衣，俗名“烧包袱”，以及办丧事，都要烧大量锡箔。纸钱也在同时烧，好像死人同活人一样，既用银子也用钱。出殡时，在仪仗最前专有扔纸钱的人，把一叠叠纸钱扔向空中，四面散开，据说是给野鬼、孤魂开赏。《道光都门纪略》中，还有类似焰火的东西，出殡起杠时一烧，硼弓一断，喷出无数纸钱（原文较长，这里不多引了）。烧纸则是在灵前、坟前、过年过节祭祖时神主前、影前，上供烧香时一定要烧的东西。一般祭神焚“黄表”，即黄色纸，祭鬼焚“纸札”，即白色纸。而且有“神三鬼四”的原则，焚“黄表”，每次三张；焚“烧纸”，每次四张。这大约完全是道教的规矩。如果是在灵前，有吊客来吊时要烧纸。如非开吊之日，本家也要按早、午、晚三次上供、上香、烧纸、奠酒。十四回在这段凤姐的话中,还有"戌初烧过黄昏纸"一句,后面还有"伺候烧纸"、"供茶烧纸"二句,都是指这个。大出丧不只是灵前上香烧纸,其他摆有供桌的地方还多,如做法事的和尚、道士、尼姑等的经坛上,到处都要祭神、祭鬼,所以前面有"这八个单管各处灯油、蜡烛、纸札"一句。

为了较为具体地理解这段文字,再把灵前即棺材前具体上供、烧纸的情况说一下。

灵前摆供桌,供桌后挂大灵幔、横幅等,中间只露出棺材头。阔气的两张供桌接在一起,供长明灯一盏,油灯盏,随时添油,昼夜不断。桌上供八大碗、十大碗供菜,及干鲜果品。另外摆筷子、羹匙、小碟,按早、中、晚三餐,随时供羹饭。即小碟内只放一点点饭,一点点席上吃的菜,按时供上,按时撤下。供桌最前面,摆铜、锡供器五事或七事,中间一大香炉,左右二烛插,斤数重的大蜡要整天点着。左右再是二香筒,插线香及插折好的整叠烧纸,便于取用。供桌前地上一大火盆,火盆后面地上铺毡及垫子。灵前照料的人在两旁站立侍班。

开吊时,亲友来上祭行礼,一进大门,吹鼓手奏乐,由负责招待吊客的人——叫做"知客"或"知宾"引进灵堂,站在供桌前,灵前照料的人马上一个上前,从香筒中抽出四根香,在烛台上点燃,交与吊客,吊客手捧线香,男人弯身一揖到地、女人蹲身拜拜,之后,把香上前插入香炉中。然后照料的人再抽出一份"烧纸",很薄的白绵纸或竹纸四张一份折好的。在烛火上点燃一角,交与吊客,两手捧着跪在垫子上,看着它烧,快一半多时,把它扔在供桌前的火盆中,这时边上照料的人早把供桌边上的一小杯酒或茶送到吊客手中,接过来往火上轻轻洒两点,一缕青烟冒上来,这就表示亡人已经知道了。此谓之"奠酒"或"奠茶",

然后爬倒磕头,起来再一揖或一拜,这样“礼成”。女客近亲礼成后还要哭一场,叫作“举哀”。这就是本回后面所写凤姐上祭的情况:

> 凤姐款步入会芳园中登仙阁灵前……院中许多小厮垂手侍立,伺候烧纸。凤姐吩咐一声:“供茶烧纸。”只听一棒锣鸣,诸乐齐奏,早有人请过一张大圈椅来,放在灵前,凤姐坐下来放声大哭……

总之,“纸札”也好,“纸扎”也好,就是“伺候烧纸”、“供茶烧纸”用的纸。不能完全解释作“纸”,也不能说是“纸钱”,更不是冥器、纸糊的车、马、楼、库等“纸扎”。但这个“纸札”,的确是迷信用品,这样注解,虽然笼统些,却是不错的。

把灵前烧纸的情况大体说清楚,《红注集锦》短文中的问题,都可迎刃而解了。旧时办丧事,不论大小,都十分繁杂,但最起码也要烧张“纸”,这纸就是白纸札子。这在四五十年之前,都是不必注释的东西,现在却都很难理解了。而且这还只是“烧纸”一项,其他则还不知有多少。就只一个十四回,如果把生活风俗上的东西都注解出来,那也是注不胜注的。此条只注一个“迷信用品”,实际也解决不了多大问题,而注的详细些,则又太繁琐,实际也不可能。因此,深感在今天注解《红楼梦》,的确是很困难了。

纸　扎

《红楼梦》第十四回写秦可卿的丧事，说到“纸札”，因同“纸扎”容易混淆起来，因此在说完“纸札”之后，简单再把旧时代丧事中的“纸扎”说一说。虽然这些东西事涉迷信，但也是从上古就留传下来的民俗的一种，稍作解说，还是有助于了解《红楼梦》的有关历史背景的。

“纸扎”文字上叫作“冥器”，北京俗话叫“楼库人儿”，原是自古就有的玩意。所谓“始作俑者，其无后乎?”纸扎就是“俑”的继续，是上古时代野蛮的殉葬的演变。上古的用活人、活马殉葬的风俗，经过多少代的演变，毕竟用泥人、泥马代替了活人、活马，这便是“陶俑”，这便是历史的一个很大的进步。如近年陕西出土的秦始皇墓中的几千名和真人一样大的武士陶俑，如果嬴政当年要用活人，那要牺牲多少无辜的生命呢？而且今天也不会出土这样多的惊人的“泥俑”，只剩下一堆毫不引人注意的枯骨了。从某种意义上讲，似乎“泥俑”倒比活人有价值。泥俑、陶俑、瓷俑、木俑等，都是历史上死人殉葬的东西，出土者称为“明器”，以唐三彩最为珍贵。自宋而后，便再不时兴“陶俑”，纸糊的冥器便出现了。纸钱出现在唐代，“纸马”也出现在唐代。《知新录》云：

> 唐明皇渎于鬼神，王玙以纸为币，用纸马以祀鬼神。

纸衣与死人发生关系的记录见《元史·塔木传》,文云:

立春日宴群吏,归而疾作,遂卒,是夕星殒,隐隐有声,遗命葬以纸衣瓦棺。

这些虽然都未说明"纸扎",但足以证明在迷信物品中,已大量用纸来制造,这可能都是纸糊冥器的先奏吧。到了明、清之后,那丧事中的纸扎,就成为必不可少的了。

按清代北京风俗,办丧事的纸扎,都是冥衣铺的生意。《同治都门纪略》记云:

冥衣铺,凡丧事所用之车、船、轿、马、冠袍、带履,又楼库、童人等,无不精妙,与真的无二,非他处可比。

不过上文所记,只是说明北京的冥器做的比别处好,其他则还不够具体。清初高祐釲《蓟邱杂钞》中记云:

京师丧家出葬,浮费最多……又纸糊"方相",长亦数丈,纸房累数十间。

这也是"纸扎"的资料,还在《红楼梦》之前。所说"方相",是大出丧时纸扎行列中最前面的"丧神",是传说中"人蒙熊皮,黄金四目,玄衣朱裳,执戈扬眉,师百隶以索室欧疫"的神人。以"方相"送丧,早在南北朝时就有了,《北史·樊逊传》云:

逊行过辒车,颦眉下泪,指"方相"曰:"何日更相烦君一到”，数日而卒。雇方相送葬，乃前所逢者。

可见其来源已古，不过古代是雇活人装“神”，后来则是用纸糊“神”，一烧了事。再有所说“纸房”，即所谓“阴宅”。当时这种大出丧，还讲全套的“纸扎”，即方弼、方相、开路鬼、打路判官、四大金刚、十二美女、松亭、鹤亭、金山、银山、阴宅楼库、箱笼衣物等等。似乎活着有什么，死了也要有什么，而且要更多些。能够想出这种离奇的东西，是既受到了道教的影响，也受到了佛教的影响。当然这是富豪、仕宦之家的大排场，至于寒门小户，也一样要烧点简单的“纸扎”。《康熙宛平县志》云：“丧礼……动费什佰，贫家亦强为之”，“纸扎”也包括在这“亦强为之”之内。首先在死后三天，俗称“接三”或“送三”的时候，要到附近空旷的地方，焚烧纸糊“车马箱笼”等物，富家烧纸糊车轿等，贫家也要烧一个“牵马人”，即纸糊的“小马小人”一份，作为死者的代步工具。另外的纸扎全在出殡时，抬到墓穴前，棺材落葬后焚化。

用纸糊出丈数高的“方相”，数十间纸房，并不是件容易的事。长期中出现了一个专门的行业，出现了不少高手艺人，这个行业总名之曰“画匠”、“裱糊匠”，其中冥衣铺糊冥器，盔头局裱糊油漆戏剧道具，裱褙铺裱糊房屋，其中各行都有相通之处。冥衣铺的幌子上都写“糊扎楼库，裱糊房屋”。高手艺人的手艺，首先表现在“开脸谱”，如他们糊方弼、方相、判官等面型时，先在木雕的头像模子上，用旧麻纸蘸水贴上，再用浆糊把纸一层层裱上，待干后，中间对开，两半脱出，重新并拢糊好，便是一个头型，然后根据需要再上浆、刷色，开各种脸谱。仕女脸型也是这样制作，不过原来的头型模子不同。裱糊冥衣的艺人，自己有不少这种头型模子,男女大小俱全,马头也是这样糊出来的。其他房屋器皿,要什么都可以糊什么,因为不论糊什么,都先要用木条,高粱秸扎成架子,然后糊纸,所以叫“纸扎”,其义是“绑扎”,非“折叠”,但“札”、“扎、“紮”等字常常通用,因而如不熟悉旧时风俗,未见过这些实物,就容易把烧纸(又名“纸扎”、“千张”)冥器(俗名“纸扎”、“楼库人儿”)混淆起来了。

五十多年前,有一位同族老人,是著名的冥器艺人。他糊出的方相、开路判官等,不但身材高大,面目怕人,像庙中泥塑的一样,而且在木制底座下装了轮子、活盘,拉着一走,纸人会随着旋转,纸人手中的粉线口袋便会甩起来,装着白粉的布袋,便会打在人身上,两旁看热闹的人便自动让开了。他糊的车把式、轿伕等,都穿着皮袄,用棉花熏黑,粘在纸上,可以作成骨种羊、紫羔皮,与真的一模一样,当年叹为绝技。昔时艺人,十分保守,他从不说这个手艺是向谁学的,后来也未有传人,昔时总以为是他的创造,后来看清末常熟宗月锄《遗著八种》中的《寓崇杂记》,记崇明风俗,有一段记云:

> 架芦作屋,招亡者之魂以居之,名曰“库”,江南人或就焚于寺观……库中箧笥、四时衣服具备,裘则狐白、紫羔、青骨种羊、舍利猕等,毛采丰茸夺目,其长短宽窄,悉准生时之制为之,非江南人所有。

这说的就是冥器,也就是北京旧时所谓的“楼库”,是烧给死人的,所有都是纸糊的,包括各种皮货在内。而且说明是“非江南人所有”,就是这种纸糊皮衣,不是江南风俗,其来源自是北方了。而文中所记正与前面所说的那位高手艺人的手艺一样,可见其间自有其传统了。

纸扎艺人的手艺，还会糊出各种各样的彩灯，纸扎是迷信用品，自然遭到时代的淘汰，而精美的彩灯，则还是可以流传的。《红楼梦》中虽然没有详细写过“纸扎”，但据《蓟邱杂钞》记载，其时正是丧事浮费最多，纸扎盛行之际，因对有关历史生活的理解，略述如上。

“杠”与“请杠”

《红楼梦》第六十四回在俞禄向贾珍汇报的账单中，共有“棚，杠，孝布，并请杠人青衣”四项，用银一千一百十两。四项中的“棚”，在另文中已谈过。“孝布”比较容易理解，就是给孝子、亲朋吊客、男女佣人等按各种关系散的孝袍、孝褂、孝帽、孝带子等用的大白布，通称之曰“孝布”。四项中就余下“杠”和“请杠人青衣”了。这些都是什么？“杠”，有的人可能还知道是抬棺材，可是具体的实际情况，对于未见过实物的人讲来，就不容易说清楚了。

按，“杠”，就是抬棺材的专名词。旧时代有专门做这种买卖的生意，叫做“杠房”，近人徐珂《清稗类钞》中说道：“京师有所谓杠房者，即仪仗店，专办人家举殡之事者也。”

徐珂说得十分简明清楚，但说“专办人家举殡之事”，却不尽然，因为它不止包办丧杠执事，而且还包办喜庆执事，不只出殡时抬棺材，叫吹鼓手，打各种执事，而且也抬喜轿，出雇喜乐，以及喜庆执事等等。这种买卖，过去在北京，都有很大的生意，有名的“和顺杠房”，也有百数年的历史。杠房并不出售任何物品，它只备有旧式红白喜事所用的一切设备，如喜轿、官轿、轿围、大红桌围、椅披、红毡，抬棺材用的大杠、中杠、小杠、各种棺罩、各种执事、旗罗伞扇、肃静牌、回避牌、金瓜、钺斧、朝天镫等等。它联系着一大批穷苦的轿伕、杠伕、打执事的人、吹鼓手，有生意时，杠房会到固定的街口茶馆中，行话叫“口子”，去把它所联系着的人雇来。这些“口子”有严格的界限，这家杠房专在那里的“口子”雇人，分得很清，除非人数实在不够，打过招呼，才能到“外口”雇人。其他“口子”的杠夫，亦不能随便应雇，生意完了，按大小份分钱，没有生意，这些人便无分文收入，生活十分悲惨。老舍先生所写的《骆驼祥子》，最后的命运，便是给死人出殡行列打执事了。

死人出殡，几个人抬棺材，谓之“几杠”。非常贫苦的人家，八个人抬，谓之“八人杠”。往上倍增，小康之家的老丧，用十六杠、三十二杠，作为孝子的儿女就要花很多钱了。豪富之家用四十八杠、六十四杠等。再往上数有所谓八十四杠，还有一百零八杠，那是给皇帝抬棺材，叫做“皇杠”。《红楼梦》第十四回写秦可卿丧事，写到出殡那一天有几句道：

至天明吉时，一般六十四名青衣请灵，前面铭旌……

这用的就是六十四杠，是仕宦豪富之家相当多的杠数，再往上就是王公、皇帝了。那些杠数是不能随便乱用的。不但杠数不能乱用，就连杠夫的衣着也不能乱穿。《红楼梦》所说的“青衣请灵”、“请杠人青衣”等等，都是指抬杠的人而说的。加一“请”字，显其礼仪隆重，忌讳说“抬”。所说“青衣”，是谓“青衣、孝帽”，普通仆人衣着，不是戴红缨帽的。辛亥之后，北京老式杠房抬杠的人，常常穿绿色花卉号褂，戴红缨凉帽，这在清代是不能随便乱用的。清代出殡时抬杠的人所穿号褂的颜色、花样，以及所戴帽子、杠数，都是和死者的品位有关系的，必须按照规定使用，不能僭越。因此《红楼梦》第十三回中，写贾珍给秦可卿办丧事，为了排场，先要给贾蓉捐个五品衔的龙禁尉，这样秦可卿才能按五品宜人的职例摆“执事”，办丧事，不然，那“六十四杠”，恐怕也不能乱用了。捐官用了一千两银子，按照北京的老话说法，这叫作“耗财买脸”。

六十四个人抬一个棺材，这如何个抬法，也要说说清楚。杠房在头天，就到丧主家看好地形，把主要大杠、执事等物运到出殡之家附近的街上，预先摆好，扎好。先是两根四丈多长，大海碗口粗细，油漆成红色的精亮的大杠，两头用木支子垫好，摆在路上。所有横杠，挨肩的小杠，也都一一扎好，摆好，再把棺罩支好。因为旧时代对七、八十岁的老丧，当作养老送终的喜事办，所以杠杆都油红色，棺罩也常用大红库缎再绣金花，如绣盘金百寿图等等。也有用别样颜色棺罩，杠杆上再包蓝布的。但这些东西照例都不用白色。这样长的大杠，如果胡同小，院子小，就无法转弯进去，所以只好先摆在附近街上，到了起灵的时候，由少数杠夫从灵堂中先把棺材用小杠抬出，然后再放到大杠的棺罩中。这时早已按照位置站好的杠夫们，单等时间一到，便在前面一个手拿横木的人击节指挥下，一同抬起上肩。这六十四个人，棺前三十二，棺后三十二，左右两根大杠，大杠再扎横杠，每排横杠，再套小的灵杠、横杠，这样每四个人一组，以正面看，即八人一排，棺前四排，棺后四排。走起来走一样的步子，换肩时一起换肩。如路途遥远，两班杠夫，则中途换班，也要挨肩换班，所抬之杠，不能途中落地。所有动作，均听前面随时倒行的一个手持横木的指挥人的指挥。

这几十名杠夫，还有不同的分工，计分“作活杠夫”，先来到现场，把大杠摆好，把横杠等绑扎好；“出堂杠夫”，专管由灵堂里把棺材抬到大杠上；“下葬杠夫”，专管到了坟地后，将棺材送下墓穴，送进墓道；“打尺杠夫”，打木尺前面指挥；“抬灵杠夫”最简单，专管抬棺材。除此而外，在出殡行列打各种“执事”、即仪仗的，什么金瓜、钺斧、鹿鹤同春、黄莺细狗、松亭、松狮等等，人数众多，也都归入“请杠青衣”名额。因之《红楼梦》所写俞禄这笔账中，“杠”是指杠房中出租使用大杠、棺罩、诸般执事等设备的钱，“请杠青衣”是指抬棺材和打执事的人众的工钱。这些费用都是很可观的。

北京过去有“演皇杠”的传说，即清代皇帝大殡之前，承办皇差的杠房，先要将各种仪仗及大杠等绑扎起来，按照次序抬起来走四城预演，上面抬的自然不是棺材，而是桌子椅子，摆上茶水，还要坐个小孩，抬了绕四城走三天，谓之“演皇杠”。据传十分热闹，观看的人很多，当年亲眼看过西太后、光绪大殡“演皇杠”的人，现在可能还有在世的，自然都是近九十岁的期颐老人了。大杠预演，有时不只皇杠，一般重要生意，杠房为了生意赚钱，也要预演，据五十多年前所编《旧都文物略》记云：

> 出殡之前，杠房视赁价之高下，除列其彩绣之亭杠于丧者之大道旁，而舁杠者，或百人，或六十四人，先舁亭试行，于杠杆上置盂十余，满盛水以舁者，则群舁速行，时而换班，时而降落，要使盂稳置不坠，水无涓滴溢出，斯为称职，盖取其步法平匀，虽地有坎坷，路有曲折，而灵舆决无欹侧之不安，此其特技也。

这种杠房和抬杠等仪仗，都是明清以来数百年中北京作为皇都的遗物之一，是旧时代北京所特有的。了解了这些具体情况，就可知道《红楼梦》第六十四回所写俞禄报账时的实际背景，就可明白这上千两的银子是怎样花用的了。

骑　射

《红楼梦》第二十六回中写宝玉病愈之后，出来在园中闲逛，顺着沁芳溪走来，突见山坡上两只小鹿箭也似地跑来，正自纳闷，只见贾兰在后面，拿了一张小弓儿赶来，等等。着墨无多，便把一个半大不小的男小孩的淘气神态刻划出来了。所谓传神阿堵，《红楼梦》文字的功力往往表现在这种地方，接下去两三句对话写的非常活泼。

宝玉道："你又淘气了，好好儿的，射他做什么？"

贾兰笑道："这会子不念书，闲着做什么？所以演习演习骑射。"

这两句对话不只是在文字上生动活泼，而且是很真实地反映了当时的历史史实，即"骑射"二字在小孩口中随便说出，不是偶然的，而是有其真实历史背景的。那就是在清代，尤其在清代前期，对于骑射是十分重视的。在旗人中，制度规定：亲王、贝勒以下，要年满六十，才免去骑射练习。福格《听雨丛谈》一书中"尚书房"条内记云：

> 皇子年六岁，入学就傅……每日皇子于卯初入学，未正二刻散学，散学后习步射，在圆明园，五日一习马射。寒暑无间。

又记云：

每日功课，入学先学蒙古语二句，挽竹板弓数开……散学会晚食，食已，射箭。

从福格的记载中，可以看出皇子在宫中尚且从小学习骑射，何况一般的旗人权贵之家，自然更要练习。因此在贾兰口中所说的"骑射"，并非泛泛之词，而是实际的情况了。

所谓"骑射"，骑是骑马，射是射箭。骑马在《红楼梦》中写到的地方很多，就以宝玉那样的人说吧，现在看书的人总觉得他是一个文弱的公子，却没有注意到他实际上也是一个很熟练的骑士。在第四十三回中作者对他的骑术作了很生动的描写：先写他"一语不发，跨上马，一弯腰，顺着街就趱下去了"。这个"一弯腰"，正是写他一提嚼子，身子往下一压，跨下一用力，马接受人的指挥，一下子就跑下去了，这表示很协调，很熟练，人和马几乎是同时动作。下接"说着，越发加了两鞭，那马早已转两个弯子，出了城门。培茗越发不得主意，只得紧紧的跟着。一气跑了七八里路出来，人烟渐渐稀少，宝玉方勒住马"。这是写宝玉的马跑得快。后面又用培茗的话写道："二爷好生骑着，这马总没大骑，手提紧着些儿。"又说这匹马几乎是生马。如此上马熟练，奔驰迅速，又是生马，三者加在一起，就更显出宝玉骑术的高超了。这对没有一点骑射训练的人说来是很难办到的，也说明宝玉是有过这种锻炼的。

清代对于旗人骑马一事，是有较严格的明文规定的。《清史稿·舆服志》载：

满洲官……贝勒、贝子、公、都统及二品文臣，非年老者不得乘舆，其余文武均乘马。

对于汉官则无此规定，一般都可以坐轿。有时甚至还有特别通融的地方。如《林则徐集·日记》中记他道光十八年放钦差大臣时，十一月十三日见道光，“蒙垂询能骑马否，旋奉恩旨在紫金城内骑马”。十四日记云：“寅刻骑马进内……蒙谕云：‘你不惯骑马，可坐椅子轿。’”于此一例，亦可见清代在骑马一事上，对满、汉官吏的不同要求。所以《红楼梦》中描写贾宝玉等人都有一些骑马的功夫，这是有其历史依据的。

“骑”之外，再说说“射”。清代所说的练射，不是从娱乐或从锻炼身体的目的出发，而是另有意义。从国家讲，其目的是为了武备，为了军事训练。从个人讲，其目的或是应付国家的训练；或是为了考取武科功名，下武场，考武举人、武进士。前者多是满人，后者多是汉人。本来“八旗”本身，就是一种军事组织，所以在早期旗人中特别注意骑射训练。皇室本身，也不例外。乾隆做皇子时，就从贝勒允禧学射，从庄亲王允禄学火器。道光做皇子时，跟着乾隆打围，亲手射死过奔跑的鹿，受到乾隆嘉奖，赏花翎、黄马褂。皇室如此重视，自然就更影响到各个满洲大官吏的家庭了。

当时一般射箭、武功训练，都是按照武科的考试要求，由基本功练起的。主要的就是步射、马射、舞刀、掇石等科目。据《清史稿·选举志》载，武场考试项目如下：

首场马箭射毡毬，二场步箭射布侯，均发九矢……更定马射树的距三十五步，中三矢为合式，不合式不得试二场。步射距八十步，中二矢为合式。再试以八力、十力、十二力之弓，八十斤、百斤、百二十斤之刀，二百斤、二百五十斤、三百斤之石。弓开满，刀舞花，掇石去地尺，三项能一、二者为合式，不合式不得试三场。

这是武科考试外场的内容，另有内场，是考写文章。从外场内容看，可以看出主要是以射箭为主。而且第一场就是马射。马射及格，才能参加第二场步射，以后再开硬弓、舞刀、掇石举重等。前引福格《听雨丛谈》所记，也是步射、马射、挽竹板弓等，基本上是一样的。练习射箭，由儿童到成人，随着年龄、力气的不断增加，弓的强度也逐步增加。弓的强度以多少个"力"来计算。前引《选举志》所说"八力、十力"等弓，那是"硬弓"，要拉得满，即拉成圆形才算及格。平时练习场上的弓，是各种强度的都有，都可以"力"计，看练射者的力量来选用。说明练射的程度时，也以能拉开几个力的弓为标志。《红楼梦》第七十五回写贾母问贾珍说，宝玉的箭如何了。

贾珍回答说："大长进了，不但式样好，而弓也长了一个劲。"

贾母道："这也够了，且别贪力，仔细努伤着。"

对话中"一个劲，贪力"都是指弓说的。"长了一个劲"，就是说增加了一个力，如原来用五个力的弓，现在能开六个力的弓子。"式样好"，是说射箭时的姿势好看，所谓站时"骑马蹲裆式"，射时"左手如托泰山，右手如抱婴儿"，等等，架式十分漂亮。这和现在运动会上西洋式的射箭比赛，在姿势上是有些两样的。

以上所谈，就是《红楼梦》中所写的骑射一事的一些有关历史情况。至于所说到的清代武科考试，虽然也有武举人、武进士之名，但一直不受重视，在地位上不但和文职无法相比，即在武官中，也比以"军功"得官的差着一等。武职官的正途出身，第一是军功，第二才是考试哩。

打　围

与骑射有密切关系的事情，除去射鹄子而外，还有一事，就是“打围”。《红楼梦》第二十六回中写到了打围：神武将军冯唐之子冯紫英脸上有些青伤，薛蟠问他又是和谁挥拳了？冯紫英说，他自从打伤了仇都尉的儿子之后，记了，再不怄气，“这脸上是前日打围，在铁网山叫兔鹘捎了一翅膀”。这里说到了“打围”，正反映了当时的历史背景，在此可以稍微解说一下。

“打围”就是打猎，因为猎野兽也用围包的办法，所以叫打围。这话最晚在宋代已很流行了。陆放翁诗云：“狼烟不举羽书稀，幕府相从日打围。”这是他在四川成都时写的打围的诗。又道：“倦游自笑摧颓甚，谁记飞鹰自打围。”这是他晚年回忆在四川打围时豪兴的诗。从放翁的诗句中可以看出一些“打围”一词的来源。

“打围”到了清代，受到历史上从未有过的重视，成为国家的一种有特殊意义的活动，尤其在清代前期，皇帝年年要打围，其目的并不单纯为了打猎的快乐和获猎禽兽的所得，而是为了武备，重在进行军事演习。《清史稿·圣祖本纪》记康熙皇帝玄烨临去世前两个月的话道：

> 有人谓朕塞外行围，劳苦军士。不知承平日久，岂可遂忘武备？军旅数兴，师武臣力，克底有功，此皆勤于训练之所致也。

从玄烨的话中，我们可以看出清初提倡打围的意义。玄烨年年自己都去打围，直到康熙六十年，他六十八九岁时，《本纪》中还记着："秋七月己酉，上行围。"玄烨一生都是注意到这点的。诗人查初白曾扈从康熙去雍安岭、乌兰哈尔哈行围，有《观围诗》八首，其中有一首写到玄烨的弓箭功夫道：

朴渥如飞掠草中，御前突通疾如风。
万钧神艺无轻发，命中仍开射虎弓。

这虽然有些奉承，但与事实相去也并不过远。乾隆做皇孙时，有一次康熙带他在热河一带行围，在围场上他让侍卫带乾隆去射熊，乾隆刚刚上马，熊突然扑了过来，十分危险，康熙此刻举起火器枪一枪把熊打死了。于此亦可见玄烨的射猎功夫。

唐诗名句道："马思边草拳毛动，雕盼青云倦眼开。"打围，一般在秋天的多。秋高草盛，马健鹰扬，各种野兽这时毛都丰满了，肉都肥美了，最是打围的好时候。元代武圭《燕北杂记》记云：

辽俗，九月九日打围，赌射虎，少者为负，输重九一筵席。

查《清史稿》，康熙、乾隆等人打围的时间，虽有少数二月、四月行围的情况，但绝大部分是在秋季七、八、九三个月中。行围的场所，除少数几次在京畿近处南苑等地而外，大部分都是在"幸木兰"的途中。木兰就是热河承德避暑山庄。打围的围场大多都在现在密云县以北，直到承德周围一带的山区和草原上，有时也深入到东北盛京(即现在沈阳)一带。

上有所好,下必甚焉。皇帝年年都打围,何况下面的王公大臣,因之一时风气所尚,多少年来,打围在满洲王公中,一直是很流行的。《红楼梦》所写冯紫英随他父亲神武将军冯唐到铁网山打围,正是反映了这个事实。只是在时间上稍差一些,因一般打围,不管皇家与民间,都是秋、冬二季为多,而《红楼梦》所写,则是春围。

打围时的猎获物自是很多,而皇帝行围,最讲究猎获熊、虎等猛兽。康熙打死熊,前面已经说过了。当时还规定:扈从侍卫,如二人猎得一虎时,要受到赏花翎等特殊奖赏。《清史稿·高宗本纪》还记着:乾隆八年七、八月间,弘历在东北巴彦行围,“亲射殪虎”,九月间在伍什杭阿行围,“亲射殪虎”。都可看出当时行围,是以能猎得猛虎为荣的。不过熊、虎等猛兽,究竟还是比较少的,而更多的则是狼、狐狸、獾子、野鹿、狍子、黄羊、兔子、锦鸡等禽兽。查初白《观围恭记》诗另一首道:

尾同獐麂首同獐,千百黄羊合一群。
拦入围中何所拟,满滩鹅鸭闹如云。

熊、虎不但是少有的猛兽,而且是单独行动的多,而狍子、黄羊、锦鸡,甚至狼、狐等,则往往是成群出没的,所以打围的时候,一围就是一群了。

打围重在一个“围”字,人少了没有办法围。皇帝行围,可以带领不少侍卫和军队,而在京的王公大臣去打围,虽然是权贵阶层,要调动军队的权还是没有的。只是府中的恶奴、帮闲、纨绔子侄等成群结队,悬弓臂鹰,骑着马、带着干粮,去到山场中围猎。这实际上是一种非常辛苦的活动,不但成天骑着马或徒步奔跑在山岭草莽中,追赶野兽,十分费力,而且还有一定的危险性;吃饭也不方便,只能吃点干粮;晚上睡觉没有房屋,要在野外搭帐篷;取暖仗篝火,取水仗山泉;遇上风狂雪猛的天气,自然更为艰苦。如果是贪图安逸的人,那就不会选择这样的娱乐方式了。

《红楼梦》中写宝玉问冯紫英道:"单你去了,还是老世伯也去了?"

紫英道:"可不是家父去,我没法儿,去罢了,难道我闲疯了?咱们几个人吃酒、听唱的不乐,寻那个苦恼去?"

这几句话很重要,"打围"在冯紫英一代人口中——也就是思想中,已经变成"苦恼"了。这不只是简单地写当年公子哥儿、纨绔子弟好逸恶劳、沉溺酒色的腐朽生活,而更重要的是反映了当时满洲王公贵族中,老一辈和小一辈在思想上的矛盾。清代所谓"以弧矢盛天下",在前一时期,八旗绿营本是很精锐的军队,正像玄烨说的:"师武臣力,克底有功,此皆勤于训练之故也。"其中打围就是训练的一种方式。但到了鸦片战争之后,八旗绿营便腐败得无一可用之兵了。旗人后来都成了文质彬彬,甚至专讲"老三点儿":吃点、喝点、玩点,成为提笼架鸟、玩票走会之流,当年的神武英姿似乎一点也没有了。这中间是如何转变的呢?转折点在什么时代呢?实际转折点应该说就在《红楼梦》时代,《红楼梦》中从好多方面都反映和暗示了这点。打围正是其中之一。试看清代皇帝,康熙、乾隆一直到老都还打围,而嘉庆、道光之后,则不再行围了。偶然形式上在北京近郊举行一下,弄虚作假的现象也发生了。曼殊震钧《天咫偶闻》中记云:

> 自开国至乾嘉，田狩盖为重典，非以从禽，实以习武也。圣祖于热河建避暑山庄，以备木兰巡狩，行围之制，一用兵法，围时以能多杀者为上，皆以习战斗也。……道光以后，不复田狩，于是讲武之典遂废。后生小子，既不知征役之劳，又不习击刺之法，下至束伍安营，全忘旧制，更安望其杀敌致果乎？迨同治中，穆宗奋欲有为，亲政后曾畋于南苑，诸环列至有预购雉兔，至临时插矢献之，而蒙花翎之赐，可为叹息也。

爱新觉罗的子孙，长期在台上，享受特权，养尊处优，到同治时，自然把神武之姿早已丢尽了。但这种思想的萌芽成长，都起自乾隆时代，《红楼梦》中通过冯紫英之口，已经把这种情况真实地反映了。从这中间也可以看出曹雪芹的一些敏锐的政治预见性吧。

兔　鹘

《红楼梦》第二十六回中，冯紫英说到脸上青伤的时候道：

> 这脸上是前日打围，在铁网山叫兔鹘捎了一翅膀。

这里又产生了问题，“兔鹘”是什么？“捎了一翅膀”又是怎么回事？为什么能够捎到人的脸上？为什么能够弄出青伤来？这一系列的问题，必须先作一个概括的说明。

简单说，“兔鹘”就是抓兔子的鹰。鹰飞得很高，为什么翅膀会捎到人脸上。这是因为打围时，放鹰没有放利落的关系。最常见的打围，是围猎野兔、锦鸡等小动物。围猎野兔主要靠鹰，也就是“兔鹘”。围猎时，在山坡、荒野、林莽、乱草丛生的地带，鹰手架鹰骑马走中路，稍微靠后些。两边各有从人在前面，分左右两路相距若干丈，手拿棒棍叉杆等物，拍打乱草，惊动野兽。隐伏在乱草中的兔子，受到惊动，纷纷窜出奔跑，这时两路的人高声呼喊：放鹰！中路架鹰的猎手，便火速松开手中的皮套，让鹰起飞，鹰的起飞和降落常常是垂直的，极为迅速。架鹰的人，鹰都架在手臂上，未放鹰时手臂平举，鹰立在人手臂上，高度正好和人的脸部平行。放鹰时手臂要向外手高处挥一下，动作稍慢，鹰忽然一下张开翅膀时，便容易划在人脸上。兔鹘翅部健羽猛张时力量很大，划在人脸上，必然是乌青了。这就是冯紫英被“兔鹘捎了一翅膀”，脸上落下青伤的原因。

兔鹘是鹰，这不成问题；而鹰为什么叫“兔鹘”，何时叫“兔鹘”，这却需要略作说明。谈迁《北游录》、《纪闻》中有“兔鹘生卵”一条，文云：“洪武初，宁夏都督马鉴宅，所畜兔鹘，忽生一卵。”“兔鹘”一物，又有翅膀，又是畜养的，又能生卵，说是“鹰”，自然是无疑的了。但一些辞书中，却都没有这样的注解。新编的《辞海》一书，老版本及新印本，都未收“兔鹘”这一词。中华书局老《辞海》在“兔鹘”一条下注云：

> 金人束带曰兔鹘，亦曰吐鹘。《金史·哀宗纪》：“李兴有战功，诏赐玉兔鹘带。”《宋史·舆服志》：“亡金国宝，连环玉束带一，国言谓之兔鹘，为其故主常服之物。”

另“吐鹘”条下注引《金史·舆服志》云：

> 吐鹘玉为上，金次之，犀、象、骨、角又次之。左右有双䤩，左佩牌，右佩刀，尾纳方束中。

“兔鹘”明明是鹰，怎么会变成为“束带”呢？这中间要注意《哀宗纪》中的“玉兔鹘带”，和《宋史·舆服志》中的“连环”二语。既称“玉兔鹘带”，有“兔鹘”，又有“带”，显见“兔鹘”不是“带”的代词。前称“连环”，后称“兔鹘”，“兔鹘”既非“带”的代词，自然是“连环”的代词了。这正好可用《红楼梦》中凤姐的一句话来做解释。

《红楼梦》第三十回写宝玉和黛玉争吵后，又和好了，贾母不放心，让凤姐来看望他们，凤姐回去说笑话道：

倒像"黄鹰抓住鹞子的脚",两个人都"扣了环了"!

这话正好作为"兔鹘"是"连环"的代名词,又引申而代替"束带"的最好说明。

鹰的种类很多,有苍鹰、黄鹰、老鹰,珍贵的"海东青"、青鹰,稀有的朝鲜白鹰等。而较为普通的人们经常驯养熟了来打围抓兔子的,是胸部有深褐色点子的黄鹰,俗名就叫"兔鹘"。前面已说到放鹰,尚未说到如何抓兔子。放鹰之后,鹰迅速飞向高空,锐利的目光从空中很快发现了兔子,便箭也似的垂直下降,这就叫做"兔起鹘落",锋利的鹰爪一下子便抓紧正在奔跑的兔子的背部,同时便低头猛啄兔子双眼。这时打围的人便要很快追赶上来,把兔子从鹰爪下捉住取出。动作要快,否则遇到健兔,忍痛猛力挣扎,只要兔子一翻身,四脚朝天,便可用后脚用力扑打鹰的胸脯,这时不但鹰已无可奈何兔子,反而容易被兔子打伤,俗名叫作"兔蹬天",是兔子唯一能够自卫,制服鹰的一招。遇有同鹰较量过一回,幸而逃脱性命的兔子,再遇到鹰时,那鹰爪刚一触及它,它便可猛地翻过身来,那鹰就更处于劣势了。所以在打围时,只要鹰一抓到兔子,猎人便要马上赶到,捕捉猎物。当鹰抓到兔子的一刹那,俗名就叫"扣了环了"。因为鹰爪十分锋利,一有攫取,前后爪立刻扣成圆形,像环一样。两脚齐扣,便是"双环"。"黄鹰抓住鹞子的脚",鹞子是鹞鹰,获物时也要扣环,黄鹰和鹞子对扣,便是"连环"。而凤姐所说的那句歇后语的后半句,原本应该是"环——扣了环了"。有的版本作两个"环"字,是正确的,事物本身原是两环对扣。日常说这句话,也是两个"环"字,少一个"环"字,是在语气上省略了。在语言中,因"扣环"的动作,代替了环形的形状;因环形的形状,又直接名连环玉扣的束带为“兔鹘”，这便是把“兔鹘”解释为束带的原因。“兔鹘”又名“吐鹘”，这是由于金时用汉字记录少数民族口语语音所出现的纷纭。这种情况在辽、金、元、西夏及清代等朝是数不胜数的。因此，可以看出“兔鹘”一词，大约是金时少数民族的口语，其本义自是抓兔子的“黄鹰”，而绝非“束带”，老的《辞海》的注解是把引申义当作本义了。而新编《辞海》又不收这一词语，也许是认为这个词语太僻了，其实倒是一个普通的词，现在北方有些地方可能还在使用吧？

英国汉学家李约瑟写《中国科技史》，特别注意到我国的驯鹰术，在世界上，我国驯鹰是很早的了。把一羽野鹰，驯服成一个能听人指挥、去打猎、抓兔子的家鹰，是很复杂的一个过程。先要到山中林莽地带去网猎雏鹰，获得雏鹰后，要驯鹰。驯鹰期间，一是不能给它吃饱，真到驯熟了，也不能给它吃饱，让它永远是处于半饥饿中，这样它才肯去抓兔子，而且人一引它，便会飞回来，不然，它就要远飏了。二是要“熬”它，就是夜间不使它休息，人要架着它一同熬夜，它一闭眼，便把它摇醒，此之谓“熬鹰”。到了一定阶段，夜间要架着鹰穿街走巷，通夜地去逛，此之谓“遛鹰”。白天墙上钉一长木桩，把它系在木桩上，让它整天在木桩上站着，头上要套一个小帽子，挡住光线，使之颠倒昼夜，以磨练它的野性。开始时鹰脚上带铁链子，时刻不能松，以防其飞去。一定时期，脚上系长绳，在室中或短距离中用肉引其飞来飞去，使之熟习人的招唤。等到完全驯熟时，便可携带去打围，出猎时鹰脚套有小环，一个带有小钩的皮套，小钩钩在环上，皮套拿在猎手手中。猎手腕部套有护腕，鹰便架在腕部。驯鹰、调鹰、架鹰、打围时及时放鹰，都是一种非常辛苦、要消耗很大体力，必须有强壮结实的身体才能胜任的工作。《红楼梦》时代，正是清代围猎盛行的时代,玩鹰调狗,都是很普通的。清代宫廷中有鹰鹞房、鹘房,管理这些同上驷院司鞍、司辔一样,都是侍卫的职务,有专职侍卫负责。在王公、大臣等豪门中,也雇有专门养鹰的"鹰把式"。最好的鹰出在辽东吉林一带,朝鲜也出名鹰,在清代这都是贡鹰的地方。一般兔鹘子,虽然不是什么名贵的鹰,但驯熟了的,能够携带出猎的,也是相当值钱的。王公、贵族家中虽然有专人养鹰,但出猎时也常常自己架着,也是十分吃力的,所以冯紫英认为"打围"是苦恼的了。

射鹄子

清代进关,以武力统治中国,对于八旗的骑射训练特别注意,因而清代前期,由皇族的王子、王孙直到一般的满洲官吏之家,都讲究骑马、射箭,在家中也常常以比射为娱乐,较量武艺,这本来是好事,但时间长了,性质上就发生了变化,慢慢地由射箭比赛,变成为射箭赌钱了,这就是清代在北京流行的"射鹄子"。

《红楼梦》第七十五回写贾珍因在居丧期间,不得游玩,便生了个破闷的法子,以习射为由,请来世家子弟、富贵亲友来较射。并立了罚约,赌个利物。贾政不知就里,认为"文既误了,武也当习,况在武荫之属",因而反让宝玉等人也来参加。而实际情况却是:

> 因此,天香楼下箭道内立了鹄子,皆约定每日早饭后时射鹄子。贾珍不好出名,便命贾蓉做局家。这些都是少年,正是斗鸡走狗,问柳评花的一干游侠纨绔……

这就是《红楼梦》所写到的以"射鹄子"为名的聚赌情况。特别写明贾蓉是"局家",就是由他出面设局请人来赌,由他出面作局"抽头",这就是局家。后面便说到"公然斗叶、掷骰,放头开局,大赌起来"。什么"抢快、赶羊、打天九"等等都来了。这就是以射为名,以赌为实,"一日一日赌胜于射"了。

那时射鹄子的地方叫鹄子棚，清代的律例：禁止聚赌。但为了奖励骑射，对于以射箭来赌钱是不禁止的。曼殊震钧《天咫偶闻》记云：

> 定制，赌有禁，惟以射赌者无禁。故有大书于门曰“步靶候教”者，赌箭场也。

这就是说，这种方式的赌博是奉官的了。设立鹄子棚的人家要有一定的条件，先要有一块长条的地方做“箭道”，两头都要有设备，一头是“鹄棚子、箭档子”，一头房舍中摆坐位、笔砚、射签、茶水等，给射鹄子的人休息、记录胜负。据《天咫偶闻》一书记载，射鹄子也有几种：

一是“射鹄子”，高悬栖皮，送以响箭。鹄子有许多层，一个圈、一个圈地套着，中间一个最小，俗语叫“羊眼”或“央眼”也就是红心。鹄子棚中习惯把射箭技术最高、而射品又十分端正的人叫作“央眼儿”或“羊眼儿”。清代中叶将军果益亭射技惊人，箭箭中的，外号就叫“果羊眼”。射中央眼还不算能耐，还讲究一箭把悬鹄中的皮圈全部射中，皮圈张开来像花篮一样，这才是射鹄子的绝顶功夫。二是“射月子”，满洲话音译是“艾杭”，即“画布为正”，意思就是用布画一个标志，作为靶子。三是“射绸”，把一寸见方的彩色绸片，悬挂在几十步外的高处，作为靶子，射起来就更难了。因为不但目标很小，而且小绸片在风中飘来飘去，不停地晃动，这就近似乎射活靶了。四是射香火，就是在晚上把线香点燃，悬在一定距离外，用箭来把它射灭。这当然更难了。

不过要明确，清代提倡骑射，目的是为了武备，各方面都是从实战出发的。杜少陵诗云:“挽弓当挽强,用箭当用长。”清代论射箭也是以力大为优,以能拉得开硬弓为能。因为用硬弓才能射得远,在战场上才能发挥作用。所以曼殊震钧论断射鹄子说:“国家创业,以弧矢威天下,故八旗以骑射为本务,而士大夫家居,亦以射为娱……然皆巧也,非力也。”这是对射月子、射绸、射香头等的评价,就是说这些不要说都已变为赌博,即使是就射论射,也只是个巧劲,本身是比不上强力硬弓的。

鹄子棚中的具体情况,以射为赌如何进行等等,在清代北京曲艺百本张子弟书《射鹄子》中有很生动的描绘。写鹄子棚布置和一早开始的情况道:

> 有个平台儿小小五间盖在正北,将那鹄棚儿、箭挡儿都设在正南,且说那棚东(按即局家)清早将门进,忙唤人扫地开窗把鹄悬。掸了掸桌子调了调座,排了排笔砚拢了拢签……

写到赌射的方式时道:

> 请开弟儿吧,天已不早,咱们是抓筹哦、赶正哦、还是射签?棚东说:“罢、罢、罢,不要像当年,是谁呀还下着账,倒不如商议人人都抹个现钱。”这棚东连忙执笔开头箭……

写到输赢的情况时说:

> 非是他箭箭红心不能撂箭,怕的是撂走了箭荡尔就要输钱。所以才大中四咧又金中四,大对尔、中对尔脸上就带

着欢，这总是练的事轻爱财的心胜，恨不得一百戳——尔赢上个加三。倘射出插花、转判，尔就撅了嘴，怎当得撍楞倒挡尔又不许抓钱……

这些具体描绘，除去鹄子棚的布置等较易理解外，其他比射方式，什么叫“赶正、射签”等等，输赢情况中，什么叫“大中四、金中四”等等，因年代久远，风俗变迁，都不易理解了。其中“中”是中的的中，“尔”是你，“撍楞倒挡”，“撍”即蹭，意即把箭挡子弄倒。根据这些，现在只能稍作抽象的理解了。子弟书为了演唱效果，在写到当年的时势、风俗时，常常带一点讽刺和滑稽的成分。这个段子中写半吊子射手道：

只见他迈步蹲身先抬后脚，张弓递箭又努前肩，后手札煞前拳乱晃，弓梢子拄地箭扣子朝天，本就是弓软、箭沉从高空掉，怎禁得一推一徕箭奔了东南，忽听得打箭的“哎哟”说“着了我的腿”，这位爷眼似滴鸡脸都唬蓝……

射箭射到看箭垛子的人的腿上，可见其箭术二五眼了。其他细腻的描绘还很多，如写到鹄子棚中赌客的衣冠打扮，射箭人的各类“箭品”等等，都是生动的风俗史的好材料，唯限于篇幅，不多引了。同治时署名芝兰室主人的《都门新竹枝词》中有一首道：

争尚豪华是鹄棚，成群结队半公卿。
终朝铺啜为常事，共扰东家感厚恩。

虽然相差不少年代，而这诗也可作为贾珍在天香楼下立鹄子棚的写照。以射为赌,局家抽头钱,相约做东摆酒席款待众赌客,所谓“终朝铺啜为常事”,这在《红楼梦》七十五回中,什么“天天宰猪割羊,屠鹅杀鸭,好似临潼斗宝一般……”写的很多,这里也不必多说了。

大毛儿皮货

在人民文学出版社最早出的注解本《红楼梦》中，有些条注解值得商榷。我曾为此写过一篇小文，经有关单位转给原注者，在新版中，都已修改了。其中有“大毛儿”一条，见第九回。现注云：

> 真毛的皮筒子如狐皮、貂皮、猞猁皮等都可以叫作大毛儿，但习惯多指白狐皮。

前者南方友人们偶然谈起，感到还不够清楚，这也是自然的。因南方天暖，不大穿皮衣，细毛皮货更少接触，所以觉得还有再稍微详细解说一下的必要。

皮衣、皮货分细毛皮货、粗毛皮货、大毛儿、小毛儿、直毛、弯毛等类，都是两两对照的。大毛儿是细毛皮货，顾名思义是对小毛儿说的。在皮货中，除去一般羊皮、兔皮、猫皮、狗皮等各种粗皮货外，珍贵的细毛皮货中，长毛可以御严寒的，习惯上都叫“大毛儿”。这要从高级皮货的加工工艺说起。古语说：“集腋成裘”，这话是从实际生活中得来，是十分生动的。因为任何狐狸皮，都不能整张地拿来做衣服，先要根据狐狸的身体各部分，一一割开来。先割四大部分：背上长方块，叫“狐脊”；身体两侧两块，叫“狐肷”；头颈下一大块，叫“狐膝”，四条腿叫“狐腿”，这是大的。还有小的，头上一块叫“狐脑门”或“狐脑颏”，两只耳朵叫“狐耳朵”,连最小的狐狸脚爪中心的一点点皮也利用起来拼成衣服,叫做“狐爪心”。因为所有的狐皮衣服,都是这样把整张的皮割开来拼制的,因而一件皮衣就要用许多张兽皮来拼。而且拼成皮衣的半成品即皮筒子之后,因所取的部位都不同,所以毛头也两样。有的长,有的短,有的毛硬,有的毛软,有的重,有的轻,有的保暖力强,有的差。其中以毛长、毛软、最软、最暖的最值钱。所谓“乘肥马、衣轻裘,与朋友共,敝之而无憾”,连两千多年前的圣人也认为这是难能可贵的。可见轻裘之为贵了。

仍以狐皮来说吧,毛最长、最软、最轻、最暖的部分是膝子,所以用同样一批皮张割开,分类缝制成的筒子,狐膝最贵,狐肷次之,狐脊更次之。以上三种毛都长,所以都可以叫做“大毛儿”。其他,狐腿毛不长不短,保温也很好,最耐磨,可以穿用数十年,十分实惠,但不算“大毛儿”。至于狐脑门、狐耳朵、狐爪心等,那毛就更短,更不算大毛儿了。所以说狐狸皮是大毛儿,笼统地说说还可以,如果认真起来,那只有狐膝、狐肷、狐脊三种才真是“大毛儿”。同样,其他一般不叫“大毛儿”的皮货,如灰鼠,都是短毛的。第五十一回写袭人母亲死了,要回家去,临走时来见凤姐,凤姐见她穿着“青缎灰鼠褂”,便说:“但这褂子太素了些,如今穿着也冷,你该穿一件大毛的”,可见,灰鼠不算大毛的了。但在第四十九回中写湘云的打扮道:

> 穿着贾母给他的一件貂鼠脑袋面子,大毛黑灰鼠里子,里外发烧大褂子。

这里又是“大毛黑灰鼠里子”,怎么灰鼠又变成“大毛”了呢?这里注意一个“黑”字,细毛皮货中,最大路的除去狐狸皮、貂皮而外,使用最多的就是灰鼠皮。灰鼠中有浅灰、有白针者,叫银鼠。如第三回写凤姐穿着"五彩刻丝石青银鼠褂",其深灰稍泛紫色者,叫灰鼠,单取背上一块皮,不要腹下白色的皮,就叫"灰背",这些都叫灰鼠。如第六回凤姐就穿着"石青深丝灰鼠披风"。另有一种比较稀少的灰鼠,背上的毛较长,是黑色的,腹下毛是烟色的,因比一般灰鼠毛长,所以叫"大毛黑灰鼠"。由此可见,在灰鼠中,也有叫做"大毛儿"的。这样来看,"大毛儿"完全是表示珍贵细毛皮货毛头长短的一个概念,而非专指某一种兽皮了。

清代衣着因受满洲八旗苦寒地区之影响,特别讲究穿皮衣。《红楼梦》中的人物,有的里外衣服全是皮衣。如第六回写凤姐:"紫貂昭君套"、"灰鼠披风"、"银鼠皮裙";第四十九回写湘云:"里外发烧大褂子"、"大貂鼠风领"、"银鼠短袄"、"狐肷褶子"等,这都是由里到外,无一件不是皮衣。现在人想来,是很难想象的了,其实这都是当时的实际情况。自然珍贵细毛皮货,再配上鲜艳的刺绣绸缎面子,这都是亲贵豪门家中的衣着。一般人在冬天也总得有两件御冬的皮衣,那不过都是便宜的皮衣;最廉价而实惠的,自是老羊皮袄了。

在清代,从等级上分,有不同的穿用皮衣的规定。福格《听雨丛谈》云:

> 亲王、郡王而外不准服用黑狐。文职一二三品,许服毳外貂镶朝衣。武职三品弗及也。文四品、武三品,准服貂鼠、猞猁狲。五品至七品笔帖式、护军校,准用貂皮领袖、帽沿。八九品官,不许服貂鼠、猞猁狲、白豹、天马、银鼠。若侍卫、翰詹科道、军机章京。无论品级,均照三品服色……

外毳之褂，公趋只准穿貂鼠、海龙。每岁十一月朔为始，二月朔止。杂色皮只充便服。

如按照《清会典》规定，不但皮衣有规定，皮坐褥都有规定：亲王用貂，郡王、贝勒猞猁狲，贝子用白豹，镇国公全赤豹等等，文武官一品用狼、二品用獾、三品用貉、四品青山羊等等。《红楼梦》第五十三回写贾珍在月台上铺了一个狼皮褥子负暄，这按品来说，够上一品的气派了。不过这条规定历来并不严格，而且狼皮也是比较便宜的皮张，所以一般人家也有用狼皮褥子的。狼皮最能隔潮气，即使泥地上铺狼皮褥子睡觉，也不会受潮，得风湿毛病。

皮衣本是防寒的，但清代豪奢之家，却把皮毛当作摆阔的东西。由珍珠毛、银鼠、灰鼠、狐腿、狐肷、大狐膝等逐次穿上去，到了冬天，即使天气不冷，也要穿许多皮衣，以夸耀他家的富贵，而且形成一种腐朽的风气。嘉庆时张际亮《金台残泪记》云：

> 西北早寒，凉秋九月，草上霜（裘名）翩然来矣。此后骨种羊、灰鼠脊、猧狗腿、猞猁狲，因时递进。若遇风天倚笛，雪地传花，水獭海龙，如云低亚，太史紫貂，宰相元狐，不足言也。

这则笔记，写了当年穿皮衣的顺序，即自九月份即开始了。看《红楼梦》第四十二回，贾母生毛病，请了太医院王太医来看脉，"贾母穿着青绉绸一斗珠儿的羊皮褂子"，这个"一斗珠儿"是什么呢？人民文学出版社一九六四年版注解道："一种细毛卷曲像一片珍珠似的白羔羊皮，又名珍珠毛。"这注解还稍欠确恰，因为这中间有个关键性的问题未说明。即这是未出生的羔皮，俗名“肚剥羔”。说起来是很残酷的，即母羊怀胎数月之后，快要生小羊时，将其屠宰，取出腹中小羊，取其皮贴在墙上，干后，集中去熟成熟皮，其毛雪白，一粒粒盘曲如珍珠，故曰“珍珠毛”，又叫“一斗珠儿”。如用同样办法，取名贵的黑色“骨种羊”的腹中羔制皮，其毛是黑灰色小圆圈，但毛尖都是白色的，因而叫“草上霜”，这就是《金台残泪记》所说的了。珍珠毛、草上霜是最早穿的皮衣，实际只不过等于夹衣罢了。

兽皮的种类很多，同一种类也有很多差别。以狐狸来说，有草狐、沙狐、火狐、青狐、玄狐、银狐等等。其中玄狐、银狐最珍贵。清代皇帝过生日整寿，如五十、六十等，东北各省要进贡玄狐，但有时也不易得到。西清《黑龙江外记》记嘉庆十四年，嘉庆皇帝颙琰五十岁万寿，贡品中应有九张玄狐，就因收购不到，缺了一项。狐狸皮分东口货、西口货，一个来自东北，一个来自内蒙，内地的狐皮比不上这些地方的。猎得的季节也不同，俗语云：“九月狐狸十月狼。”在九月间猎获的狐狸毛头最好。草地上的狐狸叫“草狐”，多为黄色，毛较粗糙，在狐皮中，最不值钱。沙漠中的狐狸，毛色灰白多，在狐皮中是极好的。仅次于稀有的玄狐、银狐。《黑龙江外记》云：

> 沙狐号倭刀，贵逊元（即玄）狐……沙狐生沙碛。所谓“天马”，盖“舔毛”转音，其腹皮也。乌云豹，其颏皮也。土人轻裘尚此。

第五十一回中写凤姐给袭人的“石青、刻丝八团、天马皮褂子”，“石青”是颜色，“刻丝八团”是绣的形式和花纹样子，“天马皮”就是沙狐肚皮下的皮，白色，毛很长、很软，是十分高级的。“乌云豹”，是沙狐颈下皮毛的别名，因为它毛头最长、是青灰色，最轻，俗名“青狐膆”，是常用狐皮中最珍贵的。第二十回中，黛玉问宝玉：“怎么你倒脱了青肷披风呢?”这“青肷”二字，就是“青狐肷”，也就是沙狐肷。狐狸两肋皮毛轻软，而且面积较大，是高级狐裘中的大路货，统称“狐肷”。一般草狐、火狐，黄色皮，左右两肋拼在一起，毛头有黄有白，俗名“金银肷”。一种灰色草狐，两肋皮有白有灰，成斑点状，俗名“葡萄肷”。宝玉穿的“青肷披风”，是近似“葡萄肷”的灰色，但色较纯，毛较长。

第五十三回写贾珍“披着一件猞猁狲大皮袄”，实际也是类狐狸的一种动物，不过都出在寒冷的地方，尤其是吉林、黑龙江一带，皮毛淡灰黄色，很长很软。《黑龙江外记》说：“猞猁狲，国语(即满洲话)曰‘西伦’，转为‘舒伦’。虞者讳其名，称曰：‘威呼肯孤尔孤。’‘威呼肯’，译言轻也；‘孤尔孤’，译言兽也。”意思就是“轻兽”。这种皮又轻又暖，有的有斑点，很像“葡萄肷”。还有洋种猞猁狲，出在加拿大，但没有国产的好(按，“虞者”，掌山泽之官，见《国语》、《孟子》)。

第四十九回写湘云的衣服是“貂鼠脑袋面子”，貂鼠是很小的，比黄狼(即黄鼠，俗名黄鼠狼)大不了多少，全面用它脑袋上那点皮缝件皮衣，那是要用上百只貂鼠的。清代因为大臣要穿貂褂，规定东北吉林、黑龙江貂皮同人参等一样，要经将军、副都统等验选，选出一、二、三等贡貂之后，选剩下的才准猎户自卖。这些貂皮，都盖印并削去一爪以为凭证，不然便是私货。猎户出售皮张，都是整张的，到了皮货商人手中，再由缝皮工人(俗名“毛毛匠”)缝制成各种衣服筒子。皮张不能用剪刀剪，只能用皮刀，像一斧头形的圆刃刀由背面割。兽皮是不规则形的，那割下来的小片的皮张，如膝子、脊子、脑门等等也是不规则形的。把这些割开的小片皮了，分类归在一起，膝子归膝子，脊子归脊子，腿归腿，然后再按类缝制各种筒子。缝制的时候，第一从背面，俗称“板子”，即革这一面看，在接缝处对针密密麻麻用丝或棉麻线缝在一起，针脚像现在的拉链一样，自然是越细密、越平整越好。但技艺的高超还不表现在反面，而要看正面的毛头如何。一色的如青狐膝、天马等，从正面望上去，要浑然一体，毛头平顺，像一张整皮子。杂色有花纹的，要把花纹拼接好，顺毛逆毛要拼好，最常见的是拼制红狐腿。狐腿的皮原是裹在腿上的，颜色不一致，割成一头大、一头小的形状，缝时要一排排对好，缝好后，成为黄黑相间的图案，是十分漂亮的，俗名“干尖”。像湘云那件“貂鼠脑袋面子”，那就更是要缝制成圆圈形图案的皮张了。缝裘时，高手艺人能把没有一个小铜钱大的零星皮子缝成皮袄，所以有“狐爪心”、“狐鼻棵”、“狐耳朵”等等，在毛毛匠手中，任何皮张都是没有废料的。这种工艺，过去东北女工最巧。《黑龙江外记》有一则云：“达呼尔女红缀皮毛最巧。尝见布特哈幼童服一马褂，雉头氄毛为之。均齐细整，无针线迹。”可以想见，这件用野鸡头上的细毛缝成的小马褂，绝不比宝玉穿的那件俄罗斯的孔雀裘差了。

我国近古穿皮衣，都是毛朝里穿，独有清代官吏五品以上冬日所穿貂褂，毛朝外缝制。最高级的紫貂，都用貂鼠脊背上的皮缝制，深咖啡色，毛有亮光。但一般不能用貂鼠颈下的皮。这要有特殊功勋的王公大臣，经封建皇帝特赏才能穿用，这叫“带膝貂褂”，这同黄马褂、三眼花翎一样，视作特殊荣誉。如未经特赏，胡乱穿用，那就犯了“僭越”或“违制”罪，弄不好要杀头的。缝完貂褂，剩下零碎的，用来缝制其他衣服，如第五十一回所说宝玉的“貂颏满襟暖袄”，湘云的“貂鼠脑袋面子”，都是缝完貂褂，剩下的小皮子经巧手艺人缝制的。湘云的大褂子，因为面子是貂皮，形同貂褂；里子又是“大毛黑灰鼠”，别名“扫雪”，据传这种小动物经过处，雪都会融化，可见皮毛之暖了。面子、里子都是保暖力极强的珍贵皮货，所以叫“里外发烧”了。

裘皮的种类、好坏差别、缝制工艺，都是一种专门学问，我只结合“大毛儿”一词拉杂谈谈，挂一漏万，聊资谈助而已。

另外，在崇彝所著《道咸以来朝野杂记》一书中，对清代穿着皮衣之制度、次序，有详细记载，兹将有关者摘抄于下，用补前记之不足。

> 衣冠定制，寒暑更换，皆有次序。由隆冬貂衣起，凡黑风毛袍褂，如玄狐、海龙等，皆在期内应穿。由此换白风毛，如狐皮、猞猁、倭刀之类。再换羊灰鼠，再换灰鼠，再换银鼠。银鼠真者色微黄，奇贵。有以灰鼠肚皮代者，次者兔皮也，然最白。再换寒羊皮，即珍珠毛。皮衣至此而止。

以上这段，把清代穿皮衣的次序，由隆冬、即冬至以后，直到四、五九说起，直到天气回暖，换绵衣为止。除皮衣之外，还有皮帽子。即所谓之“冠”。其文记云：

> 绵衣用黑呢冠、珠毛（即珍珠毛帽沿），银鼠期用纵线冠，此种后来多不备，以其为期短且耗财也。灰鼠、洋灰（鼠）为中毛，冠用江獭皮。穿大毛衣服，冠用染貂，或染银鼠。至貂冠（五品以上始得用）而止。若海龙尾冠虽珍贵，不入正式也。

关于皮货的种类,作者也有十分详细的介绍:

> 貂皮以脊为贵,本色有银针者尤佳。普通皆略染紫色,不过有深浅之分。次则貂膝,即下颏皮。次则腋,俗称曰肷。次则后腿,前腿毛小则狭,不佳。下者貂尾,毛粗而无光彩。若干尖、爪仁、耳绒,皆由匠人缀成为褂。此小毛便服。狐与猞猁、倭刀,皆以腋为上,后腿次之,膝次之,俗称青颏、白颏。脊则最下,只能作斗篷用。猞猁有羊、马之别,羊猞猁体小而毛细,马猞猁既大而毛粗,故行家皆以羊为贵。倭刀佳者多黄色,闻有红倭刀,珍贵无比,然未之见也。狐肷名目极多,有天马肷,即白狐。红狐肷,葡萄肷,即羊猞猁;金银肷,青白肷等,不胜记矣。海龙虽名贵,只可作外褂,非公服所应用。其下者,如乌云豹、麻叶子,虽大毛之属,士大夫不屑穿矣。中毛衣较大毛不贱,真羊灰鼠与灰鼠脊子尤价昂,自昔已然也。若云狐腿、玄狐腿二种,不恒见,其价尤贵;二种皆带银针,有旋转花纹间之,极好看。

其所记皮毛种类,极为细致全面,极有参考价值,因此有关者均摘引之。崇彝,姓巴鲁特,字泉孙,号巽庵,别号选学斋主人,系咸丰时大学士伯葰之孙。伯葰字泉庄,一八五八年科场案为肃顺等权臣构陷,被杀。崇彝所著之《道咸以来朝野杂记》,记清末掌议,极有学术价值,已故著名史学家邓之诚先生极推重是书,以为"当与《啸亭杂录》并传,非《天咫偶闻》等书所能望其肩背"。原为手稿,藏文如先生五石斋,余著文时,此书尚未出版,今为摘录补入,以补余文之不足。

再崇彝氏所记,直记到三十年代,是书乃其老年笔录者,或亦有记忆偶然失误之处，或亦有说法不同处，如其说珍贵皮毛“乌云豹”，“士大夫不屑穿”等等，或一时衣着流行之情况。并不是说“乌云豹”不珍贵。

挂钟和打罗

《红楼梦》第六回写刘姥姥在凤姐正屋东边房中等着见凤姐，有几句极为传神，文云：

> 刘姥姥只听得咯当咯当的响声很似打罗筛面的一般，不免东瞧西望的，忽见堂屋中柱子上挂着一个匣子，底下又坠着一个秤铊似的，却不住的乱晃，刘姥姥心中想着："这是什么东西？有煞用处呢？"正发呆时，陡听得"当"的一声，又若金钟铜磬一般，倒吓得不住的展眼儿。接着一连又是八九下……

这一小段文字，一写荣国府豪门之豪华，一写刘姥姥乡人之神态，文字不多，两面均写透，可以说是大手笔的本领。这里我不作文学艺术的评价，只想就里面的东西说一说：第一，"堂屋中柱子上挂着一个匣子，底下又坠着一个秤铊似的，却不住的乱晃"这是什么，一般读者还都可以知道，这是"时辰钟"，但是是什么样的钟呢？就不见得能说具体了。一九六四年人民文学出版社第六次重印的插图本《红楼梦》在"秤砣似的"一语下面有注道："写刘姥姥不识大坐钟的'挂摆'。"这注解就不完全确切。因为文中明明写着"柱子上挂着一个匣子"，这明明是个"挂钟"，怎么会变成"大坐钟"呢？在注解时似乎忽略原文了。所以注解者有时还不免弄不清楚，更无怪一般的读者了。第二，在刘姥姥的感觉中，这响声“很似打罗筛面的一般”，这一条没有注，但今天在一般读者思想中，这“打罗筛面”究竟是什么声音？“罗”是什么？又如何个打法？筛面又如何个“筛”法？这一连串问题，恐怕都不容易理解了。不要说都市中的人无此感性知识，恐怕在农村中，也大多都用电磨，老式磨房也很少了，因而这打罗筛面的声音，在一般的《红楼梦》读者耳中，是没有听到过的了。既没有看见过那种非常老式的挂钟，又没有听见过打罗筛面的声音，这样，对于欣赏这段文字，多少不免有些王国维先生所说的“隔”了。我在此想把这两样东西稍微详细地说一说。

钟表是洋玩意，传入我国在清代初叶。明代后期王世贞《凤洲杂录》中有一篇摘抄《明会典》的“番货价值”单，品名很详细，什么玳瑁盒、玳瑁盂、古剌水、龙涎香、玻璃灯瓯等贵重玩艺都有，但是没有记到任何钟表等物品。清初刘献廷《广阳杂记》中记载康熙时荷兰的供单中，就有了钟的记载。其文云：

> 丙寅（按即康熙二十五年，一六八六年）荷兰葛娄巴王汉连氏、甘勃氏，差使者宾先巴芝、通事林奇逢等，进贡方物四十种，大珊瑚珠一串，计六十八颗，照身大镜二面……大自鸣钟一座，大琉璃灯一员，聚耀烛台一悬，琉璃盏异式计五百八十块……

这虽然不能说是最早的钟，也是非常早的了。过了数十年之后，到了乾隆初、中叶，那钟表在亲贵豪门就是很普通的东西了，但在一般老百姓说来，那还是很少看到的。昭梿《啸亭杂录》中记“自鸣钟”云：

> 近日泰西氏所造自鸣钟表，制造奇邪，来自粤东，士大夫争购，家置一座以为玩具。纯皇帝恶其淫巧，尝禁其入贡，然至今未能尽绝也。

昭梿生于乾隆四十一年，努尔哈赤后裔，是亲贵，后来曾袭过礼亲王的爵。所说纯皇，就是乾隆，尊谥“法天、隆运、至诚、先觉、体元、立极、敷文、奋武、孝慈、神圣、纯皇帝”（清代不少皇帝谥号都是一大串，连西太后那拉氏自慈禧以下，也有八个谥号，都是最好的字眼。我稍加赘引，亦可见封建时颂圣的极至）。昭梿的社会地位比荣国府中的人还高，所以他的记载正好是《红楼梦》所写钟表的翔实注解。“士大夫争购”，像荣国府的豪门，自然不是家置一座，而是各处都有了。所以第十四回写凤姐协理宁国府时，向宁国府的家人发号施令说：

> 素日跟我的人，随身俱有钟表，不论大小事，都有一定的时刻，横竖你们上房里也有时辰钟！卯正二刻我来点卯，巳正吃早饭；凡有领牌回事，只在午初二刻；戌初烧过黄昏纸，我亲来各处查一遍，回来上夜的交明钥匙，第二日还是卯正二刻过来。

从凤姐的谈话中，以及从其他各回的故事中，均可看出在荣、宁二府中，钟表等都是很普通的了。什么“核桃大的金表”等，也都是常见的。这同另一位经历了乾、嘉、道三代的钱泳所记相同。《履园丛话》中道：

> 自鸣钟表皆出于西洋，本朝康熙间始进中国，今士大夫

> 家皆用之……近广州、江宁、苏州工匠亦能造,然较西法究隔一层。

据钱泳所记,当时已不少地方都能仿造。这样,在《红楼梦》时代,我国可能已有会造钟表的人了。邓之诚先生在《骨董琐记》中有“汪大爨自鸣钟”一条。引李斗《扬州画舫记》记:

> 汪大爨,字斗张,号损之,歙人。工分隶,蓄牌板甚富,有巧思,能自制自鸣钟,甚精,客于扬州盐商江鹤亭家。尝以汪所制充贡。

又引周亮工《闽小记》云:

> 龙溪孙濡理,能制寸许自鸣钟。

这些都是很有意思的资料,不只可以帮助我们理解《红楼梦》的内容,而且都是我国制钟工业的最早期的史料,值得我们特别重视。

不过当时的时间名称,这里还要说明一下。当年还不习惯用数字表示时间,仍用天干、地支表示。平时说时间用十二地支:子丑寅卯……来表示。按“甲戌本”在“接着又是一连八、九下,方欲问时”后有《脂批》道:

> 写得出。细。是巳时。

“甲辰本”作“想是巳时”,巳时是几点钟呢?刘姥姥听到响了一下之后，一连又是八九下，那便是上午九十点钟，这就是巳时。其计算方法：就是现在午夜二十三到二十四时，二十四时到一时为“子时”，午夜二十四时正为子正。这样就可以理解前面凤姐所说的“卯正二刻，我来点卯”，正是现在的早上六点半钟了。“巳正吃早饭”，正是上午十点。与刘姥姥听到的声音是完全吻合的。

现在北京故宫博物院钟表馆展出的一二百年前的钟表很多，有各种各样的珍奇式样。刘姥姥所见的是哪一种呢？当然，我们没有跟着刘姥姥一起去，只能做个猜想。首先是挂在柱子上的木匣子，这必然是挂钟，不是座钟；第二，底下坠着一个秤铊似的，却不住的乱晃，这点刘姥姥看得很清楚，一定很明显，坠的较长，像秤铊，是圆柱形的。近代的挂钟，钟摆也在钟盒中，是“饼”状的；老式的挂钟，是一条铁链，挂着一个锤状的金属件，而且是拖在钟匣子外面的。刘姥姥看到凤姐房中的挂钟，应该是这种钟。第五十八回中，写芳官淘气，“麝月笑道：‘提起淘气来，芳官也该打两下儿，昨日是他摆弄了那些坠子半日，就坏了。’”这个怡红院中的钟，据情理推测，也是那种拖着长链条、锤状钟摆的钟。这种古老的钟，完全是手工做的，清代后期，广州的手工艺人，也能够做出很精美的自鸣钟，包括这种长链子的挂钟。自然，现在这种古老的挂钟，是很难见到了。而在法国，直到现在，也还有专门制作这种老式手工钟的地方。

说完了钟，再说那个“打罗筛面”的问题。这句话在“甲戌本”中稍有不同，写作：

> 刘姥姥只听见咯噔咯噔的响声，大有似乎打罗柜筛面一般。

"咯"当作"咯噔",打罗作"打罗柜",象声的词语,换了个"噔"字,罗下加了个"柜"字,似乎要形象的多,清楚的多,因为老式磨房中罗面的设备叫"大罗",叫"面柜",操作起来,那声音是咯噔咯噔,而非咯当咯当。

现在这种设备已经很少看到了,听到过这种声音的人当然更少了。这说的是磨房中罗面的声音。我国老式粮食加工,米是舂或碾,面是磨。古代叫"碨"。据说是公输般发明的。《说文》中的"碨"字,《六书故》解释云:"合两石,琢其中为齿,相切以磨物曰碨。"最古的磨房、磨面、罗面是什么情况不知道了。刘姥姥所说的"打罗柜筛面",那已经是木制机械化的东西了。磨房中一边是大磨,两扇直径约三尺左右,高约一尺的石磨盘,中间有铁芯子合在一起,上扇磨盘上近中心的地方,一个茶杯口粗的圆洞,上面房梁上呆着一个大木斗,木斗底部一个很小的洞,接一根小短斜口竹管,对准磨盘那个石洞,大木斗中的麦子可以像一股细泉水一样涓涓不息地流到那个磨眼中去。一根横木固定在上扇磨盘上,系上挽具,套上驴或骡子,把它们的眼用布蒙上,让它拉着磨扇旋转,让从小洞中流进磨扇缝缝的麦子被磨成齑粉。大磨房,一匹健骡,每天拉磨,由早到晚,一天可磨大斗一石二斗粮食,即三百五十斤上下小麦等,以七五折计,一台大磨每天可磨面二百六十斤左右。

在大磨的旁边,有一个长约二公尺,高、宽均约一公尺的大木箱,即"面柜"。面柜上面是木框,长约五尺,宽约二尺五寸的大罗,罗底是马尾罗、铜丝罗,最细是生丝织的,叫"绢罗"。一种粗孔的叫"头罗",一种细的叫"二罗",罗底是生丝织的绢,所以叫"绢罗"。这个长方形的木框子罗,正好套在木柜的口上,可以前后活动,用支杆吊在上面木架子的两根长梁上,长梁的一头伸出柜外，都用长木杆连在木柜底部的架子上。架子底部有一个滚形木轴，两头连着横板踏脚，用脚一踏横板，滚轴前后晃动，带动两根长木杆晃动，长木杆又带动木梁晃动，木梁用木支杆连着木罗，这样木罗便前后摇动，把倒在罗中的磨成齑粉的碎麦子不停地摇动着，把面粉漏到柜中，把麸皮留在罗中。在木罗不停地摇动时，罗框碰在木柜边上，不停地发出咯噔咯噔的声音，同老式木匣子自鸣钟的声音十分相像。刘姥姥没有见过挂钟，没听过自鸣钟的声音，但在乡下听惯了面柜罗面的声音，所以觉得极为相像。曹雪芹熟透刘姥姥这样人的生活，处处能设身处地，所以写出这样传神的文字。不但现在的读者，即使当年的脂砚斋于此等处也赞叹不置。“甲戌本”此句后有评云：

从刘姥姥心中意中幻拟出奇怪文字。

于“却不住的乱幌”后又有评云：

从刘姥姥心中目中设譬拟想，真是镜花水月。

从“脂评”中，更可看出这段文字取譬设想的逼真。过去磨房的把式叫“磨官”，又要照顾牲口拉磨，又要管罗面。他屁股跨在面柜架子一头的木框上，背靠墙，脚踏罗柜的滚轴，不停地咯噔咯噔地罗着面，手中还拿一个鞭子，不住地吆呼牲口，工作是辛苦的。罗底可以掉换，用粗罗即头罗罗过就出售的面，叫“一罗打到底”的面，是很粗糙的。仲芳氏《庚子记事》记庚子（一九〇〇）时北京买粮的困难情况云：

粮店或抢或逃，百无一存，白面无处买食。近日偶有住户磨卖一罗到底连麸子之面，每斤大钱五百，其粗糙实不堪下咽。

说的就是这种面，把头罗罗过的面倒在绢罗再罗一遍，谓之“二罗面”，即普通白面。还有一种细磨、罗三次的面，极白极细，叫作“飞白面”，是作高级点心及豪富之家食用的面粉。

北京过去大粮店，磨面叫磨房，碾米叫碓房，都是采用一种用脚踏的简单机械，而且这种机械已是很古老的了，乾嘉时郝懿行《证俗文》记云：

自古舂皆用手，而桓谭独曰“践碓”者，今京碓房植两木如架，横施一木，其端缀杵，舂人以足踏之俗曰“踏碓”，其功捷于用手，此即所谓“借身践碓”，则知其制起于前汉之时也。

所说桓谭，是东汉光武帝时人，著有《新论》二十九篇，内中说到杵臼之制云：

宓虢制杵臼之利，后世加巧，借身践碓，而利十倍。

碓米是这样古老，磨面、罗面应该也是这样古老，因为在晋代我国借助水利制造的水碓、水磨已十分普遍了，相应脚踏大罗柜也是很普遍的了。刘姥姥听惯的打罗柜筛面的声音，原是我国很早的科学成就了，几十年前还是很普遍的东西。现在电力事业突飞猛进,这种古老的脚踏设备罗面柜自然非常稀少了,这是时代的进步,自是非常好的。但是在看《红楼梦》时,遇到这种东西,不理解的人越来越多,不免要多一番解说了。

帘　子

前面谈到车围子时，谈到车檐前面的帘子。车有车帘，轿有轿帘，这些都是同车围子、轿围子一齐配套制作的。至于家中房舍，门有门帘，窗有窗帘，这些都是按季节随时挂上去的。清代早期北京的房屋，一般连后来的所谓“风门”也没有，全是对开门，少不了个帘子；虽然好坏大相悬殊，但帘子的名称总是一样的。在诗词中，前人写到帘子的诗句，是数也数不清的，什么“朱帘暮卷西山雨”，什么“罗幌卷，翠帘垂”，什么“梦后楼台高锁、酒醉帘幕低垂”等等，例子要多少有多少。这就是因为帘子在我国古代人民的生活中关系太密切了，而且总是构成美好的形象，所以经常作为文学作品的描写材料。《红楼梦》中写到帘子的地方很多。如第八回写宝钗房间道：

> 宝玉听了，忙下炕来到了里间门前，只见吊着半旧的红绸软帘。

如第十九回写宝玉到黛玉房间时道：

> 宝玉揭起绣线软帘，进入里间……

又如第四十一回写到刘姥姥到了怡红院宝玉房间时道：

一转身，方得了个小门，门上挂着葱绿撒花软帘。

这三处都写到很漂亮的帘子。当然，这也没有什么奇怪，只是每处为什么都要加个“软”字，这是什么意思。有软必有硬，“硬帘”又是什么？这里先简单说明：“硬帘”就是带夹板的帘子，不过习惯上没有“硬帘”的叫法；“软帘”则是没有夹板的帘子。过去挂在堂屋通院子的房门上的帘子，不管竹帘子、夹帘子、呢帘子、棉帘子，都要用有夹板的帘子，增加重量，贴紧门框，避免风吹。一挂帘子一般都是三处夹板，即头上挂处、中腰、下面及地处。每处两块木条把帘子夹牢，上面用五个铜垫圈和铜钉钉住。钉子腿是两片铜在反面对分开。帘子坏了，夹板及铜饰件还可以拆下来重新使用。大院子的正房，中门十分高大，夹板帘子自然也很宽大，分量也重。如一个人进屋，从侧面把中间夹板轻轻一掀，人就可侧身而进了。如果打帘子让客，客人多时，一个人打，就不能把帘子举得很高，因而便要两个人打。如第四十二回写请太医院王太医给贾母看病时道：

一时只见贾珍、贾琏、贾蓉三个人将王太医请来。王太医不敢走甬路，只走旁阶……早有两个婆子在两边打起帘子，两个婆子在前导引进去。

这就是贾母正屋正门上，宽大的夹板帘子便要两个人来打了。至于一般房舍的里屋，也就是套间里，都挂着没有夹板的帘子，夏天挂各种细竹帘，春、秋、冬挂丝绸一类料子做的里外两层的帘子，都不钉木板，很柔软，出入方便，所以叫做“软帘”。

《红楼梦》中有个地方集中写到帘子，就是第十七回。写贾政带着清客和宝玉到刚修好的大观园中“试才题对额”时，忽然问到帐幔帘子的事，叫来贾琏，贾琏回道：

> 妆、蟒、洒、堆、刻丝、弹墨……帘子二百挂，昨日俱得了。外有猩猩毡帘二百挂，湘妃竹帘一百挂，金丝藤红漆竹帘一百挂，黑漆竹帘一百挂，五彩线络盘花帘二百挂，每样得了一半，也不过秋天都全了。

这张帘子的账单子写得十分热闹，但数字上都似乎有个小漏洞，即夏天的帘子多，春秋和冬天的帘子少。按道理，一个房门，最少要三挂帘子，一挂竹的夏天用，一挂妆、蟒等缎料的春、秋用，一挂毡的或棉的冬天用。这个单子中竹帘总数五百挂，而绸缎或毡的都各只有二百挂，即使包括夏天廊子上用的竹帘，似乎数字也差着一大截。

这张账单中的帘子，在后面各回书中都曾写到。如第四十回写贾母和刘姥姥到了潇湘馆道：“紫鹃早打起湘帘，贾母等进来坐下……”这湘帘就是前面账单中的“湘妃竹帘”。又如第五十回写贾母同大家到了惜春住的“暖香坞”时道：“早有几个人打起猩红毡帘，已觉暖气拂脸。”这猩红毡帘，就是前面账单中的猩猩毡帘。

过去传说猩猩血染东西不褪色，所以把鲜红色叫猩猩红。北京冬季寒冷，那时毡帘是冬天防寒挡风的恩物。清代道光皇帝旻宁的《养正书屋全集》中还收了一首他写的毡帘诗，开头四句道：

> 御冬良具孰为先？掩映帘帷制以毡。

> 蔽影无妨遮壁月，留看时复锁炉烟。
>
> ……

诗并不是好诗，只不过告诉我们一件事，即那时宫廷中也十分重视毡帘。不过一般的毡子都是白的，制成毡帘，也不过装上夹板，沿上大宽黑绒边，上下两块中间，再钉上“五蝠捧寿”或“延年益寿”的乌绒图案花纹，但底子还是白毡，不好看。所以高级毡帘，都是猩猩红的。当然这种红毡帘，也都要装木夹板，沿黑缎子或黑大绒边，甚至要绣上平金花纹。大观园中冬天各处都是用这种毡帘的。第五十一回写怡红院中袭人不在家，麝月半夜里到院中去时的情况说：“麝月便开了后房门，揭起毡帘一看，果然好月色。”这就是在数九寒天里，怡红院前后屋门挂的都是毡帘，这里虽未写明“猩红”，但可以肯定必然也是猩猩毡，怡红院中绝不会挂白毡帘子的。

关于帘子，《红楼梦》中有不少处很有诗意的描写。如第二十七回中，写黛玉与宝玉闹了误会，宝玉来到潇湘馆，黛玉不睬他，回头却吩咐紫鹃道：

> 把屋子收拾了，下一扇纱屉子，看那大燕子回来，把帘子放下来，拿狮子倚住，烧了香，就把炉罩上。

这几句写得完全是晏殊《踏莎行》的词意，晏词后半阕是：

> 翠叶藏莺，朱帘隔燕，炉香静逐游丝转，一场愁梦，酒醒时，斜阳却照深深院。

这在意境上和黛玉的几句话该是多么相像啊？这回书写的本是“四月二十六日”芒种节大观园中的风物。暮春时候，闺阁闲情，在词家是以典雅形象的语言表现的，而在小说家则以最朴素的白描手法表现出来，包括节令物侯、环境情况、情节气氛、人物胸襟、感情变化，所有一切要表现的东西，都从淡淡的几句话中，极为强烈地显示出来，这是曹雪芹作为语言大师的“撒手锏”，是最伟大的地方，古代任何大家在这一点上都是无法和他比拟的。这里所写的“把帘子放下来”，这是挂在窗子上的遮阳竹帘。什么竹的？没有写明，是湘妃，还是漆竹，就无法猜测了。

另外，说到帘子，还联系到清代的礼节，那就是“打帘子”。“打帘子”在清代是一种重要的礼节。一同进门，主人给客人打帘子，下级给上级打帘子，晚辈给长辈打帘子，都是有讲究的。据说清代军机大臣每天进宫见皇上时，太监要回避，各军机依次前行，将到什么南书房、养心殿等参见房舍门前时，五六名中走在最后的一名资格最浅，要快走几步，抢在领班军机的前面，赶到门前躬身把帘子打起，让别人进去后，自己再进去。因此这名军机大臣别名就叫“打帘子军机”。所以《红楼梦》第二十一回中写到平儿不给凤姐打帘子时，凤姐说道：“平儿丫头疯魔了，这蹄子认真要降伏起我来了”等等，这是很生动的符合当时社会生活的描写。

帘子虽属小物，但在《红楼梦》的文字中，却也起着很重要的作用。

扇　子

《红楼梦》中写到扇子的地方很多,其重要的如第二十七回"滴翠亭杨妃戏彩蝶",第三十一回"撕扇子作千金一笑",第四十八回中"石呆子扇子",这都是有关扇子的大回目、大关节。这里所写到的扇子,都是些什么样的扇子,有关的历史情况如何?为能够更具体地了解这些扇子,特作阐述如后。

第二十七回中,写到宝钗拍蝶云:

> 遂向袖中取出扇子来,向草地下来扑……

第三十一回中写到晴雯跌断扇子云:

> 偏偏晴雯上来换衣服,不防又把扇子失了手,掉在地下,将骨子跌折……

同一回中,写到晴雯撕扇云:

> 晴雯果然接过来,"嗤"的一声,撕了两半,接着又听"嗤、嗤"几声……

这里所写,一曰"向袖中取出",二曰"将骨子跌折",三曰"'嗤'的一声,撕了两半",四曰"又听'嗤、嗤'几声",这些特征,说明是什么扇子呢？一句话：是折扇，即有骨子（或称“股子”）的纸糊的折叠扇。合拢来便于放在袖中，骨子的轴很容易跌断，有的骨子如檀香木的、象牙的很容易跌折，但各种竹骨不会“跌折”，扇面都是几层棉料韧性很强的纸糊的，用力一撕，“嗤”的一声。根据这些条件可以看出，只有折扇能够符合这些要求，其他羽毛扇子、纨扇等，都是不可能的。至于第四十八回中写到的“石头呆子”的扇子，什么“全是湘妃、棕竹、麋鹿、玉竹的，皆是古人写画真迹”等等，则更是不言而喻，全部是折扇了。

我国的扇子，历史很悠久，最早只有羽毛扇、纨扇、蒲葵扇、竹篾扇等。据《晋书》“顾荣攻陈敏，挥以羽扇，其众溃散”，汉魏乐府中的《婕妤怨》，《晋书》“乡中有罢中宿县者，还诣安（谢安），安问其归资，答曰：有蒲葵扇五万”，以及王羲之为老姥题六角竹扇等等资料，均可证明这些种扇子很早就有了。至于折叠扇，相对说来，要晚的多。按，折扇，古名“折叠扇”，又名“聚头扇”，又或称为“聚骨扇”，最早在《南齐书》中就有记载了。《南齐书》中记“褚渊以腰扇障日”。《通鉴》引用时注云：“腰扇即折叠扇。”不过在其后很长一段时间，即隋、唐而后，直至五代，都很少人提到，可见其后已失传了。直到宋代，才又有人具体地提到，赵彦卫《云麓漫钞》中有“以蒸竹为骨，夹以绫罗，贵家或以象牙为骨，饰以金银”；《杂林志》中有“高丽叠纸为扇，铜兽压环，加以银饰”，亦有“画人物者”等记载，金章宗还有咏聚头扇的词。不过在宋时折扇仍未广泛流行起来，前人记载南宋杨妹子所写绢面扇、折痕尚存等等，还是比较个别的。真正广泛使用折扇，是在明代永乐之后，而且是朝鲜流传进来的。这在许多书中都有记载，不必一一征引。在《红楼梦》的时代中，折扇是非常讲究、非常流行的了。其他的扇子，不能说不用，但相对来说，是少得多的。清代曾经在官场中讲究过一个时期羽扇，如名贵的“截白雕”、“芝麻雕”等金镶、玉扣、牙柄的扇子；也曾讲究过一个时期绢地圆形、苹果形、圆方形等团扇，也是翰苑名流的书画，但这倒都是同、光之际的风气，而在康熙、雍正、乾隆之际，正是最讲究折扇的时候。

上有所好，下必甚焉。封建时代宫廷中的好恶，常常直接影响到贵族、仕宦家庭的。《红楼梦》中有“石呆子”为扇子家破人亡的故事。同时清宫中有《烟云宝笈成扇目录》的编辑张若霭《跋》云：

> 乾隆八年癸亥夏五月，皇上驻驿圆明园，维时雨旸应候，二麦丰登，秋稼盈畴，民气和乐，万几之暇，寄情翰墨，偶出内府所藏书画扇三百柄，命臣按其时代之远近而排叙之，入于《烟云宝笈》二函中，元、明以来，诸名家之墨妙脍炙人口者，约备于此。

张氏的跋很长，这里引用开头几句，以见其时代背景。一九三一年，前“故宫博物院”整理这一珍藏时，吴景洲氏又“识”云：

> 故宫养心殿藏元、明成扇三百柄，发箧启视，震眩心目，原附编目两函，颜曰：《烟云宝笈》。据清张若霭原跋，则清代乾隆八年五月，驻驿圆明园，若霭承旨之作。箧凡十八屉，屉各十六至十七柄不等，柄自有槽，槽各有目，磁青笺，泥金书，与《烟云宝笈》所录目次品名，纸色字体，无不相同，知为同时制也。

张若霭编《烟云宝笈成扇目录》的时代，正是曹雪芹写《红楼梦》的时代。所写的“石呆子”的故事，虽不能说中间有必然的关系，但不能不说是有着明显的社会风尚的影响。清代宫廷中收藏的扇子自然不晓得有多少，但有一些特征则必须注意，即宋人的扇子都是团扇，过去在《故宫周刊》上影印出来的不少，尤其是崇宁以后，花鸟便面，更是一时风尚。明詹景凤《东图玄览》云：“政和间每御画扇，则六宫诸第，竞皆临仿，一样或至数百本，其间贵近，往往有求御宝者。”清宫中，道君御笔和宋画院所作的团扇都有，如单从书画艺术及历史文物而论，其价值远较《烟云宝笈》所收为高，因《烟云宝笈》所收，最早不过是元人的作品，即盛之昭、梅高士、王若水三扇，其他均为明人所作。可见不编辑宋扇而只编元、明之后的作品，不编辑团扇而编折扇，正是说明当时宫廷风尚是习惯于用折扇的。《烟云宝笈》藏扇，正是乾隆生前经常取用者。前故宫博物院一九三一年吴景洲氏编订时，注明原缺六柄，可能是当年经常取用时散失。这些正好证明《红楼梦》时代，仕宦之家日常使用是用折扇的。

《红楼梦》三十一回中写宝玉把麝月手中的扇子也夺了过来递给晴雯撕了，麝月争论，宝玉笑道：“你打开扇子匣子拣去，什么好东西。”这里也提到了“扇子匣子”。当然这个扇子匣子不见得如《烟云宝笈》所制那样考究，但起码要比旧时南纸店中的扇匣子华美些。过去北京南纸店中的扇匣子，一般都是蓝布裱的，一尺来长，和合盖，上贴红签，内中分槽子，一格一格地放扇子。每一格中可放三四把。宝玉所说的“扇子匣子”，如果华美些，可能是各种“锦”裱的锦匣吧？这就只能推测，无法确切地说了。

《烟云宝笈》所收及故宫所藏折扇，各种规格都有。据近人白文贵所编《蕉窗话扇》一书记载：明代曹子灵所绘《渔乐图》折扇，长八寸七分，扇面高四寸五分。清代宫廷画家意大利人郎世宁所画花鸟扇，则只长六寸七分，这也可以看出曹雪芹所写“宝钗拍蝶”的历史实物背景，所说“遂向袖中取出扇子来”，自然是这种轻巧的小折扇了。

在所写“石呆子”的故事中，说到“全是湘妃、棕竹、麋鹿、玉竹的”，这说的是扇股子；说到“皆是古人写画真迹”，这说的是扇面子。按，做扇股子的材料很多，但除象牙、檀香木、乌木、紫檀、鸂鶒木而外，最多还是竹制的。竹制分两大类，一是天然竹，即一般不经人功雕镂者，这是湘妃竹、棕竹、鹿竹（又称梅鹿竹）、斑竹、玉竹、芝麻竹等等。而其中湘妃、麋鹿等竹，实际皆系斑竹的不同种类，只是花纹、斑点大小不同而已。玉竹则本名“姜蕤”，又名萎蕤、姜香、地节，是山中质地坚硬的多年生草本。竹制扇股另一大类为“水磨刻竹”。据张岱《陶庵梦忆》、刘銮《五石瓠》、王应奎《柳南随笔》、王渔洋《池北偶谈》、杨复吉《梦兰琐笔》等书记载：自明宣德而后，以刻竹制扇名家者，如李昭、马勋、马福、濮仲谦、嘉定朱松邦、朱小松、朱三松祖孙，以及秦一姐、沈雨、刘永晖、沈少楼、柳玉台、蒋苏台等名家辈出，代有传人。在《红楼梦》当时，应该是最讲究刻竹扇股的时代，而谈到“石呆子”收藏的扇子时，却只列举“湘妃、棕竹、麋鹿、玉竹”四种。再看《烟云宝笈》所藏名扇，据记载：三把元人折扇，一为棕竹十六股方端，一为乌木十五股圆端，一为棕竹二十股方端，其他名人画扇，一百数十柄都是棕竹股子，其他湘妃竹、麋鹿竹多寡不等，再有象牙、乌木、檀香、漆竹等股子，而细工雕刻者反而极少。这些扇子现在都还在故宫博物院收藏着，如果把《红楼梦》所写的情况，同《烟云宝笈》的实物对照来分析，不是更清楚地看到作者所写的，即是在这些细小的地方，也是有其历史的真实性吗？《烟云宝笈》所收名扇，其书画作者，上起元代盛子昭，下迄清初孙岳颁，晚明名家如文衡山、仇十洲、董香光等人所作极多，单只唐伯虎，即有四十余柄之多。名作如仇十洲《春郊图》、沈石田《竹林书屋图》、唐伯虎《松林讲道图》、边景昭《秋林行旅图》、周东邨《扫叶烹茶图》、吴时《儿戏图》等。从这些名扇均可看出“皆是古人写画真迹”一语的具体内容，虽然不可能完全同，但是我们也可以想象得之了。

“怡红夜宴图”辩

我第一次读俞平伯老师的《寿怡红群芳开夜宴图说》一文，那还是该文最初在商务印书馆《文学丛刊》上发表时的事。转瞬之间，已是三十多年过去了，而印象鲜明，思之真如昨日。连那杂志封面上的一枝毛笔组成的图案画也历历如在目前，更不要说里面文章在艺术情趣上所给我的滋润了。更可喜的是，在三十来年后的今天，于《红楼梦研究集刊》第四辑中，又读到了周绍良同志《红楼梦枝谭》一文，文中第一则也是《寿怡红群芳开夜宴图说》，这真有空谷足音之感。单是题目，就已引起我三十年前的美好记忆，和三十年后今天的无比兴趣了。自然，我急急忙忙先认真读了一遍。读了之后，又引起我考索的兴趣。我又找来了俞先生的《红楼梦研究》，把俞先生的文章重读了一遍。两个“图”，两种“说”，对照玩味了一番，我很愚顽，创造不出第三种“图”和“说”，只能把我玩味两图、两说时的一点体会说说罢了。

前后两图、两说的大前提都是一致的，都是根据《红楼梦》第六十三回的原文：

> 话说宝玉回到房中，因和袭人商议：“晚间吃酒，大家取乐，不可拘泥。如今吃什么好？早说给他们预备办去。”袭人道：“你放心，我和晴雯、麝月、秋纹四个人，每人五钱银子，共是二两；芳官、碧痕、春燕、四儿四个人，每人

三钱银子,他们告假的不算,共是三两二钱银子,早已交给了柳嫂子,预备四十碟果子。我和平儿说了,已经抬了一坛好绍兴酒,藏在那边了。我们八个人,单替你做生日。”

不过大前提虽然相同,而推论却并不完全一致,或者说完全不一致,这就出现了不同的“图”和不同的“说”了。说是解图的,图是因说而绘制的。为了说清楚我的体会,还先要把两家的图画了出来。

一、俞图:(按《红楼梦研究》中原图照绘)

《红楼梦》第六十三回

寿怡红群芳开夜宴席次图

丙子八月秋荔亭戏拟

丁亥九秋槐屋重订

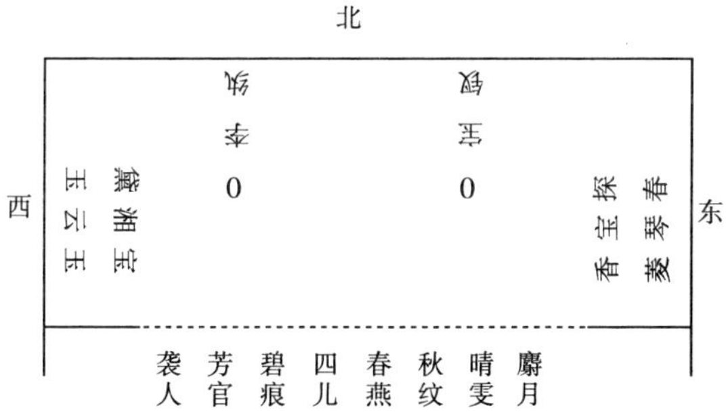

二、周图:(按《红楼梦研究集刊》第四集原图照绘)

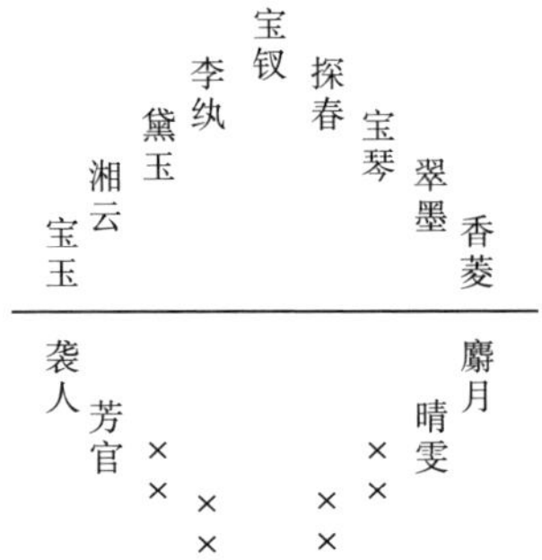

这两个图的不同之处,不是坐位次序有大的不同,而是人数不同,周图较俞图多了一人,多了一个翠墨。她是探春的丫头。最清楚的是第二十九回明文:“黛玉的丫头紫鹃、雪雁、鹦哥,宝钗的丫头莺儿、文杏,迎春的丫头司棋、绣橘,探春的丫头侍书、翠墨……”她是探春的小丫头,位在侍书之下,同黛玉的雪雁平行。

俞图的根据是:先定了炕上黛玉的位置,然后明确黛玉下家是湘云,湘云下家是宝玉,已到炕沿边上,黛玉的上首又是李纨,然后又根据行令有如打麻将牌,向右手数下去的惯例,图数包括自己在内。黛玉一掷,十八点,便该湘云掷。而且引图注《金玉缘》本的夹评:“十八点到湘云,坐次分明。”根据这些,推算出各人的点数和次序,根据这个画出图来。其点数是:

晴雯六点至宝钗,宝钗十六点至探春,探春十九点至李纨,李纨自饮一杯,不掷骰子,顺手递给黛玉,黛玉十八点至湘云,湘云九点至麝月,注明九点疑十点之误,麝月十点至香菱,注明十下疑脱一“八”字,香菱六点至黛玉,黛玉二十点至袭人。这些点数和传递人次都是按原文排列,只是湘云和麝月所掷点数,仍不能吻合,因有两处存疑。而文后又有注云:“麝月掷个十点,原依

‘程本’。顷捡‘脂庚本’及‘戚本’俱作麝月掷个十九点。仍与我的悬揣微差，但十九、十八，点数已很接近了。校记‘十’下疑脱一‘八’字，得脂戚两本证明，果然有脱文，亦一快也。”

以上是俞图的说明。虽有存疑处，但因各种版本不同，抄写、翻版者于此等处，均以为作者系虚拟，并未加认真推算，因之数字上刻错，未加注意校阅，各本出现差异，这是可以理解的。

下面再看周图的根据。其图中的次序，基本上与俞图同。只是多出翠墨。其分析是，客人“另外还有一个和春燕去接李纨的翠墨，总共应该是八个人”。整个怡红院中是九个人，加上被邀请的八人，合为十七人。又分析掷骰子道：

> 掷骰子是由晴雯起首，我们现在即以她第一位，以便往下推算；她一掷得六点至宝钗，可见由晴雯数至宝钗应该是七个人，晴雯是第一位，而宝钗是第七位。宝钗一掷为十六点，全席共总是十七人，那么一转十六位数到她的上家，书中说明是探春……现在已知怡红院中人都是坐在炕沿下椅子上的，那么第四、第五两位置自然是在炕上，这当然自非宝琴、翠墨莫属。以此推之，第五位为止，接近探春，可能是宝琴所坐；第四位略下，接近香菱，可能是翠墨的。

根据前引“两图”、“两说”分析，周图较之俞图，只是多了一个翠墨，因为多了一个人，其所掷骰子之计算方法，即不把掷骰人自己计算在内，这样在计算上少了一个人，正符合在人数上多了个人。而麝月所掷之“十”点，虽说“显然”，实际仍是因与计算数不吻合，还要加一个“八”字，仍属存疑之处，并非过硬的论证，所以本则结束处所说“如果按十七人排列座次，它是完全无误的”之语，仍是不能成立的。

因而感到，这“两图”、“两说”之差异，只是两小点。一是怡红院夜宴，该不该有翠墨；二是该不该这样计算骰子点。关于第一点，“周图”作者也感到奇怪，在这则文章结尾处说：

> 不过这里有一桩不易解的事，就是大观园中的奶奶姑娘们，谁都有一些丫环的，为什么被请来的奶奶姑娘们的贴身丫环之中，单单来了一个翠墨，此外一个也没有出场，偶然耶？还是将别有安排而未写出耶？

周绍良同志最后这一小段怀疑，是十分重要的。如果“单单来了一个翠墨”，是值得怀疑；如果说“翠墨根本没有来”，那就不值得怀疑了。我认为翠墨是没有来的，更不可能坐在炕上，坐在宝琴的边上吃酒。根据是什么呢？首先是《红楼梦》原文，虽然写了翠墨的名字，但翠墨那时不在怡红院，也没有明文写她来怡红院，更不可能写她坐在炕上吃酒。不妨先细看原文：

> 袭人道：“这个玩意虽好，人少了没趣。”春燕笑道：“依我说，咱们悄悄的把宝姑娘、云姑娘、林姑娘请了来，玩一会子，到二更天再睡不迟。”袭人道：“又开门阖户的闹，倘或遇见巡夜的问……”宝玉道：“怕什么！咱们三姑娘也吃酒，再请他一声才好。还有琴姑娘。”众人都道：“琴姑娘罢了，他在大奶奶屋里，叨登的大发了！”宝玉道：“怕什么？你们就快请去。”春燕、四儿都巴不得一声，二人忙命开门，各带小丫头分头去请。晴雯、麝月、袭人三人又说：“他俩人去请，只怕不肯来，须得我们去请，死活拉来了。”于是袭人、晴雯

> 又忙命老婆子打个灯笼，二人又去。果然宝钗说："夜深了。"黛玉说："身上不好。"他二人再三央求："好了！给我们一点体面，略坐坐再来。"众人听了，都也喜欢。因恐不请李纨，倘或被他知道了，倒不好。便命翠墨同春燕也再三的请李纨和宝琴二人，会齐，先后到了怡红院。袭人又死活拉了香菱来。

因为周绍良同志在文中全引了这段文字，作为根据。得出结论云：

> 这可见被邀的是宝钗、湘云、黛玉、宝琴、探春、李纨、香菱，另外还有一个和春燕去接李纨的翠墨，共总应该是八个人。

为了说明问题，我这里也全引了这段文字。首先同意所说被邀的是宝钗等七人，因为这个原文写得很清楚，但不同意有翠墨，因为原文中没有写明请她，也未写明他去怡红院。这段文字写得是比较简略些，但还清楚，特别要注意"便命翠墨"的"便命"二字，和"会齐"二字。"便命"是谁便命呢？"会齐"，又会齐在哪里呢？因为翠墨是探春的丫头，这"便命"二字，就既不是怡红院的人"命"，也不是在怡红院"命"，是谁命？在哪里命呢？那自然是探春在"命"，是在秋爽斋"命"的了。这就连到下文："会齐，先后到了怡红院。"这"会齐"，自然也是在秋爽斋"会齐"，探春同了李纨、宝琴等人一起跟着春燕及袭人等三人中之一人，来到怡红院了。"便命翠墨"是探春在秋爽斋所命，命他同春燕一同去请李纨、宝琴，请了后到秋爽斋探春处会齐，然后一同去怡红院。翠墨请完人一齐回到秋爽斋,已经完成任务,自然不会再跟到怡红院去。因为那天夜宴一来近似违法,有点秘密性,不能惊动更多的人,请来的人,都是怡红院的丫头们包接包送,所以来客都悄悄地没有带一个丫头。二来丫头多了,那条炕也就无法坐了。现在炕沿下并排坐八个人,已经要有丈数宽了。所以来的人都未带自己的丫头。翠墨根本未到怡红院,又如何能上炕吃酒呢?那么这里为什么提到翠墨呢?要注意这一个时期,大观园中是探春、李纨、宝钗当家。宝玉提出"三姑娘也吃酒",又说到请宝琴……"春燕、四儿都巴不得一声,二人忙命开门,各带小丫头分头去请"。春燕、四儿先去哪里呢?并未说明,但三姑娘处,肯定是去的。因而文中一出现"命翠墨"三字,这肯定是探春"命"了。探春为什么命翠墨同春燕去呢?因为这足以证明探春已经同意了,而且这也说明不只是怡红院的人请,而且是秋爽斋的人陪同来的。请了之后,还要先到秋爽斋,"会齐"了一同去怡红院,这就多了一层证人,多了一样保证,李纨更可以毫无顾忌地深夜来怡红院夜宴了。要知李纨是寡妇,到宝玉处是寡嫂到小叔子房中吃酒,没有探春这一层充分保证,能够不避嫌疑吗?探春这一时期,是大观园三位临时执政中最有权威的一个,"命翠墨"同去请李纨,正见其处事周密处,"会齐"了再去,也正见其办事圆满处。可见这几句话,连上面"因恐……"三句话,也都是写在探春处发生的事,时间自很短暂,前后文又稍欠清楚些,是以为人所忽略,把明明在秋爽斋中受探春之命,陪春燕到稻香村跑了一趟,又回到秋爽斋的翠墨莫名其妙地搬到怡红院吃酒,自是"不易解"了。试想探春那样连亲娘都不认的厉害的"姑奶奶",肯让一个自己房中的二等丫头同自己平起平坐一齐来吃酒吗?而且同林、薛之俦坐在一起,丢人现眼吗?这是完全不可思议的事。这是看书人的误会,作者根本没有这样写。来怡红院夜宴的外客,还只是宝钗、湘云等七个人,加上怡红院中九个人,共十六人,而非十七人。

也许有人问:翠墨是丫头,不能上炕坐席,那香菱为什么能呢?这里要知道香菱的特殊身份。香菱是薛蟠的房里人,是有名分的,其地位同平儿一样,同袭人还不同。第二十九回写去清虚观打醮,女眷们出门,“外带香菱,香菱的丫头臻儿”,这正是处处写出香菱的身份。是决不能同翠墨比的。封建仕宦家中,最讲究这个,写书人不能写乱,如果一乱,那就不成其为《红楼梦》了。

分析清楚怡红夜宴是没有翠墨的,也不可能有翠墨的,然后再说一下掷骰子计算人数的方法。过去掷骰子计算人数,不论打麻将、推牌九、行酒令等等,也不论两粒骰子或四粒骰子(一般不用六粒骰子,六粒骰子是单用骰子作赌具,最大三十六点,如摇摊等),总之掷出点数,往下手推算时,都包括自己在内。甚至数字都形成了口头语:如打麻将或推牌九时,什么“五自手”、“九自手”、“三对门”、“七对门”等,都是包括自己在内,四个人庄家顺右面下手数下去。五点、九点仍是自己先拿,七点、三点是对面一个人,二点、六点是下手,四点、八点是上手。旧时掷骰子习惯上一律如此。从来不曾听说有撇开自己不算点数的。所以怡红夜宴掷骰子行酒令,不论谁掷,往下手数点数时,都要包括自己在内。

翠墨根本没有,怡红夜宴主客双方只有十六人,掷骰子数点数时,包括自己在内,这三点明确之后,那么:两图、两说,也就不难分辨了,不知读者以为然否?

怡红院的炕

因为写《“怡红夜宴图”辩》一篇短文，重新仔细阅读了俞平伯老师的《寿怡红群芳开夜宴图说》一文，文中谈到了怡红院的炕。因为夜宴时，寿星及客人都坐在炕上，袭人等出面请客的八个人都坐在炕沿下，要绘制夜宴图，首先就要想象出炕的方位，炕的大小等等，所以在“图说”中先写黛玉的位置云：

> 假定室南向，黛玉应靠西板壁而坐。

又云：

> 先说炕上布置的情形，客来之先，袭人说：“不用高桌，咱们把那张花梨圆炕桌子放在炕上，又宽绰又便宜。”所谓“宽绰”指有余地而言，而炕之大又可知，即为下文“并一张”的张本。

这都是“图说”一文中为了说清怡红夜宴时，各人的座位次序，而提到的“炕”的情况。不过这也只是“假定”。因为在这里也只能假定。《红楼梦》是小说，原非真事，此其必须假定之一也；书中未写明炕的方向、炕的大小，只能根据人数、个别人如黛玉之坐靠板壁等情况，以及所摆炕桌之情况，再结合北方房屋特征，来想个大概，此其必须假定之二也。因而既系假定，就不可能完全真实。如“假定室南向”，那炕又是南向呢？还是北向呢？靠后墙的炕，面对窗户，那炕也是南向的；如靠窗户的炕，则面对后墙，炕又变成北向的了。炕的方向不同，板壁的左、右手正好相反。再有，是没有隔断的房间呢？还是有隔断的房间？书中写明，黛玉靠板壁坐，自然是有隔断的房间了。但这是一堂两屋呢？还是一个里外间呢？还有，这里间是在东头呢？还是在西头呢？这都是问题。按照《图说》一文所画的图，这条炕是坐北朝南，左东右西，如站在地上让客人，东面是上首，西面是下首，那这条炕的具体方位是：北屋东套间，靠后墙的炕。这就是怡红院中摆着花梨圆炕桌夜宴时的炕。这条炕大体有多么大、是个什么样子呢？北方睡惯热炕头的人或能想象一二，没有见过炕的人，就很难想象了。至于都会中的人，现在即使北方都会，大都也是楼居睡床，很少再看见炕了。因而我感到，怡红院中这条炕，也还有进一步解释一下的必要的。

炕是房屋建筑的一部分，要弄清炕的方位和情况，先要把房屋的情况说明白。第二十六回写道：

> 贾芸看时，只见院内略略有几点山石……一溜回廊上吊着各色笼子，笼着仙禽异鸟，上面小小五间抱厦……

这几句先把怡红院的院落、房屋的格局间数告诉我们了。进门之后“回廊”，上面“小小五间抱厦”，六个字已经明确了三个问题：一是开间小，二是间数，三是格局，前面有“厦”，即比一般廊子还深的“卷棚”。明确这些，我们就可知怡红院正室的宽度。按照北京老式房屋的一般开间，一丈不算大，因而这五间抱厦，每间宽一丈，总宽五丈，约十七米不到。

这五间是一敞的呢？还是有隔断呢？第十七回写道：

引人进入房内，只见其中收拾的与别处不同，竟分不出间隔来，原来四面皆是雕空玲珑木板……及至门前，忽见迎面也进来一个人，与自己的形相一样，却是一架大玻璃镜。转过镜去，一发见门多了。

第二十六回也道：

贾芸听见是宝玉的声音，连忙进入房内，抬头一看，却看不见宝玉在那里……一回头，只见左边立着一架大穿衣镜，从镜后转出两个一对儿十五六岁的丫头来，说："请二爷里头屋里坐。"

从这两段文字我们再分析，首先可以看出，这五间房屋是有隔断的，即有"里屋"，有"外屋"。外屋四面都是玲珑木板，而且满墙都是依古玩的形状挖成的槽子。在这玲珑木板墙壁上，在书架、多宝槅、鼎龛等等五花八门的图案中，还镶嵌着小窗、幽户，以及两面都是穿衣镜的房门。这样的外屋，先可以肯定两点：这不是住人的，也不可能有炕的。再有"请二爷里头屋里坐"，这"里头屋"，是在这五间的西面呢？还是在东面呢？文中有"只见左面立着一架大穿衣镜"，人进北屋后，左面有屋门，那是西套间。但在第六十四回中又有：

进来看时，只见西边炕上麝月、秋纹……

宝玉听说，一面笑，一面走进里间，只是袭人坐在近窗床上，手中拿着一根灰色绦子，正在那里打结子呢……

从这两小段话看，显而易见，怡红院的里间是在东面。那里正是宝玉的卧室。如第二十六回写：

贾芸连正眼也不敢看，连忙答了，又进了一道碧纱厨，只见小小一张填漆床上，悬着大红销金撒花帐子。宝玉穿着家常衣服……

又如第三十六回写：

宝钗便顺着游廊，来至房中，只见外面床上横三竖四，都是丫头们睡觉，转过十锦槅子，来至宝玉的房内，宝玉在床上睡着了。

从这两小段原文，可以看到宝玉卧室的情况，加以后面又有黛玉隔着窗纱看，看见宝玉穿着银红纱衫子，随便睡在床上的描写，不必再多举例，均可看出宝玉睡的是“床”，不是“炕”，床是放在里屋、碧纱厨内窗前的（当然夏天装碧纱厨，冬天就是暖阁，可以参看第五十一回）。根据书中所写，再根据北京房屋隔断，北屋东套间是上首的习惯，怡红院的“里头屋”是在堂屋东面。穿衣镜的屋门应在进门右手，而不在“左手”。为什么写贾芸“只见左边立着一架穿衣镜”呢？最重要的是“一回头”三字，这一回头不是进屋后“一回头”，这样只看到来时的屋门，不会看到穿衣镜，而是写贾芸“抬头一看，只见金碧辉煌”等等，一直往前走,已经走过右手里屋门,还看不到宝玉,转身"回头",这时正好相反,所以左手是穿衣镜,人面朝南,左手也正是东面了。因此可以明确,怡红院抱厦五间,里间在东面。里间设有炕。宝玉睡的是床。那么"炕"呢?前面已引第六十四回:"进来看时,只见西面炕上,"下文又说:"一面走进里间。"再有第七十回所写:

> 这日清晨方醒,只听得外间屋咭咭呱呱,笑声不断。袭人因笑说:"你快出来拉拉罢……"宝玉听了,忙披上灰鼠长袄,出来一瞧……芳官却仰在炕上,穿着撒花紫身儿……

从这些描绘中,又可以看出怡红院的炕的确是在外屋,这样怡红夜宴自然也是在外屋炕上了。

但是问题又产生了,按着第十七回所写,怡红院的房中,一进门四面都雕空玲珑木板,扑朔迷离,辉煌金碧,生人进来连门都找不到,又到哪里去找炕呢?而书中又明明写着炕在外屋西面,难道是作者乱写吗?自然不能这样说,虽说小说不能"当真",但写得却是"逼真",这就是艺术的魅力,是要读者认真想像的。这里要进一步把怡红院的炕明确起来,还先要把五间抱厦里、外间的间数弄清楚。根据室中布置,宝玉卧房内有床、有碧纱厨或暖阁、有熏笼等等,第五十一回写晚上睡觉时,宝玉睡在"外边"床上,麝月放下帘幔,"便在暖阁外面"。晴雯自在熏笼上等情况,均可看出,这里屋不可能是一开间,最合格局是两间,约略计之,宽约七公尺,进深为四公尺,即二十八平方公尺。这样中间再有一个落地罩暖阁,夏天装碧纱厨,所以贾芸来时,进了里屋之后,又进了一道碧纱厨,才看到宝玉的床和宝玉。再有第五十一回中宝玉又说:"你们两个都在那上头睡了,我这外边没个人，我怪怕的。”这是说睡外暖阁帐子外头，并非说自己睡在外头。再有宝玉卧室是有后门的。如第二十四回写小红进来，宝玉未听见：

> 我在后院里，才从里间后门进来，难道二爷就没听见脚步响吗？

再有第三十四回写“黛玉三步两步转过床后，刚出了后院，凤姐从前头已进来了”等，均可看出宝玉卧室后门通后院的大体情况。即在北京讲究的房屋中，这个屋里，不是规则长方形，而是缺一角的，即堂屋进来第一间较浅，有四分之一用墙隔成后间，北京俗语叫“倒宅儿”，落地罩里面较深，有前后窗，后窗边即通“倒宅儿”的房门，入此房门，即“倒宅儿”，实际是一间小南屋，出屋门即到后院了。就是说宝玉卧室通向后院的后门，要两道门，转个弯出去。不然小红在宝玉身后，又怎么说“才从里间后门进来”呢？不是里间中又有里间吗？还有第五十一回写麝月半夜出去，晴雯跟着吓她，月光如水，天气极冷，“麝月便开了后房门，揭起毡帘一看”。如果这后门不是转个弯，两重门，那冷风不是要直吹到宝玉床上吗？北京高级房舍，是没有这样的后房门的。

里屋说清楚，再说外屋。里屋如果两间，外屋还剩三间，这三间如何安排？又是四面玲珑板壁嵌古玩的集锦槅，又是炕，这二者如何统一在一起。书中未写西面有“里屋”，即西面无套间。从前引六十四回、七十回的文字可证明。而习惯又说“那屋”，如第二十四回秋纹、碧痕服侍宝玉洗澡后，“走到那边屋内，找着小红”；又如第五十一回麝月说：“咱们那熏笼上又暖和，比不得那屋里炕凉。”这些话均可说明“那屋”就是宝玉一清早来看晴雯、芳官等打闹的“外间屋”，炕就在这里的西面。而这个“屋”是与一进门的“四面皆是雕空玲珑木板”的堂屋连在一起的。而这又如何分呢？稍有曲折，转过集锦槅子，便可把三敞间的西部隔开了，这样把西面炕也可隔在集锦槅子后面了。生人进去，目迷五色，看不清楚；熟人进去，从左手“玲珑木板”的曲折空隙处一探头，便可看见炕上睡着的人了。所以第六十三回写宝钗到怡红院来：

> 宝钗便顺着游廊，来至房中，只见外间床上横三竖四，都是丫头们睡觉……

作者在叙事中，有时床和炕混和用，如第七十回“芳官却仰在炕上”，而接着又说宝玉“说着也上床来隔肢晴雯”，实际这“上床”就是“上炕”。同样前面所说“外间床上”，也是“外间炕上”，不然怎么会“横三竖四”地躺着人睡觉呢？

因而可以推论说：“寿怡红群芳开夜宴”的炕，是在怡红院五间抱厦中外屋的西部，玲珑板壁、集锦槅子后面。至于说是南向，北向？有多么大？那还要进一步分析。不要认为这是琐碎的小问题：我感到这是关系到文字写实和用文字表现建筑学“界画”的大问题呢。

释　炕

《红楼梦》在叙述生活起居时，写到炕的地方极多，固不止怡红院一处，要摘引“炕”的原文，那是引不胜引的。不过，不管有多少地方写到炕，而炕的形式、大小说起来也还是简单的。即以怡红院的炕说吧，通过分析，可以明确它在这五间房的最西面一间。至于固定在一个房间里，那它的位置形式只能有三种情况，它的大小一般只能有两种情况。如说怡红院的炕，在外屋三间的西部，板壁集锦槅子后面，假如这是一间房屋的空间，即一丈开间、丈二进深。在这个大约十三平方公尺的面积中，要设计炕的位置则只有三种：一、靠后墙盘炕。人坐在炕上，面向窗户，则右手是西山墙，左手是槅扇板壁。二、靠窗户盘炕，人坐在炕上，面对后墙，那右手就是板壁，左手是山墙。三、顺西面山墙盘一条炕，在同样面积的房间中，这样盘炕，炕最大，所以叫“顺山大炕”。这样的炕，如靠的是西山墙，则人坐在炕上，右手是窗户，左手是后墙。这三种炕的形式，尺寸如何计算呢？实际炕的面积最好算，因为基本上它是固定的。长度都一样，类床的长度，大约市尺六尺多点吧。宽度第一、三形式的炕，也是一样的，即同房的开间一样。如以怡红院五间抱厦每间开间一丈计，那按第一、二种形式盘的炕，就是长六尺、宽一丈，相当于并排放两张五尺木床。炕宽一丈，炕沿只是一丈。如果设想“怡红夜宴”八个人横排坐在一丈宽的炕沿下，那是很拥挤的了。如果是“顺山炕”，那便宽敞的多。顺着西山墙，山墙多长，炕便多宽，以最小的进深计算，算它一丈二尺吧。那便第三种形式的炕宽一丈二尺，八个人并排坐在炕沿下，就比较宽敞合乎情理了。因而怡红院外屋西面这条炕，按夜宴时容纳人数来想象，还是“顺山炕”较合理。如果按俞平伯老师在《寿红群芳开夜宴图说》文中所画的座次图，那这条炕不是靠后墙朝南的，也不是“顺山的”，这样黛玉的座位都无法安排，只能靠南窗的炕，人在炕上，上首靠西山墙，下首靠板壁。在北房一明两暗的房屋中，靠窗户盘炕的情况是十分普遍。这对睡过炕的人说来，《红楼梦》各回中所写的炕，稍微一想，就可明确其位置方向、炕的大小，而对只睡床、没有见过炕的人说来，那还是比较抽象，不会一下子想得清楚的。

我说怡红院的炕是靠窗的，古人文字中也多有明证。康熙时高兆《群经别解》中说：

> 燕齐之俗，人家土炕，多近窗牖，疑古亦然。

同时人高佑釲《蓟邱杂钞》中也说：

> 燕地苦寒，寝者不以床，以炕。室无东西南北，炕必近前荣。

前荣就是前檐，实际就是炕必近窗的意思。凡是顺山炕，炕的一头总是“近前荣”的，再不然就是靠窗盘炕，靠后墙盘炕的自然也有，那是比较少的。

炕是土砌的，炕又是烧火的。这是炕的两个特征。但说是“土炕”，它还有砖、有石，说是“烧火”，它也有不同的烧法，有活火炕，有死火炕，有地炕。如第四十九回李纨说：“我已打发人笼地炕去了,咱们大家拥炉做诗……”这说的就是地炕。那么如何又叫“活火炕”、“死火炕”呢?简言之,就是炕下有火道,可以有烟囱出烟的,则灶中火烟热气顺着炕下火道盘旋,煤气从烟囱出去,既安全,又温暖,俗名“活火炕”。另外用砖砌的炕,只是个砖台,里面没有火道,没有烟囱出烟,只是炕沿下有一个小洞,可以把小煤球炉子推进去烤一烤,实际虽说有火,炕并烤不热,这就俗名叫“死火炕”,或叫“死炕”。

北方寒冷,睡炕是一种很实惠的取暖方法。一般火炕是这样修建的,先在要盘炕的那块地面上,顺着炕沿的位置砌一条不够二尺高的砖墙,作为界限,在砌灶的地方留出涵洞,灶或砌在一头或砌在中间。如果连的是烧饭的灶,那就是高台灶,灶台比炕沿只低二三寸。如果是闲房,即只住人不烧饭的高级房间,那灶要在炕沿下平地上挖一个坑,即灶台与地一样平,灶口用铁盖盖好,旁边出灰池(俗名“炉坑”),用木板盖好。北京旧时,形容人家清苦,常说一句“锅台连着炕”的俗谚,就表示家中烧饭、住人在一间房中,没有闲房。

盘炕时,炕、灶、烟囱,这三者的位置要确定好。在齐炕沿的短墙内,先用泥坯或砖把地面铺二三层,使高出外面地平约三五寸。用石灰泥抹平,然后用砖或竖着放大块土块,砌出火道,一头对灶口,一头通到砌在墙壁中的烟囱的下面,烟气便能从烟囱道一直冒上去,从房顶上的烟囱口冒出去。在灶口到烟囱下口中间的这一段火道,也叫“炕洞”,要按照炕的面积蟠曲着砌,砌成盘来盘去的回文火道,使灶中的火力,顺着回文通道流出去,热力遍及全炕,真是“慢腾腾地暖烘烘”了。这盘曲的火道,有如电炉上的弯弯曲曲的电热丝,排列、弯曲得合理不合理,是十分重要的。盘得好,生起火来,炕热得又快,又均匀。盘得不好,生的火很旺，而炕热不起来；或只是炕头热，甚至炕头上烫的不得了，而后面却仍冰冰冷。不要看轻我国古老的炕，这是包涵着现代科学中传热、散热、管道等专门学问在里面的。它在科学上的先进性，那比欧洲建筑中的“壁炉”，不知要先进多少倍。

把炕洞中的火道砌好后，然后就要盖顶，把弯弯曲曲的火道，用大方砖或大石板或大泥坯全部覆盖起来。把缝隙用石灰抹严，然后上面再抹纸筋、石灰细泥，抹光，或者再用桐油油过，把木制的约五寸阔，二三寸厚的炕沿装上。炕沿一般都要油过，考究的要用朱漆漆过。炕周围三面墙壁，要用墨绿色或杏黄色油一圈，要用金粉走边，边要画三四道，转角处都要画出“云头”、“如意”、“回文卍字”等花纹，谓之“炕围”。炕沿下面的短墙，都要桐油油成黑色，试想这样的炕，该有多么漂亮！黑亮黑亮的炕根，朱红的光亮的炕沿，墨绿的能照出人影子来的炕围，闪着黄金色彩的花边，单是这些，就已构成十分高级的艺术杰作了，何况还有炕上铺的华丽的毯褥，以及考究的炕上陈设呢？不妨可以看看第三回所写王夫人炕上的陈设：

> 于是嬷嬷引黛玉进东房门来；临窗火炕上铺着猩红洋毯，正面设着大红金钱蟒引枕，秋香色金钱蟒大条褥，两边设一对梅花式洋漆小几，左边几上摆着文王鼎，鼎旁……

这是王夫人正室的炕，但这好比大客厅，是摆样子的，日常起居并不在此。再看日常起居的炕：

> 到了东廊三间小正房内，正面炕上横设一张炕桌，上面堆着书籍茶具，靠东壁面西设着半旧的青缎靠背引枕；王夫

人却坐在西边下首,亦是半旧青缎靠背、坐褥;见黛玉来了,便往东让,黛玉心中料定这是贾政之位,因见挨炕一溜三张椅子上也搭着半旧的弹花椅袱,黛玉便向椅上坐了。王夫人再三让他上炕,他方挨王夫人坐。

从这两则引文中,我们可以了解到三点:即炕上的铺陈,炕上的摆设,炕上的起居方式。

炕上的铺陈,先是毡、毯,然后是条褥、坐褥。靠背引枕,是四方的很大的靠枕,类似沙发的靠垫。但靠背引枕是正四方体,区别于睡觉的一般"引枕"。当然假如是没有油漆过的炕,最下面先要铺一条苇席,然后再铺其他东西。如果是穷寒之家,最简陋的炕,那就只有炕席,没有其他东西了。那种炕可以显现出最凄凉的景况。康熙时宋琬《安雅堂集》"狱中诗"咏"土炕"与"芦席片"云:

欲破愁牢用火攻,融泥施锸罕人工。
琅珰作枕铺牛荐,瓦缶为炉爇马通。
注:马通用戴起下狱熏马通不死的故事,马通,即马矢。

愁心不可卷,假寐聊相资。
莫厌籧篨贱,犹能出范雎。

狱中的土炕,一般自是铺个芦席片,极为简陋了。宋琬是大官、大诗人,狱中吟土炕芦席片,还能显出抱负。小儿女遇到这种凄凉境地,自然是另一番况味了。《红楼梦》第七十七回写宝玉探晴雯云:

他独掀起布帘进来，一眼就看见晴雯睡在一领芦席上……幸而被褥还是旧日铺盖的……

三句话便可使人泪下，这也是写土炕芦席的绝唱了。

炕上的陈设，最普通的是炕桌，即高约一尺、宽约尺五、长约三尺的长方矮桌。再有炕柜，高约二尺的长柜，贴墙放在炕的一头。炕几，比炕桌小，易于搬来搬去。炕屏，炕上放的小屏风，四扇或六扇。总之，炕上的家具陈设，都是比较矮小的。最普通的摆法：一条“顺山炕”，靠墙那面，摆个炕柜。炕中间，摆个炕桌。炕桌两面，铺褥子，是人的坐处、睡处。当然，家具有好有坏，简陋与华丽，不可以道理计，那是说不胜说的了。

炕上的起居方式，坐惯椅子、睡惯床的人，可能是不习惯的。因为在炕上一般是盘腿坐的，同日本人坐法又两样。这个有炕的地方的人，不说也知道；而江南没有炕的地方的人，说了也很难理解，所以也不必多说了。

在清代北京内城大部分人家，也还都是睡炕的多。这不只是贫寒之家，即使富有的、甚至王公贵族，也习惯睡炕。连皇宫中也不例外。清宣宗、道光《养正书屋集》“火炕诗”云：

花砖细布擅奇工，暗爇松枝地底烘。
静坐只疑春煦育，闲眠常觉体冲融。
形参鸟道层层接，理悟羊肠面面通。
荐以文裀饶雅趣，一堂暖气着帘拢。

这种诗自然没有什么诗意，但是其描写火炕，还是比较细致逼真的。所谓“地炕”，首先就是在室内地上挖成火道，上面再漫上方砖。烧“地炕”的灶放在室外也行，放在室内也可以。清宫中的地炕的灶，不少是在室外的，那是为了防火，似乎更安全。一般地炕的灶，也在室内。而且火道长，地炕连着炕，上下都热了，这种地灶很大，烧无烟煤，加好煤，一夜不要动，暖和一夜。宋人诗云：“地炉无火客囊空，雪似杨花落岁穷。”地炉就是地炕的地灶，这种取暖设备，在我国原是古已有之的。怡红院的炕就连地炕，可看第五十四回的故事。

在过去叫法上，有时炕、床不分，木制的大床，中间摆个小炕桌，下面摆踏脚，清代官僚分宾、主座，用以接待客人的、花梨紫檀大木床，也叫“木炕”，和珅查抄单中就有“镂金八宝炕”二十座。这个自不同于火炕、土炕，是另外一种炕了。

裱糊房屋

《红楼梦》第十四回中写凤姐命彩明登记账目,读领物单时,有几句道:

> 一面又命念那一件,是为宝玉外书房完竣,支领买纸料糊裱,凤姐听了,即命收帖儿登记,待张材家的缴清再发。

同回书中后面又写凤姐与宝玉对话说:

> 我乏的身上生疼,还搁得住你这样揉搓,你放心罢,今儿才领了裱糊纸去了……

这里说到的裱糊房屋,在北京旧时生活中是十分重要的。可以说《红楼梦》中所写荣、宁二府及大观园中的房屋,都要裱糊,而且年年不只裱糊一次。康熙时柴桑《燕京杂记》云:

> 裱糊多间岁一易,侈者一年四易,北地高燥,即春月亦无湿气发泄者。

李慈铭《越缦堂日记补》记都中风物云:

> 三便:火炉,裱房,邸抄。

这些记载,都可看出旧时北京裱糊房屋的频繁与方便。当然这是和北京的气候和建筑特征有关系的。首先北京稍微好一点的住人房屋都要糊“顶棚”,即“仰尘”,一般房屋不作木制天花板;也不像南方房屋,房顶椽子、檩都用桐油或荸荠色漆油漆过,更没有西式的钉木条抹纸筋石灰的灰顶。旧时北京很高级的房屋,也都是纸糊顶棚。如清故宫中的大部分房屋也是这样。住人的房屋屋顶,从来没有椽子、檩都露在外面的。这一来为了防寒,二来也为了清洁和光线好。因北京房屋,屋瓦与椽上板之间,有“苲灰泥”,如无顶棚,平日干泥会从板缝落下,故又叫仰尘或承尘。顶棚糊好之后,就是糊墙。旧时代没有高级墙粉,北京也不时兴油漆墙壁,最考究的就是用糊墙纸糊墙;同时窗户、窗框、门框,也都裱糊好,按照裱糊匠的习惯叫法,叫做“四白到底”。曼殊震钧《天咫偶闻》记云:

> 京师有三种手艺为外方所无,搭棚匠也,裱褙匠也……若裱褙之工,尤妙于裱饰屋宇,虽高堂巨厦,可以一日毕事。自承尘至四壁,前窗,无不斩然一白,谓之“四白落地”。其梁栋凹凸处,皆随形曲折。而纸之花纹、平直处,如一线,无少参差。若“明器”之属,则世间之物,无不克肖,真绝技也。

裱糊房屋和糊扎死人“楼库明器”是一行,所以文中提到。不过这里只谈裱糊房屋。裱糊的材料,首先是纸和浆糊。文中所说:“纸之花纹平直处,如一线”,这需要解说一下用什么纸。那时当然没有西洋的糊墙花纸,裱糊匠用的都是国产的高丽纸、东昌纸、“大白纸”。糊窗户用高丽纸、东昌纸。糊顶、糊墙用“大白纸”。“大白纸”意思不是大张白色纸,而是用大白粉浆刷过的纸。北京房山县山中出产一种白土，但较粗糙，直接粉墙也可以，但裱糊匠则多用之刷在纸上，干后再糊墙，谓之“大白纸”。这种纸都是一尺多见方，还可刷成各种暗花，如“福”字、“寿”字、汉瓦纹、联环如意等等，都是白色，花纹处发亮，非花纹处发暗。裱糊用的纸，都是在一种叫做“京纸铺”中购买的。它区别于卖毛边、宣纸及信笺笔砚的南纸店。京纸铺卖的大多是本京所造各色染纸、倭子、银花、鞭炮、秫秸、毛头账本儿，主要的主雇就是裱糊匠。裱糊匠与这种铺子都有关系。不管多大的房，多高的墙，裱糊匠都是用这种小张的大白纸拼接裱糊，而且还能用高粱秸扎架子，裱糊成墙壁，把大屋子隔成两间、三间都可以。好的房屋，“承尘”有做好的木架。而一般房屋，承尘的骨架也都是用高粱秸扎的。这种高粱秸也是京纸铺买的加过工的，即把外皮剥光，截成四尺多长一样的尺寸，外面全用旧账纸裁成长条裹住，这样扎成架了糊纸后，十分牢固。如果隔断墙壁，便两面糊纸，糊好后，光滑壁立，和真墙看上去一样，当然不能用硬物碰撞。北京这种裱糊技术渊源很早，前后流传几百年了。康熙时柴桑《燕京杂记》记载很细致，文云：

> 京师房舍，墙壁窗牖，俱以白纸裱之。屋之上以高粱秸为架，秸倒系于桁桷，以纸糊其下，谓之“顶棚”。不善裱者，辄有绉纹。京师裱糊匠甚属巧妙，平直光滑，仰视如板壁横悬，或间以别纸点缀，为丹楹刻桷状，真如油之漆之者然。又有“琉璃纸”，俗谓之“光明纸”，用以糊窗，自内视外则明，自外视内则暗，欧阳元功《渔家词》所谓“花户油窗通晓旭”者，此也。

这段记载中所说的糊房的情况，正是《红楼梦》时代的事。总之，裱糊房屋，是北京旧时的习惯，是生活中离不开的，而裱糊匠的绝技，北京也是天下第一，因为北京裱糊的房屋是最讲究的。《红楼梦》的房屋，在当年不但要裱糊，而且肯定每年要裱糊几次的。如秋后要裱糊，以防冬日寒冷；年底要裱，以迎岁华正月；入夏要裱，去纸窗，换碧纱以度炎夏。这些都是荣、宁二府中必然的规章，今借讲说给宝玉裱糊书房的事，对北京旧时的裱糊房屋，略作介绍，以助了解二百年前的历史风土。

花儿匠

看《红楼梦》,每看到第三十七回,总爱看贾芸的那封信,觉得比探春那封信拟的好得多。单是这封信,在“庚辰本”中,就有好几条“脂批”,什么“直欲喷饭,真好新鲜文字”;又说什么“皆千古未有之奇文,初读令人不解,思之则喷饭”。看了这段批语,更有先得我心之感。因为越是这种人的信,越难拟稿,能拟得惟妙惟肖,吻合身份,的确够得上是大手笔,这比拟一封类似探春信札那种酸溜溜、文绉绉,貌似典雅的信,那要难多了。南宗禅语道:“以世眼观之,是雅皆俗;以法眼观之,是俗皆雅。”这是雅俗的辩证观。贾芸的信,以艺术的法眼观之,那正是神来之笔的大雅。不过这里不想多谈他的这封信,而只想就信中的几句谈谈。哪几句呢?就是:

> 前因买办花草,上托大人洪福,竟认得许多花儿匠,并认得许多名园。

这几句有关北京花事的话,是十分有意思的。首先“花儿匠”这一词,这就是地地道道的“京师音”、“京师风”,听见这轻巧的三个字,凡是对京华故事有感情的人,马上会想到那“十里栽花当种田”的丰台草桥的世世代代的花农,即“花儿匠”。是他们勤劳的手、智慧的心,种出了几百年来的烂漫的京华春色。不只是曹雪芹写到他们,有多少著名的大诗人都写到他们。查慎行《敬业堂诗集》所收“次韵杨次也卖花诗”云：

> 白白朱朱漫作堆，旧家亭馆记曾栽。
> 阅人最是花儿匠，及见园空长绿苔。
>
> 草木经年易长成，丰台美种一时并。
> 当初芍药原名贵，莫以花多便见轻。

原诗五首，我只引用两首，这两首也就作为贾芸这几句话的注解吧。一是注解花儿匠，说明这个名称，在贾芸信中，似乎被人认为是市井之言，不登大雅，而一入查慎行诗中，就感慨万千了。实际这还是北京的一句普通话。二是注解“认得许多名园”。老诗人写到丰台的地名，而贾芸信中未写到丰台。但信中虽未写到，在书中其他地方却是反映了这一点的。第二十四回写道：

> 翻身走到银库上领了银子……次日五更，贾芸先找了倪二还了银子，又拿了五十两银子，出西门找到花儿匠方椿家里去买树……

《红楼梦》是“假语村言”，但处处却反映了当时真实的社会生活面貌。这“出西门找到花儿匠”，不正是当年北京的真实情况吗？“西门”，是哪里呢？是右安门，俗名“南西门”，作者笔头轻轻一提，少写一个“南”字，就在真实的基础上，成为“假语村言”了。乾隆时俞蛟《春明丛说》云：

> 出南西门外数里，曰丰台，居民咸以种花为业，四时红

白相间，芬芳袭人，而唯春夏之芍药为最盛，连畦接陇，一望无际，皆婪尾春也。

旧文献中，说到丰台花农的很多。但若说是出“右安门”，这便不合贾芸口吻，因而我先选了这则，这就是贾芸所出的“西门”。这里早在明代就是以种花著称的地区了。刘侗《帝京景物略》中就有记载：

京师右安门外十里，曰草桥。居人以花为业，都人卖花担，每辰千百，散入都门。

刘同人所说的情况，还远在《红楼梦》之前近百年。为什么这里种花特别出名呢？据刘同人在另一段中的记载，说是这里有泉水，土质好，而且冬天“蕴火暄之”，培育的好，所以“十月中旬，牡丹已进御矣”。大概这种情况，是具备了三方面的因素：一是这里土好、水好、技艺好，一年四季能培育出好花；二是明代宫廷奢侈，皇亲国戚也跟着竞相奢侈，冬天也讲究吃黄瓜、扁豆等鲜物，讲究摆鲜花，这样销售得快，不讲价钱，便大大刺激了丰台草桥一带的种花业，技术越来越精、培育越来越好；三是离城近，运输方便。而这三个因素，前两个是主要的，因为离城近的郊区很多，而种花好、以种花为业的却只有丰台草桥一带，即南西门外、广安门外等等，总之，都是西门外；东面、北面等等，则从未听说过与“花”有关。因之不要轻看贾芸出西门的“西门”二字，是有真实历史背景的。《红楼梦》时代，正是南西门外花儿匠生意最好的时代。在康熙时，冯勋写过一本小书，名《六街花事》，专讲北京养花的事。其中谈到当时的“花儿匠”云：

> 丰台种花人,都中目为“花儿匠”。每月初三、十三、二十三日,以车载杂花,至槐树斜街市之。桃有白者,梨有红者,杏有千叶者,索价恒浮十倍,日昳,则虽佳不得善价亦售矣。

“昳”,音垤,就是日落的意思。这条不但可以印证查慎行的诗:“阅人最是花儿匠”,互相作个注解,同时也可看出“花儿匠”的名称,在当时十分普遍,很自然地便写入诗文中了。所说“桃有白者,梨有红者”,正说明这些花儿匠艺花手段的高明,使“桃红李白”,变种为“白桃花”、“红梨花”,这就说是无奇不有了。这就联想起贾芸信中的话:“竟认得许多花儿匠……忽见有白海棠一种,不可多得”,等等。按,这里说的是“秋海棠”,一般只是开娇嫩的红花,谓之“海棠红”,白色秋海棠,的确是极少见的,所以贾芸以大观园花木管理人员的身份,也只弄到两盆。价钱多少,虽未写明,总之是很珍贵,“故变尽方法”去弄。是花钱买呢,还是巧取豪夺?那就不知道了。而抬花的小子,袭人还赏了六钱银子,可以抵得上半担米的价钱了。这和《六街花市》的记载两相印证,更可看出当年这些花匠的本事了。不过“海棠”一名,容易被人误会,把春天的木本海棠,如垂丝海棠、铁梗海棠等和草本的秋海棠混淆起来,这是要特别注意的。怡红院中的一树“女儿棠”,被宝玉誉为“有闺阁风度”,那只是春天开的,北京这种海棠最有名。我在另一篇专谈海棠的文章中曾着重介绍过,而“秋爽斋偶结海棠社”一回书所咏的“白海棠”,什么“秋容浅淡映重门,七节攒成雪满盆”;什么“秋阴捧出何方雪,雨渍添来隔宿痕”,等等,咏的都是地地道道的草本秋海棠,尤其“七节攒成”一句,说的更具体,因为秋海棠叶下的梗子和开花的花茎都是一节一节的。陈诏同志《红楼梦小考》第八一则（刊《红楼梦研究集刊》第四集）“白海棠”中，引的资料都是说木本海棠的，是把季节弄错了，忽略了这说的是草本秋海棠。

北京土话，把技术好的工匠，叫作“把式”，把外行的叫作“力把”。“把式”一词，是满洲话“巴克什”的音转，福格《听雨丛谈》中解释道：“巴克什，亦作‘榜式’，亦作‘把什’，乃清语文儒谙悉事体之称。”因而北京人习惯把赶车的称作“车把式”，养牲口的叫作“牲口把式”，花儿匠也习惯叫作“花儿把式”。不但丰台草桥一带的花儿匠、花把式几百年中，代有传人，一直到晚近还有名匠，如什么“扦子刘”，以善扦即种接枝菊花著名；“接手胡”，以嫁接各种果木树著名。这都是几十年前北京九城闻名的花儿匠、花把式。据《旧都文物略》记载：

> 清代宫中陈列鲜花，对午一换，勒为定制。各府邸及各宅第亦皆雇有花匠，四时养花。

大观园中，那么许多花，那么许多佣人，自然除了派贾芸找花儿匠补种树木之外，大观园本身，也必然要雇不少花把式，只是在文章中没有特地写花匠的故事。在第五十六回中写“敏探春兴利除宿弊”时，要把园中花木，包给管理，曾经谈起：

> 一则园子有专定之人修理花木，自然一年好似一年了……四则也可省了这些花儿匠、山子匠、并打扫人等的工费。

在这里顺便谈到了大观园雇佣的花儿匠。后来大观园的花果树木都包给园中的一些婆子们了，而按时还要给各房送折枝花卉，以供簪戴和插瓶之用。第五十九回："柳叶渚边嗔莺叱燕"，通过莺儿的口说道："自从分了地基之后，各房里每日皆有分例的。不用算，单算花草玩艺儿，谁管什么，每日谁就把各房里姑娘、丫头戴的，必要各色送些折枝去，另有插瓶的。"这都还是按照花儿匠的规矩办的。

丰台草桥的地方很大，嘉庆时麟庆《鸿雪因缘图记》中记云：

> 丰台在右安门外八里，前后十八村，泉甘土沃，养花最宜，故居民多以种花为业。

十八个村庄的人都种花为业，可以想见当时花儿匠的人数之多了。这些人大约可分为三类：一是小农经济，自己种上一二亩花，守着祖传的土地和手艺，在家做花农，冬天种"唐花"，俗名"花洞子"，春、夏、秋经营花田的花。种好的花，每天一大早，把从花畦中移入盆中盛开的花，车载担挑，带着晨露，迎着晓风，进右安门，到城里来卖。地方就是现在的下斜街，就是《六街花市》中说的"槐树斜街"，即查慎行诗中所说的风光：

> 先从槐树斜街过，旋到慈仁寺里来。
> 浅绿深红春四季，跨驴骑马月三回。

下斜街土地庙的花市，经历了王渔洋、朱彝尊、查慎行时代，经历了《红楼梦》时代，绵绵数百载，直到五十年前，下斜街土地庙的花市仍然十分著名。这里不但春、夏、秋三季，姹紫嫣红，芬芳不断，在冬天每逢会期也是很热闹的。腊梅、红梅、碧桃、水仙、山茶，虽说都是盆栽，但也足以点缀京华的岁时风光。查慎行《敬业堂诗集》中有两首题为《从庙市买梅花水仙二盆》的绝句，诗云：

取意原从冰雪间，水边林下总怡颜。
黄花过后无聊赖，又破先生一掬悭。

根株高下手亲栽，嫩蕊多凭火力催。
好与冷官添暖热，一房红日看花开。

读了查慎行的诗，马上会想起《红楼梦》第五十二回的故事：宝玉夸潇湘馆黛玉等人是“冬闺集艳图”，赞美摆着的单瓣水仙道：“好花，这屋子越暖，这花香香的越浓……”黛玉笑着说：“这是你家的大总管赖大奶奶送薛二姑娘的两盆水仙、两盆腊梅……”把这些情节和查慎行的诗对照着看，读者会觉得更活泼，更富有历史的真实感。似乎赖大的水仙、腊梅也真是从斜街庙市上买来的一样。

花儿匠的第二种是贫雇农，或者可以说是最早的园艺工人。他们有种花的手艺，但没有自己的土地和资本，便要受雇于人，或受雇于丰台一带的类似富农、地主一类的种花者，或者受雇于一些达官贵人的宅第，或者受雇于一些名园的主人，总之，他们是指身度日，靠耍手艺吃饭的。当时南西门内外的名园很多，如门里的刺梅园、小有余芳，门外的尺五庄、冯园等等，还有以花事著称的庙花之寺，这些以花著称的园林名胜，或在《红楼梦》之前，或在其后，总之都要人经营培育，这就都是祖祖辈辈花儿匠的辛劳成果了。

当然，那时的花儿匠在经济上也是不断向两极变化着，有沦为贫困，靠做花儿匠要手艺度日的。也有成为富有，拥有大面积花田，在城里开着花厂，成为当时京师豪富的。邓之诚《骨董琐记》中记所见抄本《乾隆癸酉日记》（其人颜姓，事迹无可考）内，曾记录了当时京师富户的名单，其中有“缎铺王、炉头赵、炉头任、花匠刘、米铺祝”等数十家。缎铺卖绸缎，“炉头”是炉房的头儿，专门熔化白银、浇铸银锞的，这些自然都是阔生意。其中有“米铺祝”，这北京米祝家、和外馆（专门做蒙古生意的）沈家，一直到清末民初，还是北京的著名富户。而其中居然也有“花匠”，这“花匠刘”居然也是当时北京著名富户之一。可见《红楼梦》中所写的“金桂夏家”，也是非常生动地有其真实的历史背景了。当然，北京养桂花，只能在大盆中养，北京是绝对没有大桂花树的。这不免又是真真假假相混了。

海　棠

《红楼梦》中以海棠、芭蕉作为怡红院的主要点缀，于芭蕉则略略带过，留待诗吟“绿腊”时才是正文，而于海棠则着意点染，在第十七回中就写的十分华赡了，原文云：

> 一边种几本芭蕉，那一边是一树西府海棠，其势若伞，丝垂金缕，葩吐丹砂。众人都道：“好花，好花……”贾政道：“这叫做女儿棠，乃是外国之种，俗传出女儿国……”宝玉道：“大约骚人咏士以此花红若施脂，弱如扶病，近乎闺阁风度，故以女儿命名，世人以讹传讹，都未免认真了。”

这一段文字是十分重要的，关系到后面许多文字，一直到高鹗后四十回续书中，还用这株海棠来渲染故事情节，说什么海棠荣枯关系到怡红院气数等等。在这点上，人们也许会产生疑问，能够暗示“红”色的花很多，为什么一定要用“海棠”呢？难道只是因为海棠红得十分娇艳吗？而且又想出什么“女儿棠”、“外国之种”、“女儿国”等等，是否都是作者的杜撰，还是有点什么历史根据的影子，或受到什么影响，而这样写呢？应该说这不是凭空杜撰，也不是偶然碰巧，而是作者着意安排的，而这种着意安排是有其历史根源和一代风土影响的。

海棠，在春花中，较之桃花、杏花、李花等等，的确红得更为娇嫩，着花也更为繁艳。但如单取这两点，则牡丹、芍药也可膺此选,不必单取海棠。而作者特别着重海棠,我想除此而外,也还有其他几点原因:其一是北京昔时于早春花事中,首重海棠,所谓“燕京此花驰声价”(明王崇简《看海棠行》,载《青箱堂诗集》),又道:“占断秾华别有情”(明高珩《韦公寺看海棠》,载《栖云阁诗集》),明、清二代中,北京的著名海棠代有兴替,绵延不断;其二是海棠花在传说中的确也曾和“女孩儿”、“外国”等扯得上关系。况且它的确“红若施脂”,既不像桃、杏那样淡,又不像玫瑰那样无深、无浅一般地浓,而海棠却真像胭脂一样,红得嫩艳正好,因此说怡红院取中海棠暗示“红”色,以配芭蕉的“绿”,是不无原因的了。明李日华《紫桃轩杂缀》云:“海棠多品,贴梗、的皪、口腊、西府,轻盈醉颊,木瓜、玉臂、妙单、垂丝,步摇风细,尚有紫棉,未得经目,味其标目,定有妙姿。”早在明代,品种即如此之多,而北京旧时海棠,一般最重三品,西府、铁梗(又名贴梗)、垂丝、西府单瓣,颜色最艳。铁梗、垂丝重瓣,其中垂丝着花最繁,很像日本的樱花。乾隆时大兴潘荣陛《帝京岁时纪胜》记云:

> 曰西府、曰铁梗、曰垂丝,海棠之妙,韦公祠、慈恩寺,可谓甲于天下矣。

这说的正是《红楼梦》时代的北京的名海棠,所说韦公祠,在左安门外,谈迁《北游录》记顺治十一年(公元一六五四)清明后至韦公祠看海棠云:

> 壬午,出左安门探韦公祠海棠。……有海棠二,各合抱,歧干丛条,尚未萼也。自甲申来,今百四十一年,木之寿

有限，似易于见长。

这里的海棠，在谈迁时已“百四十一年”；至潘荣陛时，又要加上一百年，则二百四十多年了。慈恩寺又名报国寺，原在北京宣武门外下斜街，在清初是王渔洋、朱竹垞等人常去的地方，其中海棠，自从明代就很出名了。晚明王崇简《看海棠行》就曾写道：“凤城西南报国寺，海棠双树藏幽邃。……燕京此花驰声价，韦祠为最此为亚”，均可见明、清之际直到乾隆时北京海棠的盛况。在此之后，宣武门外崇效寺（又名枣花寺）的海棠也曾享盛名，龚定庵《枣花寺海棠下感春而作》诗云：

词流百辈花间尽，此是宣南掌故花。
大隐金门不归去，又来萧寺问年华。

按，崇效寺的海棠在乾隆、嘉庆之际，前后也出名了几十年，后来才为牡丹所代替。此外，还有右安门外花之寺（俗名三官庙），其庙内及庙外的海棠也极为繁盛，道光、咸丰之际，每到春日花开时，车马极盛。龚定庵《西郊落花歌》前面序言中道：“出丰宜门一里，海棠大十围者八九十本，花时车马太盛……”说的就是这里。总之，海棠在北京，从明代以来绵绵直到清末，历来就享有盛誉，桃、杏之类，是无法比拟的。当年私人园林以海棠出名的也不少，张远《隩志》记载：“京师多海棠，初以钟鼓楼东张中贵宅二株为最……万历中又尚解中贵宅所值，高明区中允大相诗：‘解家海棠帝苑边，开时车马日喧阗’是也。今旧本俱无存矣。”《红楼梦》中写怡红院，以海棠配芭蕉，并用重彩描绘之，恐怕不能不说受到上面所述诸情况的一些影响吧！

北京为什么海棠特别繁盛，而且西山一带特别多？据传说：辽圣主耶律隆绪的第十个女儿，小名“菩萨”，十分美丽，但在少女时就夭亡了，葬在西山。原来那里海棠很少，但自从她葬在那里之后，海棠却越来越繁盛，种植者亦越来越多，当地人就谥这位公主为“海棠公主”。龚定庵诗所谓：“菩萨葬龙沙，魂归玉帝家。余春照天地，私谥亦高华。……南朝人未识，拜杀断肠花。”而且说明这座公主坟就在西山无相寺。这个故事虽然不是什么“女儿国”等等，却的确与“女孩儿”有关，历代所传所谓“女儿棠”，自然也不是无因的了。

再有海棠是不是有外国品种呢？谈迁在《北游录》中记出左安门探韦公祠海棠时曾云：

> 记南都静海寺海棠，为永乐七年太监郑和舶上物，大不及此。或曰梨树接铁梗海棠则成西府，理或有之。

据此所记，则知早在明代初年，就曾从外国移植过海棠。但所有西府海棠却不一定都是外国种，谈迁就明说南京郑和从海船上带来的海棠，还没有韦公祠的大。而且人们对于各种“西府海棠”的说法也不一致，有人说是嫁接成功的等等，可见历来颇重“西府”名种，但传说并不一致，而说它是“外国种”，也不是没有原因的。这就是贾政那几句话的历史背景了。

梅　花

《红楼梦》中写到梅花的地方很多，有名的第四十九回“琉璃世界白雪红梅”不要说了，在其他地方也还不少，如第五十二回，写宝玉在潇湘馆看到了一盆攒三聚五的单瓣水仙，连连夸好，黛玉笑道：

> 这是你家的大总管赖大奶奶送薛二姑娘的两盆水仙、两盆腊梅，他送了我一盆水仙，送了云丫头一盆腊梅……

又如第五十回中写贾母欢庆元宵，吃酒时要行一套“春喜上眉梢”的击鼓催花令，这时“席上取了一枝红梅”。

在这两回书中既写到腊梅，又写到红梅，如再算上第五十三回中所写“各色旧窑小瓶中，都点缀着‘岁寒三友’，‘玉堂富贵’等鲜花”一句中，“岁寒三友”的梅花，那连着这三回书中，就都写到梅花了。如果生长在江南，看惯梅花的人，读到第四十九回以后这些回书，如果读的细致些，闭上眼睛多想一想，会发现曹公在写梅花时，有些错乱，为什么红梅开了又开腊梅，腊梅开了又开红梅，“白雪红梅”一回，书中有明文，说是“这才是十月，是头场雪”，而行“春喜上眉梢”的酒令，则在第二年正月十五，前后相差有三个多月之久。这自然就产生了三个疑问：一、梅花不会前后开放三个月之久；二、在江南江浙两地，十月里绝对没有梅花，腊梅于冬至后就陆续开放，红梅是腊尽春回的正月末才开放的，“十月先开岭上梅”的古诗，说的是大庾岭，远在广东，而非江南一带；三、看惯梅花的人都懂得腊梅先开，红梅后开，总是看了腊梅再看红梅。这三种疑问是会自然产生出来的。要解除这些疑问，首先要识破一点：即曹公笔下所写的梅花，有真有假。大体来分，即第四十九回“琉璃世界白雪红梅”，“访妙玉乞红梅”等等梅花，都可以说是假的，是文人的装点之笔，虽然写的无限妖娆，但书中所反映的却非历史真实，不要说北京没有，即使按照某些南北之争，硬要把大观园说成是南方所有，如袁随园等人，真把大观园搬到南京，也绝无十月中白雪红梅的绝景。相反第五十二、五十三、五十四三回书中所写的腊梅、红梅等等，则是历史的，客观的真实了。这不但在时令上、腊月和新正，十分真实，另外这几回书中写的盆梅和折枝梅花，这也是实在的东西。因为北京虽然因冬天寒冷，户外种不活梅花，更不可能有梅树、梅林，但盆梅、折枝梅花那还是很多的，这就是黛玉所说的“两盆腊梅”，和“席上取了一枝红梅”的真实历史背景。《日下旧闻》引逸书明陆启浤《北京岁华记》云：

> 腊月束梅于盎，匿地下五尺许，更深三尺，用马通然火，使地微温，梅渐放白，用纸笼之，鬻于市。小桃、郁李、迎春皆然。

《光绪顺天府志》记云：

> 今草桥居人，种花为业如旧，唯梅花无大本，仅置盆中，为几席玩。

《红楼梦》中所写的梅花，不论腊梅也好，红梅也好，总之不外以上两则资料所记，都是花洞里熏出来的盆梅。这种盆梅也有两种，一是真正老梅桩，春、夏、秋三季连盆栽在露天花畦中培养，入冬之后，移入花窖(即老式温室)中，在有火道的塍上熏焙，到腊尽春回之际，便可发花。另一种是接枝盆梅、花农在春季从山中掘来小株山桃花，一般手指粗细，一行行移植花畦中，把枝叶剪去，只留根部两、三寸许，露出地面，然后在一定时候，从老梅桩上剪下两、三根嫩条，嫁接到山桃花根上，入冬移入盆中，将两、三根嫩条蟠曲几转后，用绳扎牢，再送到花窖中熏焙，等到腊鼓催年之际，也能满树发花，十分缤纷。这种盆梅，也正是龚定庵《病梅馆记》所说的那种“病梅”。这种梅花有一个特点，即当年买来开得很好，第二年便开不了几朵，第三年可能一朵也不开了，人们常说“根本”二字，而这种盆梅它“根本”不是梅花啊。康熙时查初白《敬业堂诗集》中有一首题为《盆梅》的五古，是他在腊月中在槐树斜街报国寺、土地庙庙市上买了二盆水仙、梅花后写的，其中有几句道：

无端被巧匠，栽接移根脚。
本是桃寄生，而含梅蹈萼。
经冬傍花窖，渐亦喜熏灼。
昨登庙市来，带土入城郭。
千钱买一本，手为解其缚。
……

初白老人买的就是这种嫁接的盆梅。“手为解其缚”，就是把那扎紧蟠曲枝条的绳子解开。在当年土地庙等花市上，这种嫁接的盆梅比起真正梅桩盆梅来，要便宜的多。红白梅花、碧桃都可嫁接，而腊梅则不能嫁接，所以黛玉说的“两盆水仙、两盆腊梅”，这腊梅是真正的梅花。北京大株腊梅栽在大木桶中培植，也可养到七八尺高，不输于南方种在地上的高度，只是限于木桶的范围，无法长成丛生的灌木。三十多年前，曾在鼓楼豆腐池华粹深先生亲戚家中见到过一株八尺多高的大腊梅，摆在后院正房堂屋，看时正是年根腊残之时，一掀帘子，就是一阵甜香拍人眉脸，真是好花。不过奔走于蓟北江南几十年中，也只见过一株这样尤物，更无第二株。大观园中的案头清供，比起这株来，恐怕也是小巫见大巫了。

不过随便怎么高大，还是不能在户外过冬的。因为北京冬天零下十度左右的天气，要持续一两个月，地表要冻到二尺深。梅花一来根株浅，二来看花时正是地冻时，因此无论如何，梅花不能在户外露天过冬。因之也就没有梅树，更无梅林。也有好事者，想尽一切办法，要在北京种梅花。夏枝巢老人《旧京琐记》中记有一则故事道：

> 北京梅树无地栽者，以地气冱寒也。城中惟贝勒毓朗园中一株，盖坑地炽炭，作玻璃亭以覆之。城外则惟汤山之园中有之，地属温泉，土脉自暖，余尝于二月中过之，梅十余株与杏花同时开放，惜皆近年补种，无巨本也。

枝巢老人是近代人，当年作为他们弟子的还大有人在，所记贝勒毓朗园中有梅花，自非无稽之谈。这比俞平伯老先生昔时所说的养在亭子中，下面生有火道的“燕梅”还更实际。因为这的的确确是种在户外的梅花，而且十几株，似乎很可作《红楼梦》中梅花的物证了。但仍然不可以，老人说的很清楚，“尝于二月中过之”，“与杏花同时开放”，这花期大约比苏州邓尉山、杭州孤山晚二十来天，而《红楼梦》中所写，却在十月中、下头场雪时开放，这如何可能呢？且看第四十九回原文：

> 顺着山脚，刚转过去，已闻得一股寒香扑鼻，回头一看，却是妙玉那边栊翠庵中有十数枝红梅，如胭脂一般，映着雪色，分外显得精神，好不有趣。

文章实在写得漂亮，但是事实上却绝对没有这种情况。就算栊翠庵下面，也像贝勒毓朗的园林一样，底下有一股温泉，而花期却仍早了三个月，这个谎是无论如何也圆不上的。何以解释呢？这只能像欣赏王维的“雪里芭蕉”一样，也只能作为美丽的艺术创作来看，美的彩色来看，而绝不能当作信史来刻舟求剑！

附记：

关于北京梅花，近人夏枝巢老人《旧京琐记》中有一则记载，按毓朗，光绪三十四年代那桐为步军统领，其园在西四南缸瓦市路东。四五十年前已荒废，改为木厂。另据《中央公园二十五周纪念册》记中山公园大梅花云：

> 梅产自江南，多百年老干，而北地以气候关系，率多茎梅，花似杏而小，香韵独幽。本于民六、七年间，特择其枝干较大者数株，种于地上，冬日筑花房以避寒雪，于兹已逾二

十年矣,枝干横斜,疏瘦高达八九尺,每年春分后始花,清香袭人,亦北地罕见之品。

以上一则,也可作为北京梅花的注释。另据传张丛碧(伯驹)老先生也在北京种过梅花,还为此写过词,只不知后来如何了。

芍药·蔷薇

《红楼梦》所反映的历史上的社会生活，可以说是真真假假；主要是真实社会生活的反映，但也不乏艺术的夸张与想象，因此就不能完全当成真事了。即以大观园的花事说吧，既有反映北京当时真的花事之处，也有艺术想象属于虚构描绘之处。最突出的例子，就是在另一篇小文中谈到的梅花，那完全是艺术的想象了。十月里头场雪就梅花怒放，不要说北京不可能有，即在江南也是不可能的。红学家总爱争大观园的地点问题，从清代袁子才开始，一直到今天，总有不少人一心想把大观园搬到南方去，"红梅花"也是一个搬迁大观园的理由，似乎说北京没有梅林，大观园有"琉璃世界白雪红梅"，因而大观园肯定在江南。然而却未注意到，纵然在江南，农历十月间又到哪里去找盛开的梅林呢？因而这实际也不过是曹雪芹笔下的"桃花源"。照曹雪芹所写的时间条件，在江南也同样是找不到的啊。

这是虚构的。但在另外的地方，却又有非常真实、符合北京花事月令的描写。如第六十二回《憨湘云醉眠芍药裀》，这就写的非常真实。在五十八回中写春天的风光，是写春光匆匆而去；惜春心情，十分传神。宝玉看到"一株大杏树，花已全落，叶稠阴翠，上面已结了豆子大小的许多小杏……"在此两三回之后，就写"红香圃"已是谷雨时候，春末初夏了。这正是"寿筵开处风光好"的时候，书中对话及叙事道：

都说："芍药栏里预备下了，快去上席罢"……同到芍药栏中红香圃三间小敞厅内。

作者在此只说了个"芍药栏"、"红香圃"的名称，并没有作色彩的工笔描绘，但却把烂漫甜暖的色彩，留待写人与花的交织的热烈气氛。试看后面的描写：

果见湘云卧于山后僻处一个石磴子上，业经香梦沉酣，四面芍药花飞了一身，满颈脸衣襟上皆是红香散乱。手中的扇子在地下，也半被花埋了，一群蜜蜂、蝴蝶闹嚷嚷的围着。又用鲛帕包了一包芍药花瓣枕着。

这种花与人的交织的写法，是《红楼梦》所特有的。写花是为了写人，写人也是为了写花，人与花有机地结合起来，分不开了。这段描写中，突出了芍药的多，是用"栏"围起的，是用圃来栽种的，这就不是一株二株，而是一大片，因而才能落红狼藉，在地上铺一层，湘云才能用绢子包了作枕头。也许有人问：有这么多吗？这有真实背景吗？回答是肯定的，是有真实历史背景的。

旧时北京三春花事，芍药是一个大轴子，是烂漫登场的主角戏。丰台草桥种花，虽说各种花卉都有，但最多的是芍药。王渔洋《香祖笔记》云：

京师鬻花者，以丰台芍药为最。

乾隆时俞蛟《春明丛说》云：

出南西门外数里，曰丰台，居民咸以种花为业，四时红白相间，芬芳袭人，而惟春夏时之芍药为最盛，连畦接陇，一望无际，皆婪尾春也。

北京芍药开在谷雨后，芍药一过，三春花事已了，故曰“殿春”，又曰“婪尾春”。为什么芍药种得特别多呢？这里面有几个原因：一是芍药是宿根草木，便于培植，可以在园田大面积种。二是芍药花朵大，颜色艳丽，着花繁盛，品种变化多，由白到紫，各种颜色，各种瓣形都有，其中名品种如“金带围”，粉红中加黄瓣；御花黄，黄色；醉西施、南红、观音面，粉红色；白芍、傻白、香妃，白色；胭脂点玉，白色有红点；凝香英、瑞连红、紫都胜，紫色，品种之繁多，是数也数不清的。三是折枝便当，因是草本，施肥足，发得猛，着花多，一丛芍药，花时全部折光也不要紧，明年照样可以生长。木本就不同些，花时挠折过多，明年嫩枝全无，就不易生长了。四是社会上喜欢，牡丹是花中之王，芍药跟着牡丹开，着花又同牡丹一样，看完牡丹，就看芍药。所以人称牡丹为“木芍药”，芍药为“草牡丹”。再有芍药是重要的药材，即白芍、赤芍。

由于种的多，培育便利，着花多，所以价钱也便宜。康熙时黎士弘《燕京四月歌》云：“牡丹四月贱如荑，十五青铜买两枝。”（见《托素斋诗集》）牡丹尚且如此，那芍药自然就更不用说了。《京师地名对》注云：

京城四月间，芍药开时，卖花者到处成市。

富察敦崇《燕京岁时记》也说：

芍药乃丰台所产，一望弥涯，四月花含苞时，折枝售卖，遍历城坊。

可以想见，由清初到清末，芍药一直是北京春花中的主力。像大观园那样的名园，自然要大面积地栽种了。因之一曰“芍药栏”，二曰“红香圃”，均可以想见其繁盛烂漫也。在这样的春光中，在这样的花丛中，曹雪芹创造了这样一个“憨湘云醉眠芍药圃”的场景，其艺术上的巨大成功，固然是由于曹雪芹的非凡的天才、丰富的学识和辛勤的创作劳动，但也基于历史的真实背景，为他提供了写这个场景的丰富资料。他写在芍药栏边、红香圃排寿宴，是否受到什么启示，那是不能完全肯定的，但能给他一种启示的文献资料也是有的。明人刘若愚的《酌中志》中记云：

四月初四日，宫眷内臣，换穿纱衣，钦赐京官柄扇，牡丹盛后，即设席赏芍药花也。

芍药花畔摆筵席，原是宫廷韵事，不过这也是普通的事。曹雪芹写这回书，是否受到了一点《酌中志》的影响不敢说，但有一点值得注意：就是按一般习惯，看芍药的时候，还是穿夹衣的季节，即便热一些，也还未到拿扇子的时候。清代故事，端午节才赐扇。《燕京岁时记》说：“内廷王公大臣，至端阳时，皆得恩赐葛纱及画扇。”而曹雪芹写湘云憨眠芍药圃时，却有一句：

手中的扇子在地下……

四月末非执扇之时，五月初才有赐扇之制。而湘云手中却有扇子，当然不能说一定不可以，但与《酌中志》所写对看，似乎也多少有点关系了。

芍药而外，再有重彩描绘的，便是蔷薇。先看第三十回原文：

> ……忙进大观园来。只见赤日当天，树阴匝地，满耳蝉声，静无人语。刚刚到了蔷薇架，只听见有人哽噎之声……此时正是五月，那蔷薇花叶茂盛之际，宝玉悄悄的隔着药栏一看，只见一个女孩子蹲在花下，手里拿着根别头的簪子在地下簪土，一面悄悄地流泪。

> ……只见花外一个人叫他"不用写了"，一则宝玉脸面俊秀；二则花叶繁茂，上下俱被枝叶隐住，刚露着半边脸儿，那女孩子只当也是一个丫头……

这是"椿龄画蔷痴及局外"的绝妙好词，真可以同《庄子》、《史记》、少陵诗、易安词并驾齐驱，可惜没有被金圣叹看见，也可以说是千古憾事了。闲话少说，还是就花谈花。大观园内的花事，在曹雪芹笔下，都是以人写花、以花写人，芍药如此，蔷薇也如此。前人诗云："鸳鸯绣罢凭君看，不把金针度与人。"写花这点，也可是说是曹雪芹的"金针"之一，所以有黛玉之葬花，刘姥姥之簪花，妍村照映，各饶奇趣，都是用的这种金针手法。

读这段文字，要注意到"花隐人面"这样的镜头，只能写在蔷薇架边。因为这样的花，娇嫩的红色，只有这样的架，不高不低，才好隐住人面，误认为也是女孩子。文震亨《长物志》"蔷薇木香"条下记云：

尝见人家园林中，必以竹为屏，牵五色蔷薇于上，架木为轩……二种非屏、架不堪植。或移着闺阁，供仕女采掇，差可。

这里说了蔷薇是非架不可的，但蔷薇只四五尺高，虽然引藤，非架不可，但又不比藤萝，很高的架，所以它的架正好挡住人脸。在植物学中，蔷薇只是蔷薇科的一种，蔷薇科中还有刺梅、玫瑰，牵藤着花，或红、或白、或黄，都和蔷薇类似。在花期上，刺梅最早，蔷薇次之，玫瑰最晚，大概是四月下旬到五月初罢，在篱落间次第开放，其情景自是极为艳丽的。《燕京岁时记》记"玫瑰"云：

玫瑰，其色紫润，甜香可人，闺阁多爱之。四月花开时，沿街唤卖，其韵悠扬，晨起听之，最为有味。

近人沈太侔《春明采风志》云：

玫瑰来自北山玫瑰沟，畏冬风，放种沟中……四月花开，沿街叫卖。

北京康、乾时，还有单以刺梅著称的名园，查慎行有《从刺梅园步至陶然亭》诗，戴璐《藤阴杂记》云：

城南刺梅园，士大夫休沐余暇，往往携壶榼……觞咏间作。

从这些记载中,可以想见北京春天花事中,蔷薇、玫瑰等类花架之烂熳,亦可领略到大观园的无边春色。但有一点必须说明:蔷薇开时,不是蝉鸣季节。“满耳蝉声,静无人语”,是盛暑风光,这一点,不能不说是曹公小小的漏洞了。

竹·笋·菱

《红楼梦》中写到竹子的地方很多，不必举例，谁都知道林黛玉住的潇湘馆是以竹子闻名的。“忽抬头见前面一带粉垣，数楹修舍，有千百竿翠竹遮映”，所以众人都称赞道：“好个所在。”两三句话，很传神地就把潇湘馆的幽僻风光写出来了。前年春天，我请常熟钱夷斋先生画了一幅《潇湘秋思》图，钱先生用双钩加渲染的技法把潇湘馆的绿意画得极为传神。我带到北京，请俞平伯先生题了“凤尾森森，龙吟细细”八个字，在《红楼梦学刊》一九八一年第一期发表了出来，印出来后，画面所传的情韵，仍有映人眉眼俱绿之感。林黛玉在这样的好地方，这正是曹雪芹着意安排的。北京冬日寒冷，种竹没有江南条件好。李慈铭《越缦堂日记补》咸丰十年三月二十九日记云：

> 定子斋前有竹数竿，尚饶碧韵，都中得此罕矣。北人种竹如种玉，洵然。

李越缦说话向来是不留分寸的，虽说“都中得此罕矣”，但还不得不称赞“尚饶碧韵”，这说明有竹即有绿意，有绿意即有韵。潇湘馆就是以韵胜的。不过北京种竹，一般只能种青竹，即江南所说的小竹。恭王府“天香庭院”直到今天，院中还是绿意葱笼，种的就是几丛小竹，长势还是很好的。至于毛竹，则在北京没有看见过，文献上也无记载，大概是种不出来吧。也许有人感到，像李越缦日记中说的,“竹数竿”或者几丛,那还容易,像潇湘馆那样一大片、一大片的竹子是否有呢?这也可以肯定说有。刘侗《帝京景物略》记“曲水园”道:

府第东入,石墙一遭,径迢迢皆竹,竹尽而西,迢迢皆水……

蒋一葵《长安客话》记碧云寺卓锡泉云:

前临荷沼,沼南修竹成林,疏疏潇碧,泉由竹间流出,岩下琢石为屋,正是竹林。

说也奇怪,北京不但有比较大面积的竹林,而且还有很名贵的品种:“黄金间碧玉。”文震亨《长物志》中记竹种云:“竹取长枝巨干,以毛竹为第一,然宜山不宜城,城中则护基笋最佳……又有木竹、黄菰竹、箬竹、方竹、黄金间碧玉、观音、凤尾、金银诸竹。”

这“黄金间碧玉”,又叫金镶玉竹,是绿的竹竿,有一根黄线,也是比较名贵的品种,在江南也不多见,而在北京却也长得很好。过去看谈迁《北游录》记卓锡泉云:

其园卓锡泉,自石罅龙吻出,下注飞涛……中堂艺竹,俗曰“黄金间碧玉”,大仅如指,北土固在乎少见也。

对谈迁的记载,我一直很神往。去年(一九八一)初秋,在北京有机会到潭柘寺游览,除看到千年古银杏外,还亲眼看到在流觞亭边那两片金镶玉竹竹林，虽不甚大，但长的十分葱茂，谈迁说：“大仅如指”，可能他看到的比较小，而潭柘寺中这两片金镶玉竹，粗的也还有婴儿臂膀粗，固然不能同杭州云溪竹径比，但比之手指，总是要粗一些的了。现在还长的很好，读者如有雅兴，不妨亲自去看看。

有竹就会生笋，不然清初的金镶玉竹，怎么能葱葱茂茂地长到现在呢？所以《红楼梦》中也写到笋。在五十六回《敏探春兴利除宿弊》中有几句道：

> 那片竹子单交给我，一年功夫，明年又是一片，除了家里吃的笋，一年还可以交些钱粮。

这虽是小说家言，难免有些夸大，但北京有竹能生笋，总也该是实情。偶然读到一篇《论〈石头记〉的“旧稿”问题》（见《红楼梦研究集刊》第一辑）中说：“北京园子里手指粗的竹子，能产生供馔的笋子吗？”这个问题是不能简单回答的。一是凡竹都生笋，二是嫩笋皆可吃。当然其中又有冬笋、毛笋、竹笋等类。前二种是毛竹的笋，北京的确没有。后一种是青竹的笋，北京自有小片竹林，也便生产少量的竹笋。关于生产笋和入馔的笋，不妨引点前人的文献。当查慎行康熙四十八年住在宣武门西槐簃时，就写了好几首有关竹笋的诗。如《下直经澹宁居后见新竹出墙》、《种竹》、《从院长乞园中（指“自怡园”）新笋次昌黎和侯协律咏二十六韵》、《予昨作诗从院长乞争……今日大风遣人饷笋及菊酿》、《新竹次院长韵》、《六月杪庭前后种竹两丛入秋积雨忽生笋五株……》等等。单看这些诗题，就可以想见北京的确是有笋，而且是可以入馔的了。不妨再引几句诗中的句子，如《乞自怡园笋》一首中云：

及见初移植，清阴渐满轩。
万竿殊不恶，五亩遽为烦。
箓簜年将老，筼簜定有孙。
……
合充佳客馔，何待老饕言。
……
正使因风折，何如带土掀。
解馋胜嚼竹，劝醉抵留髡。

笋送到时，又送来了酒，所以其谢诗首二句云："乞笋何当更致醪，笑余毋乃大贪饕"，这些诗不是都足以证明北京有足以入馔的笋吗？自怡园的笋可以入馔，为什么大观园潇湘馆的笋不可以入馔呢？不妨再举一个例子：乾隆时张泰开值南书房时，在圆明园直庐东自己买了一个园子，园内有一泉，号"乐泉"，嘉庆而后，园荒泉涸。道光时，祁寯藻、徐士芬等都在此园住过，淘泉种竹，又极一时之胜。其斋曰"食笋斋"，祁寯藻有《食笋斋十咏》，每首前均有"小序"，其"竹径"前言云：

斋南竹三丛，当涂手植，遂以名斋。东南隅两丛，西北墙下一丛，文瑞所补也。春夏雨足，笋迸地而出，交柯乱叶，款扉者披翠而乃入也。

像这样葱茂的竹林，又以"食笋"名其斋，这还能说北京没有入馔的笋子吗？应该肯定说是有的。但是必须下一转语，正应了孔乙己的话:“多乎哉?不多也!”北京是有可以入馔的笋,但是不多,只是王公贵戚的名园和著名禅寺中有,一般民间自是没有的。查慎行《人海记》所说:“北方无笋,惟冬笋用毛竹筒封贮,从江南马上贩鲜,十余日到京。”这只是指的一般的情况。而特殊的名园中,如皇家的畅春园、圆明园、澄怀园等,那都是大片大片种竹子,还能没笋吗?所以说:曹雪芹笔下的大观园,必然会长出可以入馔的笋,这是完全可以理解丝毫不值得奇怪的。

或问曰:笋有菱也有吗?回答更肯定:有。

《论〈石头记〉……》一文又说:“还有北京决不能生长而书中屡次叙及的水中的菱和园里的梧桐与芭蕉。”这个“决不能生长”,似乎说的过于主观和武断了。因为北京确实是有梧桐、芭蕉和菱的,当然也不多,但不多和“决不能生长”是两回事。纪晓岚《阅微草堂笔记》中好几则都提到他虎坊桥宅中的梧桐;再看《天咫偶闻》也记有驴市胡同刘文清故第有梧桐,文云:

> 刘文清公故第在驴市胡同西头,南北皆是。其街北一宅改为食肆,余幼时屡过之,屋宇不甚深邃。正房五楹,阶下青桐一株,传为公手植。街南墙上横石刻“刘石庵先生故居”七字。

刘石庵和曹雪芹是前后同时代人,他宅中能手植青桐,为什么曹雪芹写的大观园中就不能生长梧桐呢?记得故宫后花园中庄士敦住过的那所房子前,就有两棵小梧桐,只是不知现在还在不在,有心人去一看即知道了。再有芭蕉,过去在北京就更不希奇。芭蕉不是树,虽然可以长出大叶子,但还近乎宿根草本植物。即使在江浙二省,芭蕉一过冬至,叶子也全部光了。一个秃桩，用干草厚厚包上，根部多护些炉灰乱草等肥科，在北京户外朝南、背风的地方，是完全可以过冬的。北京过去东西庙名花厂中，养芭蕉的不知有多少。只是近年北京旧时风物，大多因种种原因没有了，以致使读《红楼梦》的人，感到这也没有，那也没有，这是对北京过去的风物民情早已茫然的缘故。就以菱角来说吧，那“北京的菱”更是使人永远怀念的，怎么可以说“决不能生长”呢？后面我再说说北京菱。

按，北京虽然地处北方，却也出产许许多多江南的东西，菱角是其中之一，而且这也是古已有之的。蒋一葵《长安客话》记西湖（即现在的昆明湖）的情况道：

> 近为南人兴水田之利，尽决诸窪，筑堤列塍，为菑为畬，菱、芡、莲、菰，靡不毕备。竹篱傍水，家鹭睡波，宛然江南风气。

富察敦崇《燕京岁时记》云：

> 七月中旬，则菱芡已登，沿街叫卖曰：“老鸡头，才上河。”皆御河中物也。

不必多举例，只此两则，一个明末的记载，一个清末的记载，便足以说明问题，证明北京的确有菱了。

北京在自然地理上，得天独厚，西山脚下，土质好，水脉好，到处涌现泉水，玉泉山的水，香山的水，许多清泉，汇成了昆明湖。又一片以海淀为中心小水网地区，名丹稜沜，这里棋田密布，大似江南。北京夏天又很热，有适宜的气候，只要有种子，又会种植，有什么困难不能种菱呢？北京从明代永乐起，建都几百年，南方流寓人口很多，除去做官的，劳动人民年年随着运粮船也来了不少，传来不少水生植物的种植技术。蒋一葵所说的“南人兴水田之利”，这都是真实的历史情况。菱的种类很多，三只角的、四只角的、两只角的，或大或小，颜色有绿、有红、有绿中带红，还有咖啡色的老菱，专名称有水红菱、雁来红、鹦哥青、馄饨菱、野菱、白沙角等等。缪荃孙等人编的《光绪顺天府志》云：

> 海淀今产菱，极小而三角，如南方之野菱，土人呼为菱角。生啖不甚甘脆，惟蒸曝亦可充粮。

几十年前，什刹海、德胜门外鸡头池、菱角坑（均地名）出产的菱角，并不是极小的。是比江南野菱、小红菱略大一些的两角小菱。生时绿中泛红，煮熟后褐色，吃起来十分鲜嫩，较之江南老菱，一咬满嘴干末子的好吃的多。什刹海荷花市场和会贤堂饭庄卖冰碗和莲子粥，用的鲜菱角，都是这种菱角，吃过的人，直到今天仍然是很多的。再有就是到街上卖菱角小贩，那更是充满诗意的。

立秋前后，菱角、鸡头上市叫卖。喊声：“唉——菱角哎，老鸡头咪！”卖的小贩，斜着背着一个“腰圆”的木箱，上面有盖，盖下有湿布苫着。里面是方煮熟的鲜菱角，边上放着一叠裁好的鲜荷叶，和一把三四寸长的夹剪。买时论个买，记得一大枚可买五六个吧。有人买时，小贩放下箱子，打开盖，把半张荷叶摊在一边，右手拿夹剪，左手拿菱，先把两头的尖角“咔、咔”一剪，再拦腰剪一刀而不剪断，吃的人，一掰两半，十分便利。半个壳，只要用手一捏，那鲜嫩清香的菱角肉就出来了。剪起来，咔哒、咔哒，十分迅速，一会儿，那半张荷叶上就是一大堆，你就可以捧着吃去了。这样卖菱角、剪菱角的小贩，我在南京、上海、苏州、杭州以及这些城市的乡间，转悠了三十多年，这都是出产著名菱、芡的水乡，却都没有见过，直到今天，仍然把吃菱角的甜蜜的记忆，寄托在燕山脚下的北京，寄托在有些人写文认为“决不能生长”菱的地方，这也是颇使人惆怅的了。北京在巨大的、急烈的变化中，使一些老北京人惯吃的莲蓬、菱角、老鸡头之类，也消失多年了，这不能不说是可惜的。因而使得情况陌生者在研究《红楼梦》中，也真认为北京真的“决不能生长”菱，那就未免更可惜了。

吃螃蟹

吃螃蟹在《红楼梦》中是一大关目，在第三十七、三十八两回书中，有大段的描绘吃螃蟹的文字。由宝钗的一大段话开始，到刘姥姥的大段感慨结束，不但文字好，在章法结构上也极为严谨，真可以说是情景交融，神采飞动，花团锦绣，是《红楼梦》全书中有数的最精彩的片段，也是曹公最着意经营的笔墨。不过在这篇小文中，不多作文字艺术的评价，也不作人物故事的分析，只想就吃螃蟹一事，作些解说。先在这里摘引些有关的原文。第三十七回中写宝钗为湘云打算道：

> 这个我已经有主意了。我们当铺里有伙计，他们地里出的好螃蟹，前儿送了几个来；现在这里的人，从老太太起，连上屋里的人，有多一半都是爱吃螃蟹的，前日姨娘还说："要请老太太在园里赏桂花、吃螃蟹。"因为有事，还没有请。你如今且把诗社别提起……我和我哥哥说，要他几篓极肥极大的螃蟹来……

在这段引文中，特别要注意几个地方：一是"他们地里出的好螃蟹"，二是"要请老太太在园里赏桂花、吃螃蟹"。螃蟹出产在水里，吃螃蟹、赏菊花，所谓"持螯对菊"，这就是不出产螃蟹的地方的人们也知道的常识，而这里却说"地里出的"，"赏桂花"，这又是什么原因呢？简单说，这是有地域特征的，这说的是北京人吃螃蟹。

为了说明问题,先说明这次吃螃蟹的具体日期。根据书中明文推算,在此前面有贾政点了学差,八月二十日奉旨起身的明文,见三十七回开头。后面第四十三回有凤姐九月初二过生日的明文,中间又有海棠社诗课,初二、十六开社作诗的明文(见三十七回)。这三者如果仔细研究起来,中间洋洋洒洒五六回文字。在时间上自有矛盾处。但这系小说,自难像历史那样认真细考。但从所写风光来看,这吃螃蟹的时候,自在九月初二前若干日,以八月中旬左右为宜。这正是以北京人吃螃蟹的生活为背景来描绘的。

为什么这样说呢?先从时令上说是这样的。陆游诗云:“况当霜后得团脐。”螃蟹经霜之后才肥。在江南吴越间,一年到头能在水浜中捉到蟹,但真正讲究吃螃蟹,要在旧历九十月间经霜之后,团脐(母蟹)才有满黄,再晚尖脐(公蟹)才有厚膏。这种情况,明末张岱《陶庵梦忆》中“蟹会”一段说的最清楚:

> 河蟹至十月与稻粱俱肥,壳如盘大,坟起,而紫螯巨如拳,小脚肉出,油油如螾蜓,掀其壳,膏腻堆积如玉脂珀屑,团结不散,甘腴虽八珍不及。

张岱把江南吃蟹的期间,说的最清楚,而且对关键性问题,一语中的,就是“与稻粱俱肥”,江南晚稻要在农历九月中下旬才开镰,蟹才肥,所以俗话有“九团十尖”的说法。而北京天气凉,霜期早,大田的庄稼登场早,所以在旧历七月底、八月初就讲究吃螃蟹了。明人刘若愚《酌中志》“八月”条下记宫内吃蟹:

宫中赏秋海棠、玉簪花。自初一日起，即有卖月饼者。加以西瓜、藕，互相馈送……始造新酒，蟹始肥。

清末忧患生《京华百二竹枝词注》云：

七月间，满街卖蟹，新肥而价廉，八月渐稀，待到重阳，几几乎物色不得矣。

这都足以证明北京的螃蟹上市早，七月底、八月初正是当令。印证近人著作，也可证明这点。查《鲁迅日记》，一九一四年九月十九日记云："夜食蟹。"这年十月四日中秋，计在中秋前十四日。又一九一五年九月十日记云："晚齐寿山邀至其家食蟹……大饮啖，剧谈。"这年九月二十三中秋，计在中秋前十三日，以之对照《红楼梦》中所写，在桂花边上吃螃蟹，在时令上正对景。

为什么北京吃螃蟹，比江南要早一个月光景呢？这首先是因为气候的关系。前面所引宝钗的话，说是螃蟹出在"地里"，这也是很大的特征。在江南，螃蟹都出在浜里、江里、湖里、荡里。高邮湖、太湖、阳澄湖、淀山湖等等，所谓"鱼罾蟹簖"，在江湖边上是捕蟹的好地方，从来没有听说蟹是出在"地里"、"田里"的。而宝钗说的却不然，是在"地里"，这正是北京、天津一带的习惯说法。北京最讲究吃胜芳的螃蟹。胜芳是个镇，在京南武清县。这一带连着白洋淀，地势低洼，海河入海不畅，常常造成秋日田中大片、大片的积潦，螃蟹从海中沿海河上溯，到秋天高粱红的时候，爬在高粱地里吃高粱，人们大量地捕捉。所以说："地里出的好螃蟹。"这句话如在江南是说不通的，必须了解了特定的地理环境才能理解。

北国天寒，秋霜早降，旧历八月初即有霜，到八月底地里的庄稼都已登场，一片光秃秃的了，纵有积潦，一般也已退净，履霜而坚冰至，螃蟹已无处存身了。到了旧历十月，地要上冻，就更不能有螃蟹了。所以北京吃蟹，比之江南，要早上一个多月，而且很快就落市了。所谓“九月吃团脐，十月吃尖脐”，那是江南的饮馔经，在北京是不适用的。曼殊震钧《天咫偶闻》中说：“都人重九，喜食蒸蟹。”这似乎是想当然的说法。他是旗人，长期在江南作官，多少有些有意把江南人的习惯写在北京亲贵旗人的身上。而与他同时，江南人在北京久作京官的桐乡严缁生在《忆京都词》注中却记道：

> 都中蟹出最早，往往夏日已有，故余诗有“持螯北地翻佳话，却对荷花背菊花”。然赏菊时间亦有之，特不多耳。

严缁生的说法，似乎比曼殊震钧更恰合实际些。即北京到重九赏菊之际，螃蟹纵使还有，也不很多，应该是珍贵的，而且是市面上的商贩预先养起来的了。

江南人吃螃蟹，并不当回事，因为经常能捉到，平时家中吃螃蟹，蒸蒸也可以，就在锅子里煮煮也可以。如果做菜，面粉拖拖吃也可以（俗名“面拖蟹”），有姜、有醋、有酒固然好，无姜、无醋、无酒也无所谓，不像北京人吃螃蟹那样慎重。而《红楼梦》中所写，却多神情如画，尽是北京人的口吻。在第三十八回中：

> 凤姐道：“回来吃螃蟹，怕存住冷在心里，怄老祖宗笑笑儿，就是高兴多吃两个，也无妨了。”

王夫人对贾母说:“这里风大,才又吃了螃蟹,老太太还是回屋里去歇歇吧。”

贾母先嘱咐湘云:“别让你宝哥哥多吃了。”又嘱咐湘云、宝钗二人:“你们两个也别多吃了。那东西虽好吃,不是什么好的,吃多了肚子疼。”

黛玉道:“我吃了一点子螃蟹,觉得心口微微的疼,须得热热的吃口烧酒。”

试看这些话语,哪一条像吴越一带,“黄鱼紫蟹不论钱”的江南人的话语。可以说全是老北京大宅门中女眷的口吻。虽然书中人物,名义上是江南人,曹雪芹本人幼年也在江南生活过,但毕竟因他后来长期生活在北京,旗人亲贵过的都是“京朝派”的生活,所以一切的生活习惯、言谈口吻也都是“京朝派”的,吃螃蟹时的慎重其事,种种告诫,不过正表现其一端耳。

第三十八回中写凤姐安放杯筷,上面一桌,东边一桌,那边廊子上摆了两桌,花团锦绣,连鸳鸯、琥珀等人都围坐在一起吃螃蟹;凤姐“又命小丫头们去取菊花叶儿、桂花蕊熏的绿豆面子,预备着洗手”。前面是写场面、写神情、写气氛,这后面一句正是真正写出了亲贵之家的豪奢生活。如果没有经过这样的生活,见过这样场面,是编不出来的。明代刘若愚《酌中志》中写宫人吃蟹情况云:

> 凡宫眷内宦吃蟹,活洗净,用蒲包蒸熟。五六成群,攒坐共食,嬉嬉笑笑,自揭脐盖,细细用指甲挑剔、蘸醋、蒜(疑是“姜”字之误)或剔蟹胸骨,八路完整如蝴蝶式者,以示巧焉。食毕,饮苏叶汤,用苏叶等件洗手,为盛会也。

把刘若愚这段文字和《红楼梦》第三十八回对照来看，不是很有意思吗？《红楼梦》中写凤姐要水洗了手，站在贾母跟前剥蟹肉；薛姨妈又说"我自己掰着吃香甜"；平儿早剔了一壳黄子送来等等，不正是和刘若愚所写的"攒坐共食，嬉嬉笑笑。自揭脐盖，细细用指甲挑剔"等等极为神似吗？只是刘文中"蘸醋、蒜以佐酒"这点很特别。《红楼梦》中写平儿剔了蟹黄给凤姐，凤姐道"多倒些姜、醋"；后面宝玉的诗也说"泼醋擂姜兴欲狂"；宝钗的诗又说"性防积冷定须姜"：都是只说"姜"，未说"蒜"，因为姜是热性的，所谓"姜桂之性"，吃螃蟹南北各地照例都用姜末、姜丝，没有看见过用"蒜"的，虽然好多版本的《酌中志》都作"蒜"，但仍使人怀疑是错字。刘若愚所说饮苏叶汤、用苏叶洗手等，"苏叶"是紫苏叶子，紫苏又名"桂花"，是中药。虽然也很考究，比之于《红楼梦》中的绿豆面子却要相形见绌了。似乎明代宫中，某些地方还比不上清代亲贵家中起居日用考究呢？

我国吃螃蟹，原是有悠久历史的。早在《周礼》中就有记载。唐代陆龟蒙有《蟹志》、宋代傅肱有《蟹谱》，这都是古籍中有关螃蟹的专书。北京在地理上离海不远，附近又出产很好的螃蟹，又是几百年的首都，饮馔讲究，自然也讲究吃螃蟹，一般除去蒸了掰着蘸姜、醋吃而外，还讲究剔出蟹黄、蟹肉来，做菜吃，如烧蟹黄、蟹黄豆腐等等，也讲究作馅包包子、饺子、烧麦等吃。《红楼梦》第四十一回写用点心，两个小捧盒内，两样蒸食、两样炸的。一样"一寸来大的小饺儿"，贾母问是什么馅子？婆子们回答"是螃蟹的"。这正是应时当令的佳品。

北京本京人还讲究吃螃蟹打卤面。旧时娶媳妇、聘闺女，最普通的酒饭，是"炒菜面"。即炒几个菜，最后吃打卤面。北京旧时"百本张"俗曲《鸳鸯扣》中写娶亲时招待亲友云：

天将饭食诸亲才齐到，厨房内打卤下面为的是简绝……先端八碗热菜请吃喜酒，然后吃面的小菜倒有好几十碟，螃蟹卤、鸡丝卤随人自便，以下的猪肉打卤没什么分别……

这更是当年纯粹用北京方言写成的通俗文学了。《红楼梦》中所写，虽然没有这样纯粹地是“老北京化”，但从所写的时令，所写的人物的言谈等等来分析，也完全是以北京的生活为背景写成的，是很难扯到江南的。

螃蟹账

大观园中吃了一顿螃蟹，招来了刘姥姥的一番感慨，而且还替荣国府算了一笔账，所谓“富人一餐饭，穷汉半年粮”。似此重要关目，曹公却以闲淡笔墨写之，使读者真有笔力千钧之感。先看原文，再加解说。事见第三十九回：

> 周瑞家的道：“早起我就看见那螃蟹了，一斤只好称两个三个，这么两三大篓，想是有七八十斤呢。”……刘姥姥道：“这样的螃蟹，今年就值五分一斤，十斤五钱，五五二两五、三五一十五，再搭上酒菜，一共倒有二十多两银子。阿弥陀佛！这一顿的银子，够我们庄稼人过一年了！”

这段文字，如果一般看看，只晓得在当时贫富相差悬殊，亲贵家中一餐之费，是穷人家一年的浇裹，这太不公平了。如果进一步问问，不少问题就不见得都能理解清楚了。比如一斤称两个、三个的螃蟹是很大的；两三大篓，想是七八十斤呢。这些，只要生活在产蟹区域的人，一般还都容易理解。虽说江南太湖、阳澄湖的清水、金毛大闸蟹，最大的可以达到每只重一斤，两边腿伸开长一尺，号之为“斤蟹”，但这毕竟是极少的。蟹最肥的时候，一斤称两只、三只的已经是很大的了。不过这种常识，对生长在不出产蟹的区域中的读者，读来也是有些隔阂的了。而后面说的：“今年就值五分一斤”，这对今天读者说来，不管是产蟹地区的人,还是不出产螃蟹地区的人,就都感到十分隔膜了。有点历史经济常识的人,顶多知道这“五分”是指斤量,是说五分银子一斤,如果连这点常识也没有的人,那也许认为是五分钱一斤,是很便宜的呢!这岂不是要闹笑话吗?至于进一步再问一声:五分银子买一斤螃蟹贵不贵?用五分银子还能买些什么?五分银子究竟值多少?再搭上酒菜,又要加多少银子?二十多两银子,为什么说够我们庄稼人过一年了?这一系列的问题,如果仔细想想,也是很有趣味的。时代不同,与现在相隔已有二百几十年,刘姥姥这笔账究竟如何算法呢?在此小文中,我想帮她算算。

为了算清这笔账,还要先再报《红楼梦》一笔账。第六十一回写大观园厨房中的纠纷时,柳家的道:

> 就是这一样儿尊贵,不知怎的,今年鸡蛋短的很,十个钱一个还找不出来。昨日上头给亲戚家送粥米去,四五个买办出去,好容易才凑了二千个来,我那里找去?你说给他,改日吃罢。

又道:

> 连前日三姑娘和宝姑娘偶然商量了要吃个油盐炒豆芽菜儿来,现打发个姐儿拿着五百钱给我,我倒笑起来了,说:“二位姑娘就是大肚子弥勒佛,也吃不了五百钱的,这二三十个钱的事,还备得起。”赶着我送回钱去……

把这两条与刘姥姥的账对照看,可以知道:当时一斤最大的螃蟹，价值五分银子；一个鸡蛋，价值十个钱上下；炒着吃一盘豆芽菜，就算一斤吧，连油盐作料，约二三十个钱。这三者哪个贵，哪个贱，如何比例呢？一斤螃蟹的银子又能买几个鸡蛋呢？

要算清这笔账，先要把银子和钱之间的兑换率说明白。银子、铜钱，这二者的比例是互有涨落的。虽说二者都是金属，作为货币，都是“硬币”，但二者的比例，也不是一直不变。有时银贵，有时钱贵，不过因为都是金属，在清代前期，经济稳定时期，上下涨落并不大。清初陈鸿《熙朝莆靖小纪》记康熙三十年福建泉州钱价云：

> 兼用官板康熙钱，每八文当一分扣。

“扣”的意思是兑，即八文兑银一分，即每两白银兑康熙钱（大铜钱）八百文。

钱泳《履园丛话》记云：

> 乾隆初年，每白银一两换大钱七百文，后渐增至七二、七四、七六至八十、八十四文（按，由上文读下来，此“八十四文”即八百四十文）。余少时每白银一两，亦不过换到大钱八九百文。嘉庆元年，银价顿贵，每两可换钱一千三四百文，后又渐减。

清代的铜钱，叫“制钱”，是正式“国家货币”，由国家铸造。白银只能说是“商用货币”，并非国家专门浇铸的。因而白银与铜钱的兑换率，国家没有明文规定，是在市场上自由浮动的。《红楼梦》的时代是在乾隆初叶，北京银与钱的兑换率，应以一两白银兑八百文左右制钱为标准。当时市上的钱是“顺治通宝”、“康熙通宝”、“雍正通宝”、“乾隆通宝”四种，清代后期的各种劣钱（包括铁钱、小钱、当十等等）尚未出现，都是很好的大黄铜钱。按照这个比例，即刘姥姥所说的一斤大螃蟹的价钱：五分白银，即等于四十文大铜钱。柳家的所说的十文一个鸡蛋，看来是有些夸张，是形容其特别贵，拒绝司棋小丫头莲花儿的借口。实际价格，应该大大地打个七折八扣才对。乾隆后期周春《阅红楼梦随笔》于此处有评云：

> 柳家的鸡蛋开销十个钱一个，即此一端，宜十年而花百万也。

此评大可注意，要知当时由皇帝以下，直到各级衙门，各种官僚家庭，所有管事人员及佣人等购买物品，均有层层克扣，报销、开销的价钱，与实际价钱是相差悬殊的。宫廷中的事是最大的贪污，据传过年时一根黄瓜要报销五十两银子。沈德符《野获编》记云：

> 穆宗（朱载垕）仁俭性成，尝思食果饼，询之近侍，俄顷，尚膳监及甜食房各开买办松、榛、粆饧等物，其值数千金以进，上笑曰：“此饼只需银五钱，便可于东长安大街勾栏胡同买一大盒矣，何用多金？”

这是宫廷的报销实例，大观园中可能比这要少些，但花账报销，自然也是十分惊人的。康熙时柴桑《燕京杂记》记当时佣人及厨房情况云：

> 为仆役者莫多于京师，其贱莫过于京师，其恶莫甚于京师，奸诡变幻，寡廉鲜耻，未可穷述，至典司出纳者，祸尤不可言。予十买五，更称良厚，而达官贵人，耻与市人交易，亦不暇广采市价，任其鱼肉而已。

又说：

> 司烹饪者，谓之“厨子”，每日二膳，定以菜品，限钱若干，名曰“例菜钱”，买至贱之物，仅足其数而已。即杂以恶草具，主人不传而问也。至开筵宴客之日，不须常馔，亦必索例菜钱，以为应得云尔。

柴桑说：“予十买五，更称良厚。”那照周春的话看来，柳家的连良厚也够不上了。那么鸡蛋的价钱，打个对折还不上，自在五文以下了。周春是乾隆五十多年写的这篇随笔，他自是了解当时物价的。所以当时鸡蛋的价格，最贵不会超过三文一枚，与螃蟹比，则是十五枚鸡蛋相当于一斤螃蟹了。这样比例是合理的。刘姥姥口中的螃蟹价是实际价格。柳家的鸡蛋则是“开销价”，是假的。再则是过去人们在口头算账时，习惯用五和五以下来进位，这是算盘算法，取其便捷。所以刘姥姥不说“五八四十”，而说“五五二十五，三五一十五”，即两笔相加，八十斤螃蟹，共四两银子。刘姥姥说：“再搭上酒菜，一共倒有二十多两银子。”那么除去四两螃蟹银子，那十六两如何开销呢？还要介绍一下当时酒席的价格。康熙四十六年（一七〇七）查慎行《南斋日记》四月十二日记云：

早，过大儿天宁寺寓舍，约酒二席，用银四两……同作半日聚，时大儿奉保定知府檄，明日约回束鹿。

邓之诚先生《骨董琐记》中引康熙时堂邑张凤翔疏云：

移风易俗，当自辇毂始，迩来官员，非有喜庆典礼，每酒一席，费金二两。

乾隆时汪启淑《水曹清暇录》云：

内外城向有酒馆戏园，酒馔价最高。初，南来者未悉，每受其累，一夕几费十金。近奉禁止，诚善政也。

根据这三条，我们大约可以算出刘姥姥这笔酒席账。康熙时，一般一桌便席二两银子，乾隆时东西上涨，北京酒馆酒席，带有高抬物价的性质，“几费十金”，就是快要到十金，后被禁止。据此刘姥姥算十六两银子的酒菜账，是非常符合当时实际情况的。试看第三十八回原文：上面一桌，东边一桌，西边靠门一小桌，在那边廊上摆了两席，即两桌，共五桌。以三两一桌计算，约略计之，不正是十五六两吗？加上螃蟹四两，自然是二十两白光光的银子了。刘姥姥又说：

这一顿的银子，够我们庄稼人过一年了！

这是夸大的说法，还是有事实根据呢？据故宫编印《李煦奏折》最后一则，康熙六十一年（一七二三）十月初四日《苏州米价并进晴雨录折》云：

> 米价上号一两一钱，次号九钱二分。

另据钱泳《履园丛话》“米价”条记云：

> 雍正、乾隆初，米价每升十余文。二十年虫荒，四府（指苏州、松江、常州、镇江）相同，长至三十五六文……后连岁丰稔，价渐复旧，然每升亦只十四五文为常价也。

据此可知《红楼梦》时代的米价，即大约是一千四五百文一石米，合白银一两六七钱吧。这指的是上白米。如果是麦子、杂粮等，自然更便宜。因此刘姥姥说的二十两银子，在当时庄稼人家中，即等于二十多石粮食的代价，在北京郊区的一般庄稼人家中，五口之家，一年有二十多石粮食的收获，省吃俭用那日子还过得去，虽不十分富裕，也可以说是小康之家了。这就是刘姥姥算完大观园的螃蟹账后，感慨地念了一声“阿弥陀佛”的主要原因。

乌庄头账单

读乾隆时汪启淑《水曹清暇录》，其中有一段记关东货云：

> 冬时关东来物，佳味甚多，如野鸭、鲟鳇鱼、风干鹿、野鸡、风羊、哈拉庆猪、风干兔、哈实蟇，遇善庖手，调其五味，洵可口也。其他石花鱼、滦河鲫、宝邸银鱼，更不胜缕指矣。

熟悉《红楼梦》故事的人，读到这段记载，便会很自然地想起第五十三回中所写的黑山村乌庄头的账单，真是何其相似乃尔。乌庄头的账单写的十分热闹，单中所列的东西是大鹿、獐子、狍子、暹猪、汤猪、龙猪、野猪、家腊猪、野羊、青羊、家汤羊、家风羊、鲟鳇鱼、杂鱼，活鸡、鸭、鹅，风鸡、鸭、鹅，野鸡、野猫、熊掌、鹿筋、海参、鹿舌、牛舌、蛏干，榛、松、桃、杏瓤，对虾、干虾、银霜炭、柴炭、御田胭脂米、碧糯等等。这许多品种，现在读者看来，好像目迷五色，以为是曹雪芹编出来的，而实际却是当年历史风俗的反映。这些在当时统称之曰“关东物”，同汪启淑所记载的一样，不过他又把它穿插在故事中，小说化了。而小说来源于生活，《红楼梦》所反映的，也正是当时的社会生活，在故事中也随时随地反映了当时北京的风俗面貌。从历史的角度看，《红楼梦》除了是小说而外，在某些地方，也可以作为风俗史来看。如果把乌庄头的账单和汪启淑的记载对照来看，就更感到像是来源于一处了。这倒不是写文章时谁抄谁，而是当时的社会情况确实是这样的。得硕亭《京都竹枝词》中有一首写关东货的诗云：

关东货始到京城，各处全开狍鹿棚。
鹿尾鳇鱼风味别，发祥水土想配京。

这诗的最后一句说的很清楚，就是清代入关之后，把东北的一些风俗，如吃鹿肉、吃野鸡、吃鲟鳇鱼等等习惯带到北京；除去人参、貂皮、东珠等等而外，把东北的大量物产也带到北京，使东北与北京的贸易大大向前推进了一步。关外地广人稀，由于贸易繁荣，关外出产又多，所以关内大量劳动力流向关外，俗称“下关东”；关外大量土特产输入关内，人称“关东货”。直到现在北京人还把麦芽糖叫“关东糖”，烟叶子叫“关东烟”。乌庄头账单和汪启淑所记，都是当时冬天的关东物。这就是小说和笔记所写内容的时代实质。

旧时交通不便，运输困难，南方靠船，通往东北的大路靠大车，也就是骡子拉的敞车。大车运输，最好的季节就是冬天地冻以后。因为那时的路都是土路，车轮是木制外圈钉铁钉的硬轮，不要说春天夏天，下雨泥泞之际，行走十分困难了，即使是晴天，尘土飞扬，坎坷不平，也松软难行。只有旧历十月，地冻之后，路面变硬，便于运输。因而旧时北方冬天，越是冻指裂肤的天气，越是运输繁忙的时候。有不少笨重物品，都要等到冬天上冻后才运送。明、清两代修宫殿等大工程，不少大石料，都是三九天，把经过路面，分段不断地洒水，使之结冰，然后用几十匹健骡牵挽拖运。关东货也是冬天大量运进关来，那时也正是秋冬之季，农副渔猎产品收获后，大量上市的季节。这些货物不管是进贡的、缴纳的，或是贸易的，都用“四五套”的大车川流不息地拉进关来,前后约有三个来月这样的贸易期。基本上是旧历九月后开始,到十二月终,谓之“走大车”。沈阳是清朝的“盛京”,是满人入关前建立政权的根据地,照旗人的说法,谓之“发祥地”,所以得硕亭的诗句说“发祥水土想配京”了。这条运输线长约一千五百来里,路上如果顺利,二十来天即可到达。但是遇上天气不好,或者风雪过多,或者天气过暖,路上冻土融化了,这就十分难走,不免要耽误行程了。贾珍问乌进孝走了几天,乌说:

> 回爷的话:今年雪大,外头都是四、五尺深的雪,前日忽然一暖一化,路上竟难走的很,耽搁了几日。虽走了一个月零两日,日子有限,怕爷心焦,可不赶着来了。

不要看这“一个月零两日”,这不是随便说了的。这正同当时的历史真实是吻合的。那时“四五套”大车长途载货,每辆一般装货三五千斤左右。在“走大车”的季节里,如果每天有六七百辆大车到京,那每天就可运到北京一千五百吨左右关东货,到十一月间,就进入旺季。《水曹清暇录》记《燕台新月令》十一月云:

> 是月也,滑擦聚冰,拖床为渡,黄芽菜皮剥,鹿角解、辽货集,土有禁,苦菜食其根。

邓之诚先生在《骨董琐记》中也引了《燕台新月令》,感慨说,有好多已经不懂了。如这则中“土有禁”就不明白是什么意思,但“辽货集”,就是说关东货云集了。等到一进腊月,那关东货就更要堆满街了。清代“百本张”俗曲《打糖锣》云:

正月里的银子腊月里就关，二十一、二放黄钱，卖香炉蜡烛台儿的满街上叫唤……汤羊和那鹿肉、野鸡吆喝新鲜，关东鱼、冻猪、野猫堆在街前……旗下爷们见面，又把满洲话翻，无非说的是新喜，吉语、吉言。

所谓“关东货”、“辽货”所反映的就是，东北一带山区、平原及海上的物产和满洲人的生活习惯。不论是乌庄头的账单、汪启淑的笔记、“百本张”的唱词，都有这个共同的特点。如以物产来说，首先是鹿，包括狍子、獐子、鹿筋等，这是颇有代表性的。我国古代虽然也讲究猎鹿，《诗经》中有“呦呦鹿鸣”，《孟子》中也有“顾鸿雁麋鹿而乐之”的句子，但后代并不十分重视猎鹿和吃鹿，清代则是比较特殊的。因为一来东北出鹿，二来满人在进关之前有渔、猎的生活习惯，讲究吃鹿肉。而且据《柳边纪闻》、《龙沙六种》等书中记载，少数特殊的地方，真有过吃生鹿肉片的习惯。因而《红楼梦》中几次写到吃鹿肉，烤着吃鹿肉，还提到过“吃生鹿肉”，这些都是有真实历史背景的风俗习惯。乌庄头账单第一笔就是鹿、狍子等等；汪启淑的笔记第三样就提到“风干鹿”；《燕台月令》也特地提到“鹿角鲜”；得硕亭的《竹枝词》第二句，也是“开狍鹿棚”；“百本张”俗曲《打糖锣》也是“汤羊和那鹿肉”，于此可见鹿肉在当时是多么普遍了。清朝皇帝直到清末，仍把赏鹿肉当作对大臣的一项重要恩典。《燕京岁时记》记云：

每至十二月，分赏王大臣等狍鹿，届时由内务府知照，自行领取，三品以下不予也。

不但京官有，外官也要得赏。林则徐在江苏巡抚任上，道光十五

年(一八三五)十二月十七日《日记》记云:

> 申刻折差外委龚寅赍两次批折回,并捧到恩赏御书"福"字、"寿"各一幅,鹿肉、狍(即"麅"字)肉各二方,跪迎叩领,即分致将军……

从这些记载中,我们更可理解到当时鹿肉不但普遍,而且是受到极端重视的。这固然由于出产和风俗习惯的原因,同时还有迷信的成分在内,即用"鹿"谐"禄"的音。乌庄头账单第一项就列"大鹿",是祝贾珍加官进"禄",因而他不把"猪"写在前面,这都是有些道理的。当然,从另一方面说,鹿肉等都是极为滋补的食品,这又是猪羊比不上的了。

其次说说鲟鳇鱼。鲟鳇鱼是很大的一种鱼,一般有一丈多长,重三四百斤,大的还超过这个数字。徐珂《清稗类钞》云:

> 奉天之鱼,至为肥美,而鱏鳇尤奇(按,鱏,音寻 xún,鱏鳇即鲟鳇)……大者丈许,重可三百斤,冬日可食,都人目为珍品。

据前引汪启淑等资料,再参看徐珂所记,可见《红楼梦》时代直到后来,在北京年年冬日,市上都可以买到鲟鳇鱼,而且是受到都人珍视的。徐珂说"大者丈许",实际上大的还要大。谈迁《北游录》顺治十年(一六五三)七月辛亥记在淮阴所见云:

> 晨见巨鱼,羡之。舟人曰:崇祯己卯,江阴捕鲟鳇鱼,长四五丈,剖腹有男子,腰二十金,布囊革履如故,捕者怜而殡之。

这是一个很悲惨的故事,但也记录了鲟鳇鱼的资料。关外的鲟鳇鱼出自黑龙江、混沌江。按,长江也有,也很名贵。用鲟鳇鱼烧菜,自然不会整条地烧,而是炒鱼片、炒鱼丁等。而最讲究的吃法,则是头骨。《黑龙江外记》说:"鳇头骨,关内重之,以为美于燕窝。"但吃法如何,则不知道了。再有因为它大,所以乌庄头的账单里,不能太多。一般本子都印作"鲟鳇鱼二百个、各色杂鱼二百斤"。这就不合理。即以三百斤一条说,"二百个"就要六万斤,比后面"柴炭三万斤"一项,还要多出一倍。这太不可能了。而"杂鱼二百斤",又似乎少了些。如以五到十斤的草青鱼计算,二百斤也不过三十来尾,与其他猪、羊、鸡、鸭等比,不成比例。而关东货中鱼是很多的,不但有淡水鱼,而且有海鱼、海货。因为与朝鲜交界处,海货的贸易量是很大的。当时商民互市,谓之"马市",以市换盐、海参、海货、纸张,海货都是动不动就上万斤的。再有辽宁沿海营口一带,也都是出鱼、海参、对虾的地方。所以乌庄头的账单里,列了许多海参、蛏干、对虾等,这正是反映了这些货来自关东。

第三是野鸡、野猫,东北有句谚语道:"棒打狍子瓢舀鱼,野鸡飞在饭锅里。"可见野鸡之多。再有"野猫"是什么呢?就是"野兔"。《红楼梦》中说到野鸡的地方很多,叫"野鸡崽子"。北京饭馆中习惯上不叫"野鸡",而叫"山鸡",生炒山鸡片,是一味极为鲜嫩的名菜。清代北京一直讲究吃山鸡。乾隆时谢墉《食味杂咏》注云:

> 关东野鸡之来京者,尤以冰鸡为胜。土人云:非极肥者不以作冰鸡,故不易得……削野鸡薄片,置火锅肉汁酸菜羹中,色既白,食之味极佳矣。尚不如炭火上生炙之,即以清

酱醢物，蘸食更佳。

这里不但介绍了野鸡，而且介绍了两种吃法，即一是“涮”，一是“烤”，火炙蘸酱油和油炸蘸酱油的山鸡片，味道是近似的，都是咸渍渍的焦香。所以第四十三回写贾母尝了野鸡崽子汤，又吃两块肉，心里很受用，又说道：

若是还有生的，再炸上两块，咸浸浸的，喝粥有味儿。这汤虽好，就只不对稀饭。

结合《食味杂咏》注来看贾母的话，就更感到所写贾母的话富于生活味，的确生动地反映了当时的饮食风俗习惯。

第四说说汤羊、汤猪等等。这里说猪有暹猪、汤猪、龙猪、野猪、家腊猪等等。当年这些都不是活的，都是杀倒的、冻的。“暹猪”，是暹逻种猪，即现在的泰国种猪。在过去这是最好的肉猪，是用米喂养的。龙猪是一种长毛猪种，瘦肉多而肥肉少。腊猪，实际就是整扇的腊猪肉猪身。汤猪、汤羊都是杀倒之后，五脏、头蹄去清，但不褪毛去皮，这样冰好，运到北京。康熙时柴桑《燕京杂记》云：

都中以绵羊为贱品，宴客无有入馔者，去皮者谓之冒羊，不去皮者谓之汤羊，味较胜，价比冒羊倍之。

近人沈太侔《春明采风志》云：

六七两月前门外深沟市汤羊肉，购食者争先恐后，盖一日只鬻半日也。连皮而烹,烂而不羶。

汤猪、汤羊,实际都是准备食用时,临时褪毛,连皮上锅煮的。因为皮中有胶质,所以能煮成浓汤。但不要油太多,所以汤猪、汤羊都不是十分肥的。汤猪一般都不超过一百斤。一直到几十年前,北京门框胡同还有著名的卖汤羊肉的铺子。行家买汤羊肉,都自带家伙连汤买。外行或者没有带家伙,那就只买肉了。剩下的汤下杂面吃,那是最好不过的。

乌庄头账单,就我所知,作了一些说明。不要小看这样一个账单,它也是风俗史、物产史、经济史的好资料,还很值得作进一步深入的研究。

酒　令

我过去在北京旧书摊上曾买到过一本“牙牌酒令”的书，现在则因了众所周知的原因，早已没有了，但是我一直很思念它。昔人诗云：“亡书久似忆良朋”，可我虽然对这位“良朋”念念不忘，遗憾的是，却把书名忘记了。只记得的是书中印着：“同治某年，宣南家刻本”，作者是谁，也一股脑儿忘光了。现在想来，总是同治年间、寓居宣南的京官中，某一位好事者刻的了。刻印很精，是红、黑套印，全书共分两部分，三分之二是牙牌副子，三分之一是酒令曲子。一副牙牌，配一句唐诗。唐诗印在右上方，下面并排三张牙牌。也就是每半页一图、一句诗，四周加细线，都是用白棉纸印的，雪白、朱红、墨黑，颜色分明，印制素雅。这种冷门小本书，家刻本印数不多，是可遇而不可求，很难得到的。当时我于无意中得到，亦颇有一种“至快也”的感觉。

牙牌配副子，首先是两张一副，因为天、地、人、娥、版、五、长以及“皇上”、花五、花七、花九等都是两张一对的。但在过去玩骨牌“打天九”及“过五关”时，都是三张一副，三张一副，按数学中“排列”、“组合”的公式计算，变化自然更多。第四十回《金鸳鸯三宣牙牌令》，说的那些牙牌副子，都是三张一副的，我旧藏失落的这本“牙牌酒令”的书，也正是鸳鸯所宣的这种牙牌副子，每三张合一副，自然比鸳鸯所说的要多得多了。鸳鸯宣牙牌令，是每说一张牌，说一句诗，大部分是象形的，少部分是谐音的。如鸳鸯说：“当中是一个五合六。”贾母说：“六桥梅花香彻骨。”就是那张牌一头的“五”点，像一朵梅花，一头六点，用“六桥”代之。等到鸳鸯说：“左边是个大长五。”薛姨妈便说：“梅花朵朵风前舞。”两朵梅花，仍是象形。即至鸳鸯又说：“左边一个天”，黛玉说：“良辰美景奈何天”，那便是凑韵了。鸳鸯把三张合起来说的，也是象形的话。如与湘云合说的，左边“长幺”，右边“长幺”，中间“幺四”，鸳鸯说：“凑成一个‘樱桃九熟’”，因为九个都是红点，所以比喻得极为形象。

我那本失落的“牙牌酒令”的书，书名虽然忘记了，但内容还记得几则。它是每三张一副，用一句唐诗来标示，每副都极为形象，单就酒令论，自然是颇见慧心，较之红楼故事，也是有过之而无不及了。下面介绍几副看看。

比如右边一张“幺五”，中间一张“花九”，按四点在上、五点在下的位置摆着，右面又是一张“幺五”，这样下面一排都是白色五点，上面一排都是朱红点子，编者在右上角题着：“林花着雨胭脂湿。”十分神似，颇见匠心。

又如左面一张“人牌”，中间一张二、三“五点”，右面一张“长三”。“长三”斜看很像一条船，角上题着杜诗：“野航恰受两三人。”十分巧妙。

又如并列两张长三，再加一张三、六“花九”，一共五排斜列着的三点，好像一根链条，边上六点像是坠着一个重物，右上题着：“千寻铁索沉江底”，真是再形象也没有了。

又如中间一张“人牌”，左、右两面一边一张“金屏”，上面一排三张都是四个红点，十分仪容华赡，左右象征两扇屏风，好像是贵妇人坐在中间。因而这副牌便用象征性的手法题了一句诗：“只似人间富贵家。”

其他还有许多非常巧妙的副子，诗句题得极为形象，只是记不完全了。记得有一页题作“三月正当三十日”,当时朋友们看了,没有一个不拍案叫绝的,而现在却事隔多年,想来想去也想不齐全了。一本小书,得失之间,本来无所谓,而对于一个有点癖好的人说来,却老是念念不忘。一是可惜这样一册印刷精美的书,现在不知流落何所,或者早已变为灰烬了,真是可一而不可再,再想得到,那真有些老和尚看嫁妆之感了。二是失落了这样一本书,也不能在写“金鸳鸯三宣牙牌令”时,提供出生动的资料,更惋惜没有很好利用这本书了。说来说去还是书,正是稼轩词所谓“百药难医书史淫”了。

古人吃酒行酒令,谓之“觞政”。把它比作政治,可见是很不简单的。所以鸳鸯女说“酒令大如军令”,是颇有一点运筹帷幄的气概,实际也还是所谓的文人雅戏罢了。本来酒令、酒筹,在唐代就很时兴了。唐人传奇小说中有“春来无计遣春愁,醉折花枝当酒筹。忽忆故人天际去,计程今日到梁州”的诗句。诗中很形象地谈到了“酒筹”。又唐人笔记中曾记载薛涛与成都西川节度使高骈行酒令的故事。酒令规定:说令时要说一字,此字要形象所说之物,又要能押韵。于是骈自云:“口有似,没量斗。”

薛涛接着说:“川有似,三条椽。”

口、斗押韵,川、椽押韵。杨骈问薛涛:“川字的一笔弯曲怎么办?”意思是不像。这时薛涛便讽刺他道:“相公为西川节度使,尚使一没量斗;至于穷酒佐,三条椽只有一条曲,又何足怪?”这是有关酒令的一个很古老的小故事。至明清之后,酒令的花样越来越多,编出各样有关酒令的书。但是这些酒令,除去最普通的“拇战”,也就是俗名的“划拳”而外,其他总是文绉绉的,多少要有一点旧文化的基础,才能行酒令。不然真连薛蟠也不如了。由于这是一种近似文字游戏的事,所以行酒令也常常被编成嘲笑不读书的人的笑话。据说有一家三个女儿，找了三个女婿，大女婿、二女婿都是秀才，只有三女婿不大认识字，是个土财主。三女儿觉得很丢面子，不愿意女婿一同娘家去。这天丈人过寿，大家非去不可，便都去拜寿吃酒。丈人看着三个女婿、三个女儿团团坐定，十分高兴，便提意行个酒令，要说两句古书，句头句尾都是“人”字音，以象征小夫妻二人团团圆圆，说了吃杯酒，说不来罚酒三杯。大女婿先说：“仁能弘道，非道弘仁。”大女儿听丈夫说的很好，自然很得意。二女婿接着说：“仁者安人，智者利人。”也说得很好，二女儿也很得意。轮到三女婿说了，三女婿脸红脖子粗：“人人……”半天也说不上来。三女儿很难为情，狠狠地在她丈夫腿上拧了一把，三女婿又痛又急，不由地随口说道：“人不拧你，你偏拧人！”一下子引得大家哄堂大笑。好像是第二十八回所写薛蟠“登时急的眼睛铃铛一般”，说出“绣房钻出个大马猴”来了。

《红楼梦》中写到酒令的地方很多，最繁复的要数第六十二回湘云所要求说的酒底、酒面，要一句古文、一句旧诗、一句骨牌名、一句曲牌名，还要一句时宪书上的话，共总成一句话。黛玉替宝玉说的那则是：“落霞与孤鹜齐飞，风急江天过雁哀，却是一枝折脚雁，叫得人九回肠，——这是鸿雁来宾。”

众人听了，都说他的令比别人唠叨，倒也有些意思。一说一大串，的确是好玩的。对于现代读者来说，这似乎是很难的了。其实在当时，这种文字游戏，也还是很普通的。说的古文、唐诗，都是做小学生时书房读熟的。骨牌名，就是指三张一副的名称，曲牌就是明清人们常唱的。时宪书就是“皇历”，俗名“历本”，家家每年买一本，里面的一些话，也是人家口头记熟的。当时人们从小读书讲究背，养成特殊记忆力。这些平时都记在脑中，脱口而出,是不费力的,难得是说的这样圆满流畅。其实这样的酒令,也并非曹雪芹独创,在社会上也是常见的。下面引一则《清朝野史大观》中《清朝艺苑》内记陈眉公的故事:

> 陈眉公在王荆石家,遇一宦问荆石曰:“此位何人?”曰:“山人。”宦曰:“既是山人,何不到山里去?”盖讥其在贵人门下也。俄就席。宦出令曰:“首要鸟名,中要四书二句,末要曲子一句合意。”宦首举云:“十姊妹嫁了八哥儿,八口之家,可以无饥也;只是二女将谁靠?”眉公曰:“画眉儿嫁了白头翁,吾老矣,不能用也;辜负了青春年少。”合座称赞,宦遂订交焉。

把这两则,如湘云等说的比较一下,似乎更见巧思。看来如单从酒令评,陈眉公几乎又要胜过湘云姑娘了。

吃　茶

有人写文章，说到《红楼梦》中喝茶的事。这本来是个很好的题目，但读者不谙于旧时的风俗，所以说来说去，未说到点子上，不唯有隔靴抓痒之感，而且看了很使人气闷，感到太可惜这个题目了。

说到吃茶，在我国可谓源远流长。不要说《诗经》中“谁谓茶苦，其甘如饴”等那样的老话了，即以唐代陆鸿渐的《茶经》、卢仝的“七碗”说起，那也都是一千几百年前的旧事，要说也是说不胜说的了。而这里要把范围大大地缩小，只说《红楼梦》中的吃茶。这是二百来年前的旧事，上接明代末叶，下启清朝后期。正是这个时期的吃茶情况，未说之前，先要分分类。第四十一回妙玉说：

> 岂不闻：“一杯为品，二杯即是解渴的蠢物，三杯便是饮驴了。”你吃这一海，更成什么？

这虽是玩笑的风趣话，但却也反映了当时吃茶的实际情况。因而要把《红楼梦》中吃茶来分分类，大约可分这样几种：一是品茶，这就是妙玉在栊翠庵中请宝玉、黛玉、宝钗三人吃的。二是家常吃茶，这个很多，吃完饭，吃杯茶，按照第三回所写荣国府的规矩，先是漱口的茶，“然后又捧上茶来，这方是吃的茶”。半夜口渴了，吃杯茶，第五十一回写宝玉要吃茶，麝月“向暖壶中倒了半碗茶，递给宝玉吃了，自己也漱了一漱……”第二十四回写宝玉要喝茶，叫人没有，“只得自己下来，拿了碗，向茶壶去倒”。三是礼貌应酬茶，在这点上我国南北的习惯基本相同，客人来了，不管客人口渴不渴，这是礼貌。第二十六回写贾芸来看宝玉，袭人送茶与他，“只见有个丫环端了茶来与他”，贾芸笑道：“姐姐怎么给我倒起茶来？”第二十四回贾芸找宝玉，没有见到，临走时，焙茗道：“我倒茶去，二爷喝了茶再去。”四是饮宴招待茶。第三回写黛玉初到贾府见到凤姐后，“说话时，已摆了果茶上来，熙凤亲自布让。”第七回写宝玉初见秦钟，“一时捧上茶果吃茶，宝玉便说：‘我们俩个又不吃酒，把果子摆在里间小炕上，我们那里去，省了闹的你们不安。’于是二人进里间来吃茶”。第十九回写宝玉到了袭人家，“又让他上炕，又忙另摆果子，又忙倒好茶”。五是风月调笑茶。第十五回写馒头庵中故事，宝玉对秦钟说：“你只叫他倒碗茶来我喝，就撂过手。”秦钟没法，真叫智能倒碗茶来，“智能走去倒了茶来。秦钟笑说：‘给我。’宝玉又叫：‘给我！’智能儿抿着嘴儿笑道：‘一碗茶也争，难道我手上有蜜？’”第二十六回宝玉在潇湘馆，“只见紫鹃进来，宝玉笑道：‘紫鹃，把你们的好茶沏碗我喝。’……”六是官场形式茶，第十三回秦可卿办丧事，大明宫掌宫内监戴权来上祭，“贾珍忙接待，让坐至逗蜂轩献茶”。第三十三回写贾政接待忠顺亲王府里的来人，“出来接见时，却是忠顺府长府官，一面彼此见了礼，归坐献茶”。……

以上粗粗分，分了这六种，如果细拣《红楼梦》全文，那还可以再分几种，不过那没有必要了。如把这六种再归纳一下，那便可以得出这样的结论：一是生活的吃茶，口渴吃茶，客人来了倒茶；二是势利的吃茶，官来献茶，客去端茶。三是艺术的吃茶，像是妙玉那样。

第一种生活的吃茶，是很好理解的，同我们今天实际生活的距离并不大。即使在现在，南北各地，客人来了，总得倒杯茶。而且在江南，茶已成了“水”的代名词，如果放茶叶，倒要叠床架屋，叫“茶叶茶”，放糖的白糖水叫“糖茶”。所以，在今天生活上的茶还是很普通的，自不必多说。只是《红楼梦》中有一点，现在生活中并不强调的，就是吃“果茶”。现在有外国说法，叫“茶话会”，一般人都懂，是有茶、有点心吃。再有到过西洋的人，爱说英国人下午吃茶点的习惯，而对故国的“果茶”，却很少有人注意，更很少有人知道了。数典忘祖，日甚一日，说起来也是不胜感叹的。过去有所谓“果茶”、“果酒”，这个“果”是广义的，既包括苹果、梨子等鲜果，也包括核桃、栗子等干果，还有方酥、托糖、麻片、焦桃片、麻糕等小点心，即所谓的“茶食”。现在说到“果”，一般人理解只是鲜果，对于干果已很少有人理解，对于小点心叫“果子”，更少人能懂。北京过去把油炸鬼叫“果子”，这在四十年前还是很普通的，现在则油炸鬼、果子都没有了。在日本，老式点心都叫“果子”，点心铺叫“果子屋”，不过现在如何，也不得而知，大概也都叫“外来语”代替了。当时吃果茶，吃果酒，摆上来的食品叫“果盘”。宝玉过生日，四十只盘子，并不是荤菜，也是这种“果盘”。干果香脆的大多是油酥桃仁、杏仁、松子仁、榛子仁、核桃仁、甜的糖核桃、花生沾、麻片、寸金糖、甜咸五香的煮栗子、五香花生、鹅脯、肉干、肉枣等，蜜渍的山楂、蜜枣、榅桲、法姜、青梅、糖莲子、瓜条等，鲜的如鸡头米、鲜莲子、鲜菱角、鲜核桃仁等，带壳的如桂圆、荔枝等，制成糕的如山楂糕、豌豆黄、芸豆糕、扁豆糕、山药泥糕、栗子糕、槟榔糕（槟榔屑和饴糖制成）、枣泥糕等，奶制品如奶卷、奶乌他、水乌他等。南方叫茶食店，北京叫“果局子”，得硕亭《京都竹枝词》云：

内城果局物真赊，兼卖黄油哈密瓜，我到他乡犹忆食，山楂糕与奶乌他。

原注云：“即酥酪也，乌他系清语，叶韵而已，并非本字，不为出韵。”

说明白“果”，才能理解“果茶”的内容，大抵是“果酒”只备果而不备菜肴，较之筵席简便。“果茶”只备果与茶而无酒，较之果酒更为简便。不过有时果茶是正式酒筵的前奏。在清代大筵席，或接待娇客，如第一次女婿上门、会亲家等，在筵席之前，都要先吃“果茶”或“果酒”。“百本张”子弟书《梨园馆》云：

忽听的一声摆酒答应“是”……察着当儿许多冰碗，照的那时兴果品似琉璃，饽饽式样还别致，全按着膳房内派点心局……说“吃饭罢”，小厮们忙把残杯撤，顷刻间果酒端开摆上席。

从这通俗文学的资料里，也使我们看到当年“果酒”、“果茶”的情况。所谓“果茶”，用现在简单的话说，就是“茶点”，喝茶吃点心，吃茶食而已。但现在把这作为正式接待客人的方式，已经不多见了。过春节时，客人来了，吃粒糖，吃点花生，可能还是这种果茶的遗意吧。

势利的吃茶，这是清代官场中一种特殊规矩。官吏见客，分宾主上下首坐定之后，差役照例用盘子端两个盖碗茶来。下有茶托，中有茶盅，上有茶碗盖。主客面前分放一碗，不管上级见下级或下级见上级，都是照例不吃。客人一告辞，或主人不愿多谈，催客人走，照例左手把茶托端起，右手一按茶碗盖，用以示意，差役马上向外高呼："送客！"这就叫"端茶送客"。这两杯茶，是从来不喝的。如熟人，让到其他房间，脱去官服，瀹茗谈心，那又当别论。这种"端茶送客"式的势利吃茶，则早已没有，也无必要多说了。

艺术的吃茶，是《红楼梦》中着重写的。这种吃茶，自唐代陆羽著《茶经》而后，经历宋、元，在明末、清初之际，达到了登峰造极的阶段。日本的"茶道"，完全是从我国传过去，而又有所发展的。而在我国，这种吃茶的方式和专门家，似乎已经失传了。或者闽南的功夫茶还有点艺术的吃茶的遗意吧。

艺术的吃茶，首先要讲求四样东西：一是水，二是茶，三是器，四是火。看曹雪芹写妙玉："妙玉自向风炉上煽滚了水，另泡一壶茶。"又写她驳斥黛玉冷笑说："你这么个人，竟是大俗人，连水也尝不出来！这是五年前我在玄墓蟠香寺住着，收的梅花上的雪……隔年蠲的雨水，那有这样清淳？如何吃得！"现在一般读者，读到妙玉论茶的这些言论，恐怕要叹为观止了。觉得人间真有这本事吗？能够连"水"也尝的出吗？茶乡的人论茶时，常常爱说一句话，叫做好茶不如好水。品茶的专门家是一上口就能吃出什么茶、什么水的。曹雪芹写的妙玉论茶，比起真正的精于茶的艺术的专家来，那究竟是隔着一层的。论茶，只说了一个"六安茶"、"老君眉"；论水，只说了一个"旧年蠲的雨水"、"梅花上的雪"；再论"洗茶"、"候汤"、"择炭"等，更是一点也未写，因而从"品茶"本身讲，曹雪芹所写还是不够地道的。从这一点看，他究竟不是江南的雅人韵士。他虽然博学多能，才华盖世，但毕竟还是受到生活范围的限制的。不信试看精于此道的人论茶。明代李日华《紫桃轩杂缀》中论茶者有十数条，现摘录两条如下：

竹懒茶衡曰:处处茶皆有自然胜处,未暇悉品。姑据近道日御者:虎丘气芳而味薄,乍入盅,菁英浮动,鼻端拂拂,如兰初坼,经喉吻亦快然,然必惠麓水甘醇,足佐其寡薄。龙井味极腆厚,色如淡金,气亦沉寂,而咀咽之久,鲜腴潮舌,又必藉虎跑空寒熨齿之泉发之。然后饮者领隽永之滋,而无昏滞之恨耳。

天目清而不醨,苦而不螯,正堪与缁流漱涤蕨筒。石濑则太寒俭,野人之饮耳。

李竹懒论茶,说的比较抽象。所说之茶,虎丘、龙井而外,有天目,即天目山,石濑,即溧阳濑渚。所说的水是虎丘茶配惠山泉,龙井茶配虎跑泉。龙井茶叶虎跑水,直到今天不是还是极为有名吗?如嫌李竹懒所论,过于抽象空泛,再看张宗子的、明代张岱《陶庵梦忆》中记“闵老子茶”云:

周墨农向余道闵汶水茶不置口,戊寅九月至留都,抵岸,即访闵汶水于桃叶渡。日晡,汶水他出,迟其归,乃婆娑一老。方叙话,遽起曰:“杖忘某所。”又去。余曰:“今日岂可空去。”迟之又久,汶水返,更定矣。睨余曰:“客尚在耶!客在奚为者?”余曰:“慕汶老久矣;今日不畅饮汶老茶,决不去!”汶水喜,自起当炉。茶旋煮,速如风雨。导至一室,明窗净几,荆溪壶、成、宣窑瓷瓯十余种,皆精绝。灯下视茶色,与瓷瓯无别,而香气逼人。余叫绝。余问汶水曰:“此茶何产?”汶水曰:“阆苑茶也。”余再啜之曰:“莫绐余,是阆苑制法而味不似。”汶水匿笑曰:“客知是何产?”余再啜之曰:

“何其似罗岕甚也?”汶水吐舌曰:“奇!奇!”余问:“水何水?”曰:“惠泉。”余又曰:“莫绐余!惠泉走千里,水劳而圭角不动,何也?”汶水曰:“不复敢隐,其取惠水,必淘井;静夜候新泉至,旋汲之,山石磊磊藉瓮底,舟非风则勿行,故水不生磊,即寻常惠水,犹逊一头地,况他水耶?”又吐舌曰:“奇!奇!”言未毕,汶水去。少顷,持一壶满斟余曰:“客啜此!”余曰:“香扑烈,味甚浑厚;此春茶耶!向瀹者是秋采。”汶水大笑曰:“予年七十,精赏鉴者无客比。”遂定交。

这篇文字,没有删截,全文照引。所谓“生长王谢,颇事繁华”,而又遭逢“国破家亡”的经历,其对吃茶鉴赏之精,真是到了游刃入无间的神奇境地。读者可以对照此文,来比较第四十一回《贾宝玉品茶栊翠庵》的文字,第一,可以理解到,能尝得出是什么水,这不是神话,而是真实的事情,而且其分析,是非常符合科学原理的。自然,同一座井,静夜打的水自然比白天打的水好,起码没有人打,沉淀的时间长,水自然更清了。第二,可以看曹雪芹对于茶的知识,比之张岱,那当然要差远了。如果让张岱写妙玉论茶这一段,可能会更为出色些。不过,这不能作出假设罢了。第三,可以理解到,我国古代对于艺术的吃茶,也就是今天日本所说的“茶道”,讲求的是多么精到。这都是我国故有文化中登峰造极的东西,失传了是很可惜的。也还应该有这方面的专家出现才是。

明代末年,这方面的人才也真多。文震亨《长物志》中也有不少讲究吃茶的条款,如讲采、讲焙、讲烹、讲煮,讲洗茶云:“先以滚汤候少温洗茶,去其尘垢,以定碗盛之,俟冷点茶,则香气自发”;讲候汤云:“缓火炙,活火煎。活火,谓炭火之有焰者,始如鱼目为一沸，缘边泉涌为二沸，奔腾溅沫为三沸。若薪火方交，水釜才炽，急取旋倾，水气未消，谓之嫩。若水逾十沸，汤已失性，谓之老。皆不能发茶香"，等等。《红楼梦》写妙玉"自向风炉上扇滚了水"，一句话便完，丝毫未及其他，比之张岱、文震亨等人细入毫发的论茶，那未免相形见绌了。贾母说，不吃六安茶，是安徽茶，俗名"瓜片"，所谓"宣州栗子霍山茶"也。妙玉说是"老君眉"，此名不见《茶谱》，似即"珍眉"中之极细者，名"银毫"，乃婺源、屯溪绿茶中之最细者。张岱文中所说之"罗岕"，乃宜兴阳羡茶，即陈贞丽《秋园杂佩》所说的"阳羡茶数种，岕为最；岕数种，庙后为最"是也。闵老子骗他说"阆苑茶"，那是福建名茶。但骗不了他，被他吃了出来。而且连春采、秋采都能吃得出来，那吃口真是太精了。

酒越陈越好，茶则是越新越好，《红楼梦》好多地方写到新茶。第五十五回，媳妇们讨好平儿，"一个又捧了一碗精致新茶出来"。第六十二回，袭人给宝玉送茶，"手内捧着一个小连环洋漆茶盘，里面可式放着两盏新茶"。说的都是"新茶"。北京是北方，不出茶叶，哪里来的新茶呢？不要紧，自有人及时送来。北京是天子脚下，天下的好东西都要给北京进贡，而且都是及时地送至，皇亲贵戚家自然也受到赏赐。毛奇龄《西河诗话》云：

> 《燕京春咏》有云："春店烹泉开锦棚，日斜宫树散啼莺。朝来慢点黄柑露，马上新茶已入京。"故事，茶纲入京，各衙门献新茶，今尚循故事，每值清明节，竟以小锡瓶贮茶数两，外贴红印签，曰："马上新茶。"时尚御皮衣，啜之，曰："江南春色至矣。"

杭世骏《颂茶诗》注云：

> 杭人竟于谷雨前采撷，递送京师，名“马上鲜”。

另据《日下旧闻》引明人陆启浤《北京岁华记》云：

> 上巳日……播瓜菜种于地；后三日，新茶马上至，至之日，官价五十金，外价三、二十金不一。二日即二、三金矣。

从以上这些资料中，可以想见当年北京讲究吃新茶的情况，原是从明代就有的。自然，这只是围绕宫廷的一些特殊人物的享受，不要说数十金一斤，即使二三金一斤，在当时也是相当珍贵，也只有《红楼梦》中的人物，够得上吃新茶的资格。至于一般人，则不懂，也讲究不起这一套，只晓得吃吃“茉莉双熏”香片茶，正像《天咫偶闻》所说，“京师士大夫无知茶者”了。

高鹗的汤

我看《红楼梦》,有个坏习惯,就是不大爱看后四十回书。这倒不是不忍心看这个悲痛结局,或者不忍心看黛玉姑娘凄凄惨惨地死去,这些都无所谓,甚至说,这些都无可引起所谓之处。那么为什么呢?就是常常看到高鹗拙劣的地方,觉得既啥看头。甚至有十分可笑的地方,觉得这高兰墅太史为什么滑稽到这种地步呢?真替他可惜。读者如果不信,且看他这一味"汤",便知予言之不谬也。故事见第八十七回《感秋声抚琴悲往事》中。文云:

> 紫鹃走来……便问道:"姑娘们来说了半天话,想来姑娘又劳了神了。刚才我叫雪雁告诉厨房里,给姑娘作了一碗火肉白菜汤,加了一点儿虾米儿,配了点青笋、紫菜,姑娘想着好么?"黛玉道:"也罢了。"紫鹃道:"还熬了一点红米粥。"黛玉点点头儿……
>
> 这里雪雁将黛玉的碗箸安放在小几儿上,因问黛玉道:"还有咱们南来的五香大头菜,拌些麻油、醋,可好么?"黛玉道:"也使得,只不必累坠了。"一面盛上粥来。黛玉吃了半碗,用羹匙舀了两口汤喝,就搁下了……

这真是一段妙文:第一,这吃"粥"就"汤",就是南北各地,从来没有听说过的吃法。饭有饭菜,粥有粥菜,酒有酒菜,不要说精于饮馔的大观园中,即使一般人家中,也不见得会烧一锅子粥,再烧一锅子汤,吃完粥再吃汤,吃完汤再吃粥,哪有这种吃法呢?我们再拿曹雪芹写的对照来看看。第四十三回一开头写道:

> 贾母道:"今日可大好了。方才你们送来的野鸡崽子汤,我尝了一尝,倒有味儿,又吃了两块肉,心里很受用。"王夫人笑道:"这是凤丫头孝敬老太太的……"贾母点头笑道:"难为他想着。若是还有生的,再炸上两块;咸浸浸的,喝粥有味儿。那汤虽好,就只不对稀饭。"

"那汤虽好,就只不对稀饭",这是最普通的饭食常识,古今南北,都是一样的。而高鹗偏要写出喝完粥、又喝汤的怪文,还不住地说好,高鹗笔下的林黛玉也变得莫名其妙了。

第二,这五香大头菜加醋,也是怪文。五香大头菜本来是很普通的东西,由南京、扬州直到苏州、杭州,到处都有的卖。在这些地方,本地五香大头菜,并不为贵,而更好的是讲究云南大头菜。再有在大头菜品种中,也不以五香大头菜为上品,还有玫瑰大头菜、桂花大头菜等等。他还特地加了"咱们南来的"几字,以示亲切,而实足更显示其寒伧,想不出什么高级粥菜,好容易想了半天,才想出一个五香大头菜给黛玉吃,还露了怯,说明他丝毫不懂南方的饮食。这大头菜里放"醋",也是很难想象的。南甜北咸、东辣西酸,各地饮食习惯,只有山西人爱在酱菜里倒醋,北京人不大会往各种酱菜里倒醋,至于江南人,那就更不会在各种酱菜中放醋了。一般怎么吃呢?举凡裹粥小菜,如大头菜、萝卜干、酱瓜等,都是在加了麻油之后,再放一些绵白糖,这样腌腌吃。腐乳（北京叫“酱豆腐”）也是这样，一块腐乳，放半调羹白糖，上面再倒上麻油（即小磨香油），用来吃粥最好。沈三白《浮生六记》“闺房记乐”中记吃臭腐乳（即“臭豆腐”）云：

喜食芥卤乳腐，吴俗呼为臭乳腐；又喜食虾卤瓜。此二物，余生平所最恶者，因戏之曰：“狗无胃而食粪，以其不知臭秽……”芸窘而强解曰：“夫粪人家皆有之，要在食与不食之别耳。然君喜食蒜，妾亦强啖之。腐不敢强，瓜可掩鼻略尝，入咽当知其美。此犹无盐貌丑而德美也。”……以箸强塞余口，余掩鼻咀嚼之，似觉脆美，开鼻再嚼，竟成异味。从此亦喜食。芸以麻油加白糖少许拌卤腐，亦鲜美。以卤瓜捣烂拌卤腐，名之曰“双鲜酱”。

最普通的、还有臭味的东西，一到有艺术情趣的人手中、笔下，便成逸品。这种吃粥小菜，是高鹗等人作梦也想象不出来的。一无此艺术的才情，二无此学识和生活的基础。因而只能挖空心思写五香大头菜加麻油和醋了。这是难以苛求高鹗的。也许有人问，难道南方就不吃醋吗？自然也吃，不但吃，而且有很好的镇江醋。只是一般绝不会把醋倒在酱菜里吃，蘸醋吃的东西很多，糖醋的东西也很多，就不一一多说了。

第三，再来看他的这碗怪汤。先看材料：火肉、白菜、虾米、青笋、紫菜。先把材料说清楚：火肉，即炉肉，这是好东西，北京的特产，抵得上金华的火腿。又名“烧肉”，又名“青酱肉”，是把小猪肉抹上面酱等佐料放在火上去烤，缪荃荪等所编之《光绪顺天府志》中记“炉肉”云：“烧烤肉，按取小猪烤之，其不用小猪者为炉肉。”又云：“酱肉为京师最著名者，几与金华火腿等。”不过是生的，炉肉是已经烤熟的。但还不能切来吃，因为肉皮烤成焦黄的，十分硬，但切成小长条入锅用文火炖，肉皮炖软，极酥，像鱼肚一样，风味极佳。白菜，北京有最好的。所谓"秋菘"、"黄芽菜"，其品种之佳，是全国闻名的。王渔洋《居易录》中所谓"今京师以安肃白菜为珍品，其肥美香嫩，南方士大夫以为渡江所无"。施愚山诗《黄芽菜歌》中所谓"安肃担来燕市卖……雪汁云浆舌底生"。都是对北京白菜予以高度赞美的。火肉蒸白菜、火肉烧白菜，在北京都是很好的家常菜。蒸和烧出来的白菜汁，雪白鲜美，是够得上施愚山"雪汁云浆"的称赞的。但这只是蒸、炖、烧，做汤就差些，因为要吃白菜鲜汁，菜必须多放些。如果菜很少，放许多汤，那就很少菜味了。所以白菜入馔，不论配火腿、鸡甚至鱼翅，都可以，但考究的酒席中，白菜汤一般是没有的。所以高鹗所说"火肉白菜汤"，已经是大外行话了。再看他的配料：一点虾米，好的大一些叫"开洋"，小的叫"金钩米"，以增加其鲜味，是完全可以的。再加"青笋"，就有点多余了。笋鲜者有冬笋、竹笋、小竹笋、毛笋；北京代用者有芦笋、蒲笋；干笋有用冬笋煮熟制成的玉兰片，用毛笋煮熟晒干的笋干，用小竹笋煮熟晒干的"扁尖"。青笋是什么呢？就是"扁尖"，因为春天小竹最嫩的笋是碧绿的，所以叫"青笋"。高鹗的汤，只能用干的"扁尖"，不能用鲜的"青笋"。因为时令不对，在秋末，不是有青笋的时候。查慎行《人海记》云：

> 北方无笋，惟冬笋用茅竹筒封贮，从江南马上贩鲜，十余日到京。每斤价值四五百钱。春夏之交，食芦菔蒲牙，总名为笋。

所以说高鹗汤中的“青笋”，只是“扁尖”，放在汤中，增加一些鲜味，是可以的。但放在白菜中，似嫌其多余了。因为白菜之佳，在于清淡味纯，加上“扁尖”，味又鲜又咸，便要成为什锦汤了，这已经是大外行的做法了。更其不可思议的是最后又要放一些“紫菜”，紫菜海货，是很腥的东西，放在普通的蛋花汤中、片儿汤中，也还可以。放在火肉白菜汤中，这是什么味呢？白菜本身有糖份，所以白菜煨出的汤中，本身有一点甜味，加上又腥又咸的东西，是不相宜的。白菜可入最高级的酒席，但白菜汤中不宜加紫菜。所以高鹗的汤，可以说是杂凑的，是外行的。这段吃粥、吃汤的情节的描绘是抄袭前面宝玉吃汤的情节写的，但因为他没有生活，不懂烹饪，所以写得十分拙劣。其外行话已经到了可笑的程度了。相对我们看前面曹雪芹写的一些汤，如第八回中的“酸笋鸡皮汤”，第六十二回“虾丸鸡皮汤”，第四十三回“野鸡崽子汤”，第五十八回“火腿鲜笋汤”等等，都是十分高级的汤，但这些汤都是有生活根据的，而且是有高级筵席的生活根据的，不像高鹗那样胡诌，连一个北京生活中最普通的火肉白菜也说不像。

按说高鹗能续洋洋四十回《红楼梦》，学问才气也不能说太差，为什么一个汤会写不像呢？这是因为封建时代的知识分子中，对于饮馔烹饪，有两种不同态度。一是认为这是俗务，君子远庖厨，根本不去注意这些事。有的人对于饮食也的确不讲究，他的心思在别的地方，随便吃些什么（自然随着经济和地位，不会过差）都可以，历史上有名的王安石就是这样的人。另一种是讲究饮食，也欢喜研究，注意烹调方法。与王安石同时的苏东坡就是这一种人的代表。近代文人中，太炎先生和畏庐老人也可以说是两种典型的代表。据说太炎先生民国初年被袁世凯囚禁时，陆建章派来的冒充厨子的暗探每天向太炎先生请示做什么菜？太炎先生什么也说不出，只会说火腿、鸡蛋两样，因此顿顿蒸火腿、蒸鸡蛋，这个冒充厨子的暗探每天大赚其外快，菜钱都入了他的腰包了。另外，畏庐老人林琴南，却讲究饮馔，精于烹饪，自己能亲手做成整桌的高级酒席。而写小说的人，正是要有这种多才多艺的本领才行。可惜高鹗在这一点上是太差劲了。

腊八粥

《情切切良宵花解语，意绵绵静日玉生香》一回在《红楼梦》中是一回大书，是一回细书，是一回情书，前半写宝玉与袭人，后半写宝玉与黛玉。在写黛玉一段中，穿插了一个极有趣的故事，真可以谓之生花妙笔，别出机枢。“庚辰本”在故事结尾“却不知盐课林老爷的小姐才是真正的香玉呢”句后有“脂批”道：

> 前面有试才题对额，故紧接此一回无稽乱话。前无则可，此无则不可。盖前系宝玉之懒为者，此系宝玉不得不为者。世人诽谤无碍，奖誉不必。

脂砚斋特别重视这个故事，把它比之于“题对额”，而且认为“前无则可，此无则不可”，看得似乎比“题对额”还重要，可见其意义与作用了。细思之，也的确如此，《红楼梦》中显示宝玉才学之处甚多，并不只靠“题对额”一回书。而讲这样有趣故事的地方却不多，因此说“此无则不可”也。“脂评”之可贵处，这种中肯的见解也是其中之一吧。

在曹雪芹时代，在那种能题联书额的辞章家、四六才子多如过江之鲫的社会里，要找能够写漂亮对联的，那真是车载斗量，要多少有多少；而要找能够这种随口编耗子故事，又穿插在爱情故事中的作者，却是十分不容易的。所以“庚辰本”在“竟变了一个最标致、最美貌的小姐”句下批云：“奇文、怪文！”我们读时，在这种地方，也应该感到这真是“奇文、怪文”。而就在这段奇文、怪文中，写了耗子也吃腊八粥，这不真也是奇中之奇，怪中之怪吗？

但是如果仔细想想，耗子也的确是爱吃腊八粥的，腊八粥又是人人爱吃，家家要熬的，惟其如此，所以宝兄便把耗子议事，商量熬腊八粥的故事编出来了。

腊八粥很值得一谈，这里先引几句原文，然后再讲腊八粥的风俗故事。

> 林子洞里原来有一群耗子精。那一年腊月初七老耗子升座议事，说：“明儿是腊八儿了，世上的人都熬腊八粥，如今我们洞里果品短少，须得趁此打劫些个来才好。”乃拔令箭一枝，遣了个能干小耗子去打听。小耗子回报：“各处都打听了，惟有山下庙里果米最多。”老耗子便问：“米有几样？果有几品？”小耗子道：“米豆成仓。果品却只有五样：一是红枣，二是栗子，三是落花生，四是菱角，五是香芋。”……

这个故事一开头就充满了生活、风土气息，说得极为有趣。这一方面是曹雪芹的生花妙笔，一方面也是因为生活的情趣，惹人喜爱，因为腊八吃腊八粥，这本身就是一种古老而有情趣的风俗，作者所写，正是来源于真实的生活的。注意这几点：

一是“庙里”，就是说和尚庙里更重视熬腊八粥。

二是“米豆”，就是说腊八粥，既要有米，又要有豆，而且米贵多种，豆贵多样，米、豆为主。

三是“果品却只有五样”，就是说腊八粥，果品不能只用五样，还要多有几样才好。“却只有”，嫌其少，不足也。

以上三点可以说是熬腊八粥的纲要。因为腊八粥是粳米、糯米、赤豆、芸豆再加八种果料熬成的，首先是和尚庙中为供佛而熬的，然后才普遍到一般家庭里。这是很古老的一种节令食品了，早在宋人笔记《梦粱录》、《武林旧事》中就有记载。据《永乐大典》摘抄元人《析津志》云：

> 是月（旧历十二月、即腊月）八日，禅家谓之腊八日，煮红糟粥以供佛，饭僧。都中官员士庶，作朱砂粥，传闻禁中亦如故事。

这说明元代就以腊月初八为腊八，在这一天煮腊八粥供佛饭僧了。但在宋代吃腊八粥的日期与后来则稍有不同。《日下旧闻》引元人孙国敕《燕都游览志》云：

> 十二月八日，赐百官粥，以米果杂成之。品多者为胜，此盖循宋时故事。然宋时腊八，乃十月八日。

这是说宋时腊八和元以后的腊八在日期上小有差异。按，腊八本是腊月，怎么会在十月呢？可能佛家另有说法，因为和尚有“僧腊”的说法，从受戒出家的日子算起，计算年令。这宋时以十月八日为“腊八”，或者与此有关。不过我们不去考证这个，只是说“腊八粥”。这段记载说“以米豆杂成之，品多者为胜”。这就更证实《红楼梦》中所说“果品只有五样”，是极言其少也。那么多少才不少，才比较符合标准呢？世俗习惯，喜欢凑数，“八”才够上标准数，腊八嘛，没有“八样”，哪能够上腊八的标准呢？如果十二样，那就更好，可以上谱了。刘若愚《酌中志》记腊月故事云：

> 初八日吃腊八粥，先期数日，将红枣捶破，泡汤，至初八日，加粳米、白米、核桃仁、菱米，煮粥，供佛圣前，户牖园树井灶之上，各分部之。举家皆吃，或亦互相馈送，夸精美也。

这是明代吃腊八粥的情况。在清人著作中，关于腊八粥的记载就更多了。富察敦崇氏《燕京岁时记》云：

> 腊八粥者，用黄米、白米、江米（即糯米）、小米、菱角米、栗子、红江豆、去皮枣泥等，合水煮熟。外加染红桃仁、杏仁、瓜子、花生、榛穰、松子，及白糖、红糖、琐琐葡萄（即葡萄干），以作点染。切不可用莲子、扁豆、薏米、桂元，用则伤味。每至腊七日，则剥果涤器，终夜经营，至天明时，则粥熟矣。除祀先、供佛外，分馈亲友，不得过午。

富察敦崇这段文字介绍腊八粥十分详尽。第一是米、豆、果料极为齐全，白糖、红糖如算一样，则共十六样之多，即生料八种，熟料八种，都是“八”，符合腊八“八宝”之数。因为这种粥，腊八日叫“腊八粥”，平时则叫“八宝粥”，所以配料都有八样之外。所说第二点是“经夜经营，天明即熟”。这不禁唤起许多人童年的记忆，是十分美妙的。做母亲的催孩子早点睡，说道：“快睡吧，明儿早点起来喝腊八粥；太阳一出，再喝，要红眼睛哩……快睡吧，乖孩子！”

这样，便带着甜蜜而温暖的憧憬入梦了，一大早，起来，吃这碗一年一度的香甜而美妙别致的腊八粥，这种生活的情趣，不是也像西方儿童在睡梦中等待圣诞礼物那样地美好吗?

第三点说的“分馈亲友,不得过午”,这也是极有情趣的礼物。北京过去有一种“绿盆”,是一种上了绿琉璃瓦釉子的瓦盆。有的人家,用这种盆,盛上红艳艳的腊八粥,上面用雪花绵白糖洒成“寿”字、“喜”字、“福”字等等,再洒上一点青丝、红丝。如此,亮晶晶的绿釉器皿,红艳艳的粥,雪白的糖,鲜艳的青丝、红丝,相映成趣。因为粥很稠,稍一冷却,表面就结成皮,所以白糖不化,能够达到很好的艺术效果。这样的食品,送到亲友家中,充满了欢乐的艺术生活情趣,却毫无庸俗、雕琢的富贵气息,这才是真正的色、香、味、形、器,五美兼备,又有丰富情趣的精美食品。

不过富察敦崇所说腊八粥中不宜用莲子、扁豆、薏米、桂圆等,“用则伤味”的说法,据我所知,其说似不尽然。桂圆肉一般是不放的,放了稍有苦味。莲子、薏米仁都是可以放的,而且很讲究放这些。有的还放芡实(即鸡头米)。在同时人震钧的《天咫偶闻》中,就记有芡实。可见《燕京岁时记》之说,也并不尽然。

在清代皇宫中仍然继承了明代的传统,十分重视腊八日吃腊八粥。道光帝爱新觉罗·旻宁有一首《腊八粥诗》,收在《养正书屋全集》中。诗是七古,从诗来说,自然不是好诗。但作为史料,亦可见旧时风俗和宫廷生活之一斑,这和《红楼梦》中所写的皇亲贵戚的侈靡生活风尚是很有关系的。现引在下面:

一阳初复中大吕,谷粟为粥和豆煮。
应节献佛矢心虔,默祝金光济众普。
盈几馨香细细浮,堆盘果蔬纷纷聚。
共尝佳品达妙门,妙门色相传莲炬。

童稚饱腹庆升平，还向街头击腊鼓。

从诗中可以看出，重点是说腊八粥是佛教的食品，是清素的。但流传至民间，在一般家庭中，已失去它佛教的意义，成为一种岁时节令、富有生活情趣的精美节日食品了。但在宫廷中，它的宗教意义还是很重要的，而且还有政治意义。清代《京都风俗志》说："黄衣寺僧，亦多作粥。"所说"黄衣寺僧"就是喇嘛。清代大概自曹雪芹写《红楼梦》时代，雍和宫喇嘛就按定制在腊八日用特大铜锅熬腊八粥了。《光绪顺天府志》记云：

> 腊八粥，一名八宝粥。每岁腊月八日，雍和宫熬粥，定制，派大臣监视，盖供上膳焉。其粥用粳米和糖而熬。民间每家煮之，或相馈遗。

《燕京岁时记》也记云：

> 雍和宫喇嘛，于初八日夜内，熬粥供佛。特派大臣监视，以昭诚敬。其粥锅之大，可容数石米。

从这两则记载中，可以看出，清代宫廷对于腊八粥多么重视，还要派大臣监视熬粥，现在想起来，似乎是很滑稽的事了。但要想到当年那许多喇嘛，准备果料，围着那可容数石米的大铜锅，在灯笼、油灯盏的照耀下，忙乱着熬粥，穿貂褂，带朝珠、大红顶子、海龙暖帽的大臣隆重地在旁边监视熬粥，这种朦胧的历史画面，不是具有十分神秘感的吗？

正因为清代宫廷十分重视腊八粥，所以影响所及，在皇亲贵戚家中，在北京民间，也都特别重视腊八熬腊八粥。同样腊八这个节日，在江南的重视程度，就远远不及北方，不及北京。江南民间，腊八这天，不一定家家都熬腊八粥，而在北京，一般人家，却是十分讲究这个的。而且一般人很少有不爱吃腊八粥的。这也就是宝玉编这个故事的生活基础，是与当时风俗密切相关的。“庚辰本”在“世上人都熬腊八粥”一句旁，有“脂砚斋夹批”云：

> 难道耗子也要腊八粥吃，一笑。

这一条不知是否真的“脂批”，但客观上耗子也肯定爱吃“腊八粥”的，因此故事似乎是瞎编的，而耗子爱吃腊八粥，却是真实的。因此这一问、这一笑，也可以说是“一笑”了。

风　筝

每年，当院中的柳树吐出半粒米大的嫩芽，便又是孩子们放风筝的时候了。《红楼梦》第七十回有一段描写放风筝的文字，不过普通本子写得比较简单。近阅俞平伯先生据"戚本"和"脂砚斋庚辰本"校样的《红楼梦》八十回本，发现这段文字比普通本子多出五百多字，不只原有情节写得更加细致，而且结尾还多了一段情节道：

> 探春正要剪自己凤凰，只见天上也有一个凤凰，因道："这也不知是谁家的。"众人皆笑说："且别剪你的，看他倒像要来绞的样儿。"说着，只见那凤凰渐逼近来，遂与这凤凰绞在一处。众人方要往下收线，那一家也要收线，正不开交，又见一个门扇大的玲珑喜字带响鞭，在半天如钟鸣一般，也逼近来。众人笑道："这一个也来绞了。且别收，让他三个绞在一处，倒有趣呢。"说着，那喜字果然与这两个凤凰绞在一处。三下齐收乱顿，谁知线都断了，那三个风筝飘飘飖飖都去了。众人拍手哄然一笑，说："倒有趣，可不知那个喜字是谁家的。忒促狭了些。"

这段文字十分精彩，可能是对探春远嫁的很形象的暗示吧。而更可喜的是，连前面一大段文章，也俨然是一篇大观园放风筝的特写。

这段文字由于把放风筝描绘得很细致，所以有关放风筝的术语也不少。有些比较特殊的，不加注解，恐怕有的读者就不易了解了。如前面有几句说：

> 一时，小丫环们又拿了许多各式各样的送饭的来，顽了一回。

什么叫“各式各样送饭的”呢？实际这“送饭的”，与真的饭是毫无关系的。它也是一种特殊装置的小风筝。放风筝时，把大风筝放起之后，再把这个小风筝挂在大风筝线上放上去，这就叫“送饭的”。这种小风筝，中间有一个轴，左右两半片是活动的，像昆虫如蝴蝶等的翅膀，可张可合。放时把背面的弓子拉紧张开，在系弓子的棉线上绑一个小爆竹，再扎上半段点燃的线香，弄好后，把横竹片上的小钩挂在大风筝的线上，顺线推出丈许，放手后这个小风筝便离地约二丈高，这时小风筝在微风中，像是吃饱了风的船帆一样，顺着大风筝的线便扶摇直上了。慢慢在靠近大风筝时，线香刚好燃到爆竹芯子边上，爆竹在半空中“啪”地一声响了，弓子线断了，小风筝的两半片便自然合拢，像蝴蝶合翅一样，于是，顺着线又滑下来，这便完成了“送饭的”的使命。制成蝴蝶形的叫“蝴蝶送饭”，即便不是蝴蝶形也统称之曰“蝴蝶送饭”。因其不论糊扎及彩绘成何种形状，其翼开合仍如蝴蝶。似乎书中的“蝴蝶装”一样，这是像形的叫法。但糊扎彩绘形状不同，如小沙燕、蜻蜓等都可以，所以说“许多各式各样的送饭的”。

一般的“送饭”，张开把弓子绷紧，结有一尺多宽。当然根据所放风筝大小，还可以制成大一些的送饭。不过不管所放风筝如何式样，能带得动“送饭”的风筝，总是要大一些的。不但大，而且放风筝的线也要十分考究。一般的三股风筝绳子也要中间没有结的；再考究些，这线要用蜡打过；特别考究的要用“三合蜡绳”，即一股丝、一股麻、一股线拧在一起的蜡绳。绳子越光滑，“送饭”的滑钩越容易滑动，上下都快。一边放风筝，一边把“送饭”送上去，“啪”的一声，又滑了下来，是十分好玩的。如果在夜间放风筝，还可以把点好蜡烛的小红纸灯笼当“送饭的”放上去。在漆黑的夜空中，看不见风筝，只望见一盏小红灯闪烁着，倒也怪有意思。

又如前面引文中所说：

> 又见一个门扇大的玲珑喜字带响鞭，在半天如钟鸣一般，也逼近来。

什么是“响鞭”呢？这不是牧童的响鞭，而是像胡琴弓子一样的东西，系在风筝背后，系一只或两只，风筝放起来之后，风吹弦响，呜呜作声。所说像“钟鸣一般”，是十分形象的，旧时庙堂打钟后的余音久久不息，确如风筝的“响鞭”。富察敦崇《燕京岁时记》说：

> 有带风琴锣鼓者，更抑扬可听，故谓之风筝也。

所说“风琴”，也就是“响鞭”，俗话还叫“弓子”。至于说带锣鼓，因未见过，不便妄说。然颇值得怀疑。鼓或者像风车上的小鼓，可能带在风筝上，放起来借风力拨弄打鼓，道理和风车是一样的。至于“锣”，是铜玩艺儿，不用说堂锣，即使小锣，怕也很难带动，而且在空中又如何敲打呢？揣情度理，实在难以想通。

再如前面写宝玉放风筝，放不起美人风筝，气得骂风筝道：“若不是个美人，我一顿脚跺踏个稀烂”，黛玉笑道：

> 那是顶线不好，拿了去另使人打了顶线就好了。

什么是“顶线”？为什么顶线不好就放不起来？原来风筝关键不在于形体，最主要的在于从风筝骨子中间视大小选择的三点，距离适当，成等边或等腰三角形，如“品”字般，再从三点系三根细线，总结一根风筝线上，长短、倾斜度亦视风筝形体和大小而定。三线汇总兜风扯直，成一三角锥柱体，风筝便扯平在一定倾斜度上，这三根细线就叫“顶线”。顶线的位置、长短、倾斜度正好，风筝便斜度适当，就容易放起来，放起来也稳定。否则，便不易放起。即使勉强放起，也不易平衡、稳定，稍一不慎，便从半空中倒栽下来了。旧时北京最便宜之风筝，沙燕形，只黑白二色，儿歌云：

> 黑锅底，真爱起；一个跟头栽到底！

反复歌唱，其音如在身边，思之恍如梦寐。盖风筝放在高空，扶摇得趣，自是很好，而突然风向变化，失去平衡，一翻跟头，那就要一落千丈了。

再如前面所说：“看他倒要像来绞的样儿。”什么叫绞呢？就是故意同其他放风筝的人开玩笑，风筝放在高空，线还操纵在放的人手中，你放他也放，空中的风筝大家看得见，而放的人可能在另一个园子中,隔着墙便看不见。这时你不停地操纵手中的线,使空中的风筝不停地逼近别人的风筝,他如放的技术高明,在你将要绞住他的时候,他的风筝巧妙地逃掉,你在绞的时候,把线拉得过猛,而又一下绞空,那你的风筝便极容易一下一个跟头栽到底了。如绞住别人的,大家一起收绳,他的绳先断,或你的绳先断,或大家一起断,这些情况之下,风筝都难再收回来。即使别人的先断,那个风筝如和你的纠缠在一起,便也要失去平衡落下去,或者挂在树上了,放风筝的人,对于这个,是不计较损失的,因为这也正是放掉了“霉气”。放风筝时绞风筝,这种有趣的游戏,也是古已有之的。南宋周密《武林旧事》“西湖游幸篇”中说:

> 桥上少年郎,竞纵纸鸢,以相勾引,相牵剪截,以线绝者为负,此虽小技,亦有专门。

可见这个“像来绞的样儿”,不但是很古老的风俗,而且北至北京,南到杭州,南北也是相同的啊。

风筝,区区儿童要货,而在我国,不但历史悠久,同时发展为一种精美的民间工艺品了。小时候在北京,正月里逛厂甸,看见那些五彩缤纷的大风筝,常留恋不舍离去。后来索性自己动手,虽然画不出五彩大凤凰,却也能自制大型的“九条雁”了。近见《人民画报》刊登了不少五彩风筝照片,是画家马晋先生的作品,感到十分可喜。唯过去文学作品中写到风筝的还感不够,不是借题发挥,就是作个线索,即使接触到风筝本身,往往也很简略。倒是《红楼梦》这段文字,把风筝写得有声有色,实在不可多得。这不仅是文学作品中的好材料,实在也是民间工艺史、民俗史中的好材料。

附记：

在我这些谈《红楼梦》中有关生活、风俗、长物等小文章中，这篇是最早发表的，刊登在一九六二年三月间《光明日报》的副刊《东风》上，那已是二十多年前的事了。这次稍作补充，编入《识小录》中。一九七九年日本红学家伊藤漱平氏在其《论曹雪芹晚年的“佚著”》一文中，引用了我这篇短文中结尾的一段话，这不只是值得珍视的文字之缘；同时在重视这段描写风筝的文字的历史意义上，观点也是一致的了。这自然更是可喜的。

我的这篇小文，很自然地要联系到近年来盛传的“曹雪芹的佚著”，尤其是其中的《南鹞北鸢考工志》的内容。而在我写这篇小文的时候，所说的《废艺斋集稿》尚未发现，因而我不可能联系到这部轰动一时的著作。在我那篇短文发表后十年，吴恩裕先生关于“曹雪芹佚著”的大文章在《文物》上发表了，又登出了《南鹞北鸢考工志》中风筝图式的照片。当时因为我自己的书籍、资料、旧稿等统统没有了，只有凭记忆阅读了吴先生的文章，感到十分亲切、熟悉而已。现在整理旧稿，又把吴恩裕先生的文章仔细阅读了一遍，感到《南鹞北鸢考工志》一书，与曹雪芹氏有关系，是十分可能的。虽然不能百分之一百说就是他的著作，因为我还没有有力的证据，但我所说的可能，是根据三点推论的。

一是前面所说的这回书中的描绘，虽说过去会放风筝的人很多，但是能把风筝所有的术语、关键都能用文字说清楚，那也是不简单的。必须自己会扎风筝，有些实际的操作经验才能写清楚。根据第七十回的文字看，曹雪芹是很会扎风筝的。当然，当时北京的旗人，最讲究吃喝玩乐，而且有耐心调马喂鸟、驾鹰弄狗、玩风筝、玩空竹，精于此道的，可以说是代有名家，多得很。所以说，曹雪芹会扎风筝，并不稀奇。不过话又说回来了，在当时能写出《南鹞北鸢考工志》这样书的人，也还是不稀奇的。

二是从《南鹞北鸢考工志》的内容来稍作分析。《考工志》在每个风筝格式后有画法说明、有口诀。它的最大的成就，是色彩上的成功。我们知道色彩是一种专门的学问，过去绣花的人常说两句话道："绣花容易配色难"，《考工志》在各个风筝配色上有独到之处。这和《红楼梦》中好多地方讲到色彩时，尤其是第三十五回《黄金莺巧结梅花络》中谈到的色彩有相通之处。还有"考工志"中的口诀，如什么"新燕至秋羽初丰，貌似少年弱冠容，黄口犹存童稚意，青衿已具成人形"等等，在诗格上颇似"花谢花飞飞满天，红消香断有谁怜"等等。这种诗，妆点在故事中，都是绝妙好词，而只作为诗来读，其格则易于流俗，仔细分析，这里面可说的很多，这先只谈一点感觉。

三是我小时在厂甸看风筝，最注意的是"哈记风筝"，每年正月厂甸庙会时，他家的风筝在西琉璃厂东口路北一家粥铺展览出售，这时粥铺停业。他家的地点正是十字路口，几乎可以说是海王村的中心，是最热闹的。这也就是吴恩裕先生文章中说到的"哈魁明家"。我当年看哈记的风筝，不是看一眼就走了，而是挤在人堆里反复地看，一看就是个把钟头。正月里半个多月，厂甸，我不知要去看多少次。另一家在师大一附小南面，电话局门口，因为露天挂在墙上，天气太冷，我不大去看。哈记在路北的店堂中，比较暖和，所以我总是在他家看。那时很少有考究的小风筝，小的二尺以下的，都是"黑锅底"之类的便宜货，卖给小孩子玩的。考究的风筝都是比较大的。五尺、六尺的蝴蝶、沙燕等,据我所见,架子都是用藤条扎的,都是用绢糊的,色彩都是铅粉朱标、洋蓝、洋绿、胭脂等,极为鲜艳。售价都在十到十五元之间,以黄金折算,好的要合到一钱到二钱金子,也是相当贵的。风筝的尺寸,最大有到丈二的。近人沈太侔《春明采风志》有一段记风筝的,亦足参考。文云:

> 风筝摊,即纸鸢也。常行沙燕,一尺以至丈二,折竹作架,纸糊,绘青蓝色,中安提线三根,大者背着风琴,或太平锣鼓,以索绕籰,顺风放起,昼系纸条,夜系红灯,儿童仰首追逐……三尺以上,花样各别,哪吒、刘海、哈哈二圣、两人闹戏、蜈蚣、鲇鱼、蝴蝶、蜻蜓、三阳开泰、七鹊登枝之类。其最奇者,雕与鹰式,一根提线,翱翔空中,遥睹之,逼真也。

所说“雕与鹰式”,在吴文刊出时,也曾登过雕头、鹰头的照片。都是《考工记》图谱中的,也是哈记风筝铺出售的。风筝有硬翅、软翅二种,这鹰、鹞、雕、蜻蜓等都是软翅的。哈记是祖传卖风筝的,祖祖辈辈手艺相传,守着图谱过日子,年年正月里在厂甸卖风筝。他家据说住在石虎胡同内果匣子胡同,是个极小的胡同,房子也是很小的院子,世世代代守着祖业。他们是回族,回族对老年人尊称曰“爸”,所以在清代二百来年中,西城单牌楼一带,都知道“哈爸风筝”。曹雪芹工作过的右翼宗学,就在石虎胡同,与果匣子胡同近在咫尺。曹雪芹当年与老辈的“哈爸”有所来往,或告诉他如何糊制风筝,或当时的“哈爸”借曹雪芹的稿本去抄录,这种情况,都是极有可能的。根据以上三点,我对《南鹞北鸢考工志》是否出自曹雪芹手,在尚无有力证据之前,固不能全然肯定,但也是不能轻易否定的。

鸟 儿

鸟是春天的乐师。春天到了，所谓“以鸟鸣春”，林木中的鸟声便会越来越热闹。文学作品中也常常用鸟来作为点染的好材料。《红楼梦》中就有好多地方写到鸟的。有的是随意点染，有的是着意安排，处理的都非常有意思。

如第二十六回写贾芸初次到怡红院，看见：

> 种着芭蕉，那边有两只仙鹤在松树下剔翎。一溜回廊上吊着各色笼子，各色仙禽异鸟。

着墨无多，便很能烘托出怡红院的风光。又如第四十一回写刘姥姥在大观园中奉承贾母说：“谁知城里不但人尊贵，连雀儿也是尊贵的。偏这雀儿到了你们这里，它也变俊了，也会说话了。”众人听了不解，姥姥又道：“那廊上金架子上站的绿毛红嘴是鹦哥儿，我是认得的。那笼子里黑老鸹子、怎么又长出凤头来，也会说话呢？”原来她把八哥说成是“长出凤头”的“黑老鸹子”，露了怯，自然引得大观园中的众人笑了起来。也许是老于世故的刘姥姥故意调侃大观园中的奶奶小姐们吧。

文学作品不是科学著作，当然写到鸟类也不同于动物学讲义。有时是真实的，有时却不免要夸张一下，甚至把鸟人格化了。神话中、寓言中是不乏能说话，有思想，懂道理的“鸟”的。但《红楼梦》不是这样写法，大观园是现实的，写到鸟的地方也是真实的。只是在个别地方，略微夸张那么一下，在真实的基础上稍微有一点虚构。

如第三十五回写黛玉扶着紫鹃忧闷地回到潇湘馆中来，不防廊上鹦哥儿嘎的一声，扑了下来，吓了一跳。因说道："作死的，又扇了我一头的灰。"那鹦哥儿又飞上架子去，便叫："雪雁，快掀帘子，姑娘来了。"下段接写云：

> 黛玉便止住步，以手扣架，道："添了食水不曾？"那鹦哥便长叹一声，竟大似黛玉昔日吁嗟音韵，接着念道："侬今葬花人笑痴，他年葬侬知是谁？"黛玉、紫鹃听了，都笑起来。紫鹃笑道："这都是素日姑娘念的，难为他怎么记了！"黛玉便命将架摘下来，另挂在月洞窗的钩上……又将素日所喜的诗词教与他念。

这段文章情、景、意、趣，可说无一不佳，是十分精彩的。看着好像也很真实。《礼记·曲礼》上说："鹦鹉能言，不离飞鸟。"我国很早就知道饲养鹦鹉，而且知道鹦鹉能学人说话的。唐诗也说："鹦鹉前头不敢言"，怕鹦鹉听了学舌。这里写鹦哥儿说话、念诗，不是也很合情合理吗？其实不然。我们现在知道：鹦鹉、八哥等鸟儿学人说话，只是条件反射，并不是真懂得人的意思。而且，也只能学极简单的、少数音节的短语，复杂的是绝对学不来的，更不会有条理地说出来。小时候在北京万牲园（现在动物园）看到过一个八哥，会叫："卖报！卖报！""混蛋！混蛋！"每次去看，总是这两声。像潇湘馆那种似乎通了"灵性"，会招呼打帘子，会念整句的诗的鹦鹉，在现实生活中似乎是不存在的。鹦哥会学话，是可能的；会念整句的诗，就是文人的夸张渲染了。小说中有此情况，笔记中也有这种情况。著名的张岱的《陶庵梦忆》中有一篇《宁了》道：

> 大父母喜豢珍禽，舞鹤三对，白鹇一对，孔雀二对，吐绶鸡一只，白鹦鹉、鹩哥、绿鹦鹉十数架。一异鸟名“宁了”，身小如鸽，黑翎如八哥，能作人语，绝不含胡。大母呼媵婢，辄应声曰：“某丫头，太太叫。”有客至，叫曰：“太太，客来了，看茶。”有一新娘子善睡，黎明辄呼曰：“新娘子，天明了，起来罢！太太叫，快起来！”不起，辄骂曰：“新娘子，臭淫妇！浪蹄子！”新娘子恨甚，置毒药杀之。“宁了”疑即“秦吉了”，蜀叙州出，能人言。

这段记载，其真实性也是大可怀疑的，看来也像曹雪芹写潇湘馆鹦鹉念诗一样，鸟儿本来是习惯了地鸣叫，不过学人的声音罢了，而作者在记载中，却把它有意地人格化了。似乎念诗也真是感慨，骂新娘子也真是因为她晚起，这就只能是传奇小说中的情节，在实际上是不大可能的。张岱这则笔记是有影响的，蒲松龄《聊斋志异》中“秦吉了”的故事，很有可能是受了这段笔记的影响，而把它演义化了。

黛玉教鹦哥念诗，貌似真实，却属夸张；但也有貌似夸张，却又真实的。如第三十六回写龄官和贾蔷的爱情，就用一个雀儿作为主要线索。原文云：

> 不一时，只见贾蔷从外头来了。手里又提着个雀儿笼子，上面扎着小戏台并一对雀儿，兴兴头头地往里走着找龄官。见了宝玉，只得站住。宝玉问他：“是个什么雀儿，会衔

旗串戏台?"贾蔷笑道:"是个玉顶金豆。"宝玉道:"多少钱买的?"贾蔷道:"一两八钱银子。"一面说,一面让宝玉坐,自己往龄官房里来。宝玉此刻把听曲子的心都没有了。且要看他和龄官是怎样。只见贾蔷进去笑道:"你起来,瞧这个玩意儿。"龄官起身,问是什么。贾蔷道:"买了雀儿你玩,省得天天闷闷的无个开心的。我先玩个你看。"说着,便拿起谷子,哄得那个雀儿在戏台上乱串,衔鬼脸、旗帜。众女孩都笑道:"有趣!"独龄官冷笑了两声,赌气仍睡去了。贾蔷还只管陪笑问他好不好。龄官道:"你们家把好好的人弄了来,关在这牢坑里学这个劳什子还不算。你这会子又弄个雀儿来,也偏生干这个。你分明是弄了来打趣形容我们,还问我好不好!"……

这段以雀儿为线索的穿插,写的比前一段还精彩,还有意义。前段说鹦鹉会诗,似真而却假;这段说雀儿串戏,却似假而实真。清末富察敦崇《燕京岁时记》道:

交嘴者,长四五寸,嘴左、右交,以别雌雄。有红、黄二色。驯而优者能开锁衔旗。祝顶红者,小于家雀而红其顶,技如交嘴,而灵巧过之。

《红楼梦》中所说的"玉顶金豆"或"玉顶儿",和这里所说的交嘴,实际都是一类的鸟儿。易于饲养训练,打弹衔旗都能办到。儿时要过这种鸟儿,训练方法,略微知道一点,就此介绍出来,用代注解。

在农历四五月或八九月中,把丈许长的线网支在果园树下,撒一些谷子，边上系一个熟鸟，便能把交嘴等引下吃谷，拉网罩住。这种雀儿同麻雀不同，羽毛丰满的麻雀被人活捉后，是宁死不吃食的，掰开嘴喂也没有用。而这种鸟儿却颇乖，捉住后，立时就能吃食。如以之拟人化，那前者是有骨气的，不食嗟来之食，大可赞许；后者却是贪生怕死、乞讨残羹剩饭，颇肯阿谀献媚之徒，是不足为训的。不过养鸟不同于阅人，希望它能乖乖地听话。交嘴、玉顶儿等等，都是这种鸟。它们的饲料很简单，就是谷子。饲养的人，用线绳打活络套儿，把鸟颈套住，系在荆条上，便可喂食喂水，开始饲养了。最初喂食，总是把谷子托在手中，让它就食，使它不怕人。逐渐把线绳放长，荆条插在高处，张开手引它飞下吃谷。比较熟一些后，把谷子放在一小盒中，盒盖半掩，上系彩色绒头或插小旗，引它顶开盒盖吃谷。再后则把所系线绳再放长些，引它飞来飞去衔盒盖。盒内不可多放谷子，只放几粒。使它飞一次，衔一次，总能吃到几粒，又吃不饱，反复训练，久而久之，便十分驯熟，把所系线绳解开，亦不会飞走了。进一步便可改饲笼中，引逗作衔旗、衔鬼脸等游戏。解放前，北京街头常有一种“黄鸟叨卦”的卜人，也是利用这样一个雀儿吸引人的。

元人陶宗仪《南村辍耕录》中有一段“禽戏”的笔记，说是连小乌龟都能训练做各种游戏，说明是在杭州见到的，最后还感叹地说：“固教习之功，但其质性蠢惷，非它禽鸟可比，诚难矣哉。”可见小的动物利用其饲养时的条件反射，经过细心的长期的训练，是可以练成许多奇怪的、常人感到惊奇的游戏，但让它有目的地说一句最简单的话，那也恐怕是不可能的。怡红院中有两只仙鹤，养仙鹤在我国古代一直被认为是高人韵事，最有名的是西湖边上宋代诗人林和靖了，有“梅妻鹤子”之称，直到今天，孤

山后面还有他的遗迹:放鹤亭。据文震亨《长物志》载训鹤的方法云:

> 蓄之者当筑广台,或高冈土垅之上,居以茅庵,邻以池沼,饲以鱼谷。欲教其舞,俟其饥,置食于空野,使童子拊掌顿足以诱之。习之既熟,一闻拊掌,即便起舞,谓之食化。

看来也是一种饥饿训练法,同训练交嘴、兔鹘等的基本原理是一样的。作者还美其名曰“食化”,这颇有点哲学的滑稽味了。

大观园中的鸟儿自然不知有多少,而我谈的实非园中之鸟,乃是作者笔下的鸟儿,其中尤重“金顶玉豆”,这段不论就意义讲,就文字讲,都可以说是传神之笔。养鸟养鸽,原是劳动人民的业余游戏,在我国是有很悠久的历史的。但在清代北京城中,提笼架鸟,则成了旗人纨绔子弟、公子哥儿的玩意了。因为成为公子哥儿、达官显宦的玩艺,自然价钱也很高了。贾蔷说他那个玉顶金豆一两八钱银子买的,这在当时差不多等于一石八斗米的价钱了。而实际上当时买个鸟,稀奇的比这贵的还多得很呢。徐珂《清稗类钞》中记北京鸟市道:

> 京师宣武门有雀儿市,珍禽咸集,盖京人呼百鸟为雀儿也。百灵尤为人所嗜,以其能作各种鸟兽声,然非驯养数年不可。与教八哥(即鸲鹆也)、鹦鹉等,佳者一头值数千金,官人多蓄之。

一鸟数千金,与一两八钱比,其相差之大,自不必多说,均可反映皇亲贵戚家中之豪侈耳。今天把小鸟养在动物园的大铁丝房中,固然很好。但乱飞乱叫,也无意思。少弄一些,饲养它驯练它成为会衔鬼脸做游戏的雀儿,作为表演给儿童看的小节目,不是也很有意思吗?

游 戏

写大人的作品，不一定写到游戏，写孩子的作品，却不能不写到游戏。《红楼梦》本不是写儿童的作品，但却有大部分笔墨写到女孩子们的生活。这些女孩子们虽然都处在封建势力的压迫下，遭遇大都不幸，但孩子毕竟是孩子，正是所谓“混混沌沌，天真未泯”的时候，都是些十三四、十五六岁的小姑娘，哪个能不喜欢游戏、耍笑、淘气呢？因此，《红楼梦》作者也就免不了要在许多地方，写到大观园内女孩子们的游戏、耍笑、淘气了。成年人去刻画孩子们的形态、心理是不容易的，传统的诗文中很少有这样的先例，偶然写到孩子也往往带着说教的口气，实际上写的不是孩子，而是他自己；甚而说，也不是他自己，而是他为了某种目的，有意编造的拙劣的瞎话，这自然是没有价值的。而《红楼梦》作者却能在这一点上，显出他特有的艺术才华。有时一句话，就能力透纸背，传神阿堵，把儿童的天真神态写出来，这是《红楼梦》最令人拍案叫绝的地方。第四十七回写贾母因贾赦逼娶鸳鸯的事，和邢夫人生过气，又要找薛姨妈斗牌，让小丫头去请，薛姨妈推辞不来。那个丫头说：

> 好亲亲的姨太太、姨祖宗！我们老太太生气呢！你老人家不去，没个开交了。只当疼我们罢！你老人家怕走，我背了你老人家去。

尤其最后两句，读之真使人热泪欲下：这样天真可爱、口齿伶俐的小丫头，未来如何呢？这种地方是曹雪芹最见功力的笔墨，其才华可以媲美太史公的。不过我这里先不作艺术的评论，主要先谈谈儿童游戏的事。因为写儿童最生动的地方，是要从当时的风俗、游戏中表现其口吻、神态，而《红楼梦》在这方面是最出色的。下面就结合一两桩小游戏谈谈。

先说“斗草”。

“斗草”是我国很古老的游戏了。晋人宗懔《荆楚岁时记》说：

> 五月五日，市民并蹋百草，又有斗草之戏。

《事物纪原》中引此数句时，并云：“竞采百药，谓百草以蠲除毒气，故世有斗草之戏。”宋人龚明之《中吴纪闻》中说：吴王和西施当年曾作斗草之戏，故刘禹锡诗有“若共吴王斗百草，不如应是欠西施”句。宋人周密《武林旧事》中所辑《张约斋赏心乐事》篇中，有“四月孟春，芳草亭斗草”一条，均可见这种游戏在我国流传是很久远，而且是由“采百药”开始的。它有认识自然、提高知识、创造科学的积极意义，虽然是一种小小的游戏，但与民族文化的发展也是大有关系的。宋以后，斗草普遍是女孩子们的游戏了，宋人小词云：

> 巧笑东邻女伴，采桑径里逢迎，还道昨宵春梦好，原是今朝斗草赢，笑从双脸生。

从这首词中，更可以反映出，斗草是古代在暮春、初夏的季节里，民间女孩子玩的一种既有意义、又有趣味的游戏。可惜历代诗文的记载太简单了,到底如何个“斗”法,我们读了古人的诗文,仍然是无从知道的。而这个在《红楼梦》中,却有极生动的描绘。第六十二回写道:

> 外面小螺和香菱、芳官、蕊官、藕官、豆官等四、五个人,都满园顽了一回。大家采了些花草来兜着,坐在花草堆中斗草。这一个说:“我有观音柳”,那一个说:“我有罗汉松”,那一个又说:“我有君子竹”,这一个又说:“我有美人蕉。”……豆官便说:“我有姊妹花”,众人没了。香菱便道:“我有夫妻蕙。”豆官说:“从没听见有个夫妻蕙。”香菱道:“一箭一花为兰,一箭数花为蕙。凡蕙两枝上下结花者为兄弟蕙,有并头结花者为夫妻蕙。我这一枝并头的,怎么不是?”豆官没的说了,便起身笑道:“依你说,若是两枝一大一小,就是老子、儿子蕙了;若是两枝背面开的,就是仇人蕙了。你汉子去了大半年,你想夫妻了,便扯上蕙也有夫妻,好不害羞。”……

这段文字,绘影绘声,口吻毕肖,把一群女孩子们斗草时的情态笑貌,写得传神极了。场面虽小,却显示了艺术大师的浑厚笔力,是不可忽视的。这不只是小说的场景,文学的画面,也还是民俗学的重要资料。按,斗草与踏草是连在一起的。明代余有丁《帝京午日歌》云:

> ……
>
> 买笑追欢日不足,喧过通衢喧水曲。

蹋归百草毒可禳，系出五丝命可续。

……

这种诗句可以和《红楼梦》的描绘参照来看，可以更形象地了解当年的风俗面貌。“斗草”这种游戏，不知现在各地还有没有了，我没有亲见过，不便乱说。不过能看到曹公这样精彩的描绘，似乎也等于亲眼目睹了。

再说“抓子儿”。

第六十四回中写宝玉回到怡红院来，一进房门时道：

只见芳官自内带笑跑出，几乎与宝玉撞个满怀。一见宝玉，方含笑站着，说道：“你怎么来了？你快与我拦住晴雯，他要打我呢！”一语未了，只听屋内嘻溜哗喇的乱响，不知是何物撒了一地……进入屋内看时，只见西边炕上麝月、秋纹、碧痕、紫鹃等正在那里抓子儿，赢瓜子呢。却是芳官输与晴雯，芳官不肯叫打，跑了出来，晴雯因赶芳官，将怀内的子儿撒了一地。

这段也写的十分精彩。“抓子儿”也是我国女孩子们特有的游戏，白发老祖母小时玩过的游戏，梳了小红抓髻的孙女又在玩……代代相传，历史也颇久了。明人刘侗、于奕正《帝京景物略·春场》中正月条下记云：

是月也，女妇闲，手五丸，且掷、且拾、且承，曰抓子儿。

这种游戏，直到现在南北各地的女孩子们还常常玩，南方叫做“摸子”。所说“且掷、且拾、且承”，六个字把抓子儿时的动作写得很是简明扼要。不过所说“手五丸”，却不尽然。因为现在抓子儿不只是“五丸”，而且也并非完全是“丸”了。有用小石子的，有用杏核、桃核的，还有用小布口袋，内装沙子，或装碎米的。盖大抵都是孩子们就地取材，原无定具的。玩时把手中的一把“子儿”先向空中一掷，反手接住其中一枚。再把接住的这枚掷起，趁未落之际，很快抓起下面的子儿，还要把掷起的再接住。抓下面子儿时，有一定的规矩，有时第一次抓起一枚，第二次抓起二枚，递增上去，直到抓完为止。有时抓这个不能碰那个，抓这边不能碰那边。有时要隔几个抓几个，或一把都抓起。限制不同，玩法多样，是很有趣的。尝见眼明手快的小姑娘，一把掷下来，密密麻麻，她却能要抓那个就抓那个，要抓多少就抓多少，随掷、随抓、随接，既快且准，真像杂技演员表演掷木球时的手法一样。

抓子儿人多人少都能玩，抓不起、接不住，或者碰了其他子儿，都算输，输了是要受罚的。前引《红楼梦》原文中所说“赢瓜子儿”，就是一种罚约。不过这不是真的瓜子儿，是指甲盖儿的代名词，输了要被赢家用指爪弹脑门儿，所以才有“芳官不肯叫打”之说。如果是赢真的瓜子儿，那又何必用打呢?

《红楼梦》是小说，《帝京景物略》是民俗、风土介绍，曹公与刘、于二位相去不远，都写到了“抓子儿”，可见这在当时已是很普遍的游戏了。绵绵三二百年来，直到今天，仍然为孩子们所喜爱，不是很有意思的吗?虽一儿童游戏之微，也源远流长，不正说明我们民族文化的悠久、富于艺术的创造力吗?而一些昧于祖国民族历史知识的人，也跟着洋人的尾巴乱转，一个“魔方”，能害得他忘寝废食，想来可怜亦复可叹了。

我国古代说部中，写成人的多，写儿童的少，写儿童游戏的那就更少。能把儿童游戏写得这样生动，那就更是绝无而仅有的了。这在《三国演义》、《水浒》、《儒林外史》等巨著中是一点也找不到的，蒲松龄写《聊斋志异》，也写到了儿童游戏，如“扎紫姑”、“交马”（用一根线拴成套子，套在手上对翻，北京儿童叫“翻单单”）等，写得也很细致，但他用的是文言的传神手法，如懂文言，便能领会他高超的艺术情趣。否则，便难领会其妙处了。因之，在这一点上，《红楼梦》可说是独一无二了。所可惜者，大观园中那些聪明、伶俐的孩子们，却都是封建社会的牺牲品，作者以“哀孺子而嘉妇人”的心，越是把她们写得天真烂漫，就越衬出了那个社会的残酷无情，看到她们受到迫害，就更使人发指，更增添了“剖悍妇之心，忿犹未释”的愤怒了。

《红楼梦》这些材料是可贵的。而我们今天，如果写儿童的幸福生活时，不也更该多注意一下孩子们的游戏，把他们天真的欢乐的笑声从游戏中表现出来吗？

烟　火

印刷术、罗盘指南针、火药，是我国历史上的三大发明，这是闻名于世界的。火药，不只用之于国防、战争等等，也为和平生活增加了绚丽的色彩。正月里放烟火，便是其中之一。烟火，具体发明于何时，那一下子很难说清楚，但总之是很早的了。据《西湖志余》载：

> 淳熙十二年元夕，禁中烟火日盛，至二鼓，上乘小辇幸宣德门观鳌山，宫漏既深，宣放烟火百余架，而驾始还。

"淳熙"是宋孝宗赵昚的年号，淳熙元年是公元一一七四，这是南宋初年，在现在八百年前。那时宫中一放烟火就是百余架，可见已经极为普通、发达，技艺也十分高超，这就说明烟火在当时已早就经历了创始和发展的阶段。在历史上有些东西的发展是缓慢的，烟火能达到日盛的阶段，一放就是百余架，这一般不是短时期发展起来的，因之其历史再往前推算一下，那就要有上千年的历史了。

《红楼梦》中描绘荣、宁二府过年，由腊月里的准备工作，直到正月十五元宵后落灯，写了好几回书，写得花团锦绣。其中放烟火，也是一个很好的点缀。故事见第五十四回，文云：

> 贾母笑道……一面吩咐道："他提起炮仗来，咱们也把

> 烟火放了，解解酒。”贾蓉听了，忙出去，带着小厮们，就在院子内安下屏架，将烟火设吊齐备。这烟火俱系各处进贡之物，虽不甚大，却极精致，各色故事俱全，夹着各色的花炮。黛玉禀气虚弱，不禁“劈拍”之声，贾母便搂他在怀内……说话之间，外面一色色的放了又放，又有许多“满天星”、“九龙入云”、“平地一声雷”、“飞天十响”之类的零星小炮仗……

这是曹雪芹所描绘的放烟火的情况，曹公是情景交融，意在写人，写故事，故把黛玉、湘云、凤姐、尤氏等人说笑之情态，穿插在其中。我只说烟火，不谈人，所以把写人的话语都省略了。这段描绘中，有些术语，值得注意。第一是“安上屏架”、“设吊齐备”二语。烟火以“架”计数，自宋代便如此。但为什么叫“架”呢？这是指放的时候说。因为烟火本身是用纸糊扎成各式各样的东西，正方的，长方的，圆筒状的，六棱柱体的，宫灯形的，宝塔形的，各种各样。但是放的时候，不能放在地上放，也不能提在手中放，一定要吊起来放，而又不能吊在房中，吊在檐前，一定要吊在空旷的地方；如果是四合院，便要吊在院当中：因此要搭架。最方便的架，便是三根杉槁一扎，支起来便是一个三角架，考究的便要特制成像大插屏架子一样的架，下面有底座，上面有横梁，中间是大门式的一个空洞子，上有铁钩，可吊烟火盒子。如只是一个烟火架子，那便是放了一个再放一个，就像《红楼梦》中所说的：“外面一色色的放了又放。”如果再讲究，那便是并列许多架，用药线连起来同时放，那就便要蔚为奇观了。赵翼《檐曝杂记》记圆明园放烟火云：

上元夕，西厂舞灯、放烟火最盛。清晨先于圆明园宫门列烟火数十架，药线徐引，燃成界画栏杆五色。每架将完，中复烧出宝塔楼阁之类，并有笼鸽及喜鹊数十，在盒中，乘火飞出者。

“燃成界画栏干五色”说的很形象，因为烟火架子像悬挂钟、缶磬的架子一样，并排摆许多，在黑黝黝的夜色中，被烟火的五彩强光一照，自然成为彩色的界画栏杆了。

烟火在北京，别名又叫“盒子”，放烟火也叫放盒子。为什么叫“盒子”呢？因为在未放之前，总是盒状的，把里面的东西藏起来，外面看不见，统名之曰：“盒子”。制烟火曰：“扎烟火”，这要先由最基本的说起。明人沈榜《宛署杂记》烟火释名云：

燕城烟火诸制，有声者曰“响炮”，高起者曰“起火”，起火中带炮连声者曰“三级浪”，不响、不起、旋绕地上者曰“地老鼠”。筑打有虚实，分两有多寡，因而有花草人物等形者曰“花儿”，名几百种，别以泥函者曰“砂碣儿”，以纸函者曰“花筒”，以筐函者曰“花盆”，总之曰“烟火”云。勋戚家有集百巧为一架，分四门次第传爇，通宵不尽。

这一段把烟火的概念说得十分清楚，即烟火既是一个广义的概念，凡鞭炮、花筒等均可名之曰“烟火”；又是一个狭义的概念，即“集百巧为一架，分次第传爇”的烟火盒子。我国出产烟火的地方很多，著名的如湖南的浏阳、广东的顺德、河北的束鹿，都是有名的出产炮仗、花筒的地方。单只的如《红楼梦》中说的“满天星”、“九龙入云”、“平地一声雷”、“飞天十响”等，这都是单只的。其制作材料是火药(包括硝、硫磺、木炭屑、锯末等)、绵纸、草纸、麻筋、胶泥等。绵纸包火药,搓成药绳,即导火线。用草纸卷成几层厚的小筒,一头用胶泥封口,中间用锥子锥个小洞,穿上药线,装上火药,另一头也用胶泥封好,纸筒再用麻筋缠紧,这就等于把火药密封起来,一点火绳,便会引着中间的火药,发生爆炸,轰然巨响,这便是炮仗。扎得紧,比较大的,便是"平地一声雷"。装火药的时候,中间再隔断开来,先是一响,再引起第二响,便是"双响",俗名"二踢脚",隔三格,便可作成"三级浪"。同样纸筒,一头泥封好,中间装的火药中再加木炭屑或硝等其他东西,另一头封得松些,加个粗火药绳做芯子,点燃之后,火药由一头喷出,加着燃炽的木炭屑等,在夜幕中形成闪亮的火花,而且可以形成各种彩色火花,绚丽耀眼,这便是各种"花筒"。把小纸筒中间隔开,装上不同的火药,封口时,一头紧,一头松,倒放着扎在一根细麻杆上,药芯在下面,点燃后,火星由下面喷出,产生强大的反坐力,便一道光线,划破黑夜,腾空而起,这就是"起花",进而发展为"九龙入云"、"飞天十响"、"炮打灯"等等。这是我国古代劳动人民出色的科学创造,现代的最先进的宇宙火箭、航天飞机,都是运用这个原理的。

用一个木架子,把各种单只的炮仗、花筒、起花等,依次绑扎在一起,用搓好的绵纸火药纸绳,把所绑扎在一起的炮仗、花筒、起花等单只上的导火线,都连在一起,只要点燃一头,便可把所有的炮仗、花筒、起花等依次引燃。全部绑扎好,串连好之后,四周再用彩色纸糊起来,只留一个总的导火线在下面,用红纸包住,这就是"盒子烟火"了。放的时候,把这个盒子吊在架子上,把包住导火线头的纸扯开,把药线点燃,顺着药线的线路,所有单只炮仗、花筒等便都被引着了,有的哔剥乱响,有的轰然一响,有的火星四射，光线强烈，有的火线飞起，射入高空，再用彩纸剪扎成各样人形，随着强烈光线，照出里层的各种人物故事，如“八仙过海”、“福、禄、寿三星”、“刘海戏金蟾”、“洞宾戏牡丹”、“关公看春秋”、“刘备招亲”、“唐僧取经”等等，所以《红楼梦》中说“各色故事俱全”。再有把“走马灯”的原理和烟火盒子结合起来，这些故事人物在亮光中会动，会转，造成奇观。而这些纸人腹中，或纸人后面，还扎着第二层、第三层炮仗、花筒等，随着药线的燃烧，又引燃里层，顷刻之间，这些故事人物，又变成火花四射，燃烧过后，可能又照耀出里层故事。按赵翼《檐曝杂记》所记，最后鸽子、喜鹊乘火飞出，这就是特别高级的了。自然一般的不大可能把活飞禽藏在里面，因为一般烟火盒子店中卖的，都是很久之前扎好的，活飞禽放在里面，时间一长，饿也要饿死了。圆明园中宫廷烟火，那是现扎现放，自然可以。一般要做到这点，只有自己会扎烟火，细想想也并不是太难的。

扎烟火是一门专门工艺技术，扎各种烟火盒子，常见的都有一些固定药线路子，扎几只双响、几个花筒、几个起花、几个炮打灯，都是固定的，比较容易扎。特殊的要高手艺人自己创造，各人有各人的巧妙，那就变化无穷了。扎烟火盒子，最怕把药绳线路弄乱，或者排错，引起一下子全部燃烧，那就坏了。芝兰室主人《都门杂咏》“放盒子”云：

花灯彻夜是元宵，盒架高支望去遥。
最怕层层分不断，连皮带骨一起烧。

这就是说导火线连贯的不好，引起燃烧，不只是炮仗、花筒响，火星喷射，甚至连里面的木架子也烧起来了。

清人笔记中记圆明园放烟火的很多。乾隆时，也就是《红楼梦》时代，例如在“山高水长”（圆明园四十景之一，最空旷）放灯，放烟火，最极一时之盛。文中写“俱系各处进贡之物”，这都有真实历史背景的。明人张岱《陶庵梦忆》中记“鲁藩烟火”云：

> 殿前搭木架数层，上放黄蜂出窠，撒花盖顶，天花喷礴……烟焰蔽天，月不得明，露不得下，看者耳目攫夺，屡欲狂易……

《红楼梦》写放烟火，与此大同小异。在黑黝黝的夜空，看着强烈的、刺目的火光，闪花，巨响，强烈的火药硫磺味，真是“耳目攫夺”。所以贾母说：“解解酒”，这是可以大醒醉意了。

天齐庙

《红楼梦》第八十回《王道士胡诌妒妇方》中写到天齐庙，原文道：

> 正说着，贾母打发人来找宝玉，说："明儿一早往天齐庙还愿去。"宝玉如今巴不得到各处去逛逛……次日一早……坐车出西城门外天齐庙烧香还愿。这庙里已于昨日预备停妥的，宝玉性怯懦，不敢近狰狞鬼神之象，是以忙忙的焚过纸马钱粮，便退至道院歇息。

这里所写的天齐庙，就是影射北京朝阳门外（也可叫齐化门外）的东岳庙。关于这点，俞平伯老先生早就提到过了。在这里，我想把为什么说天齐庙就是影射东岳庙，或者说把天齐庙的历史背景作一个具体的介绍。在名称上以"天齐庙"影射"东岳庙"是很容易理解的，因其一东岳庙祀奉的神道曰"天齐仁圣帝"，是道教想出来的神灵。其二庙址在"齐化门"外。所以信手拈来，以其所供神灵名称改作庙名，像"关帝庙"、"财神庙"一样，又以"齐"字叫"西"字音，把东面的朝阳门外说成是"西门外"，是非常得体，也非常自然的。东岳庙是道士庙，以面目狰狞、恐怖的塑像出名，所以俞老先生说天齐庙影射东岳庙，对于这一点，了解东岳庙的北京人是完全能想得通的。但是东岳庙现在没有了，不了解的人以及将来的人，则难免有"姑妄言之姑听之”之感，不能具体说出其所以然了。但也只能说是影射东岳庙，或背景是东岳庙，而不能说就是东岳庙，因为小说毕竟是小说。

说起东岳庙，在北京是非常出名的，是一座又古老、又壮丽的道士庙。地址在朝阳门外大街路北，往东一点，南面一条街，地名“芳草地”，在北京所有街名中，同“百花深处”一样，是最典雅的。东岳庙坐北朝南，三间磨砖大庙门，隔开大街，一座高大的黄、绿琉璃砖瓦建造的牌楼，把庙门衬托得更为雄伟，明代刘同人《帝京景物略》记云：

> 庙在朝阳门外二里，元延祐中建，以祀东岳天齐仁圣帝。殿宇廓然，而士女瞻礼者，月朔望日晨至，左右门无间阈，座前拜席为燠，化楮钱炉，火相及，无暂熄。帝像巍巍然，有帝王之度，其侍从像，乃若忧深思远者，相传元昭文馆学士艺元手制也。元，宝坻人，初为黄冠，师事青州把道录，得其塑土、范金、抟换像法。抟换者，漫帛土偶上而髹之，已而去其土，髹帛俨成像云。始元欲作侍臣像，久之未措手，适阅秘书图画，见唐魏徵像，矍然曰：“得之矣，非若此莫称为相臣。”递走庙中为之，即日成。

这是元代的东岳庙，神像都是历史上最著名的塑像家刘元塑的（这点有疑问，容后再述）。庙中原有三座碑：一座是赵孟頫写的，一座是赵孟頫弟弟赵世延写的，都是楷书；一座是虞集写的，是隶书。明代英宗朱祁镇正统年间，东岳庙重新修建扩大，在东西两庑修了“地狱七十二司”，有各种狰狞恐怖的塑像。还修了“天齐仁圣帝”后妃行宫，在“帝祀”像前悬一“金钱”，道士骗人说，用铜钱遥抛，击中“金钱”眼，就可以得子，因而到庙中的香客都用铜钱来打这个金钱，所谓“不中不止，中者喜，益不止，罄所携以出”。道士就可以大得其利了。

在明清两代，东岳庙旧历元旦开始有会，三月间又有会。每年三月二十八日，所谓“天齐仁圣帝诞辰”，东岳庙更要过热闹的庙会，要把塑像抬出，打上旗锣伞扇诸般执事，前有鼓吹吹奏，各处游街，经过之处，各家妇女都到街上来观看、烧香，据沈榜《宛署杂记》记载，叫做“拜香”。这种风俗，直到清末，细节虽有变动，但大体如旧，东岳庙的庙会，仍很热闹。各种书籍中有关记载很多，光绪时让廉《京都风俗志》记云：

> 三月十五日，朝阳门外东岳庙，日日士女拈香，供献、放生、还愿诸善事。及各行工、商建会，亦于此庙酬神，盖此庙水陆诸天神像最全，故酬神最易。至二十八日，为东岳天齐圣帝生辰，特建掸尘等会，其游人与修善事者，较平日称为更盛。

按《京都风俗志》记载，其祭神仪式，与明代虽已有许多不同，但其热闹则是一致的。《红楼梦》原文中，特别写出“宝玉天性怯懦，不敢近狰狞神鬼之像”。这是因为东岳庙也的确是以神、鬼塑像恐怖著称的。其一是庙内两廊“七十二司”的塑像，是表现地狱图景，有的恶鬼青面獠牙，面目凶恶；有的惨死冤魂，身首异处，自己提着自己的脑袋；有的被锯成两半，有的被磨成齑粉，极尽惨酷之能事。其故事来源不外是将佛教的“轮回”、“地狱变相”等等幻想又结合了道教的神秘观，塑造成种种恐怖像。其二是阎罗殿“十八层地狱”的塑像，由“进入鬼门关”，登上“望乡台”，到各殿阎罗，什么刀山、油锅、冰川、铜柱炮烙、剜眼割舌等等，直到“轮回殿”舀“迷魂汤”，都是各种逼真的塑像，都十分凄惨恐怖。其三是在有的殿中，于进门处地下装了木消息，香客进门，踩中消息，迎面的判官、无常等鬼神塑像，会突然转过身来，更是狰狞可怖。这种塑像原是封建时代神道设教，利用迷信思想以警戒芸芸众生，以弥补法律之不足的，所以地狱变相等等幻想，极为残酷、恐怖。同治时韩幼黎《都门赘语·东岳庙诗》云：

> 七十五司信有无？朝阳门外万人趋。
> 也知善恶终须报，不怕官刑愧鬼诛。

这诗是点明了这些恐怖塑像的目的，但是对一般善良者、老弱妇孺说来，未免太恐怖，自然不敢看了。这就是《红楼梦》所写宝玉“不敢近狰狞神鬼之像”的历史背景。

东岳庙创自元代，史有明文。据曼殊震钧氏《天咫偶闻》记载，直到光绪末叶，即 20 世纪初，“赵子昂所书张留孙碑尚在东阶下”。清代康熙时，庙中天齐仁圣帝殿曾毁于火，后又重建，元代原来塑像，多被焚毁，后经高手匠人修补重塑。清代最后一次大修是嘉庆年，因之《红楼梦》中所影射之东岳庙，自然是康熙后重修的。

关于东岳庙刘元塑像问题，曼殊氏曾据虞集《刘正奉塑记》考证云：

> 考《道园学古录》、《刘正奉塑像记》，则刘所塑东岳庙神像，在长春宫东，与此无涉，其误自《燕都游览志》始，竹垞因之（按，指《日下旧闻考》所引），游者犹啧啧称叹不置，此

南人所谓隔壁账也。

今查虞集《道园学古录》卷七《刘正奉塑记》原文云：

> 大都南城长春宫，都提点冯道颐，始作东岳庙子宫之东，谋其徒曰："不得刘正奉名手，无以称吾祠……"正奉祝曰："愿亲造仁圣帝像……"

当时刘元奉御不能随便为人塑像，因而虞集记中对刘元塑东岳庙神像事，记述甚详。明末刘同人《帝京景物略》及谈迁《北游录》记东岳庙均曾摘引虞记所述。但另查《道园学古录》卷二十三《东岳仁圣宫碑》云：

> 延祐中，故开府仪同三司上卿玄教大宗师张留孙，买地于大都齐化门外，规以为宫，奉祠东岳天齐仁圣帝，仁宗皇帝闻之，给以大农之财，辞不拜，第降诏书护作，方鸠工而留孙殁，后□年，今特进上卿玄教大宗师吴全节……以成先师之志，至治壬戌，作大殿，作大门……

前后参看，可知朝阳门外东岳庙，总名为"东岳仁圣宫"，开始并不叫"东岳庙"，虽是延祐中买地规划建庙，而庙实际初成于"至治壬戌"，始于元仁宗，成于元英宗，年代虽然不多，前后也有七八年之久。而虞集在《刘正奉塑记》一文中明说："延祐四年春，予游长春，因即而观焉。凡廊庑时共称好者……"这绝对没有在"至治"（一三二一）时才修好的庙，而在"延祐四年"（一三一五）就能参观的道理。况且虞集在《刘正奉塑记》一文中极力赞扬刘元的塑像艺术，而在《东岳仁圣宫碑》一文中则只字未提刘元，显见这里与刘元无关，否则是不可能不提的。因而可以看出，在元代的确是两个“东岳庙”，刘元塑像的那个东岳庙，大概早已在小燕王的军队打进元大都时就破坏了。因而在明代就再无人提起，刘同人等著书时也未加深考，因而合二而一，把刘元塑像的“长春宫东东岳庙”和齐化门外的“东岳仁圣宫”混淆在一起了。正如曼殊震钧所说：“此南人所谓隔壁账也。”而这笔糊涂账，一直糊涂了近三百年。

刘元塑像的“东岳庙”早毁了，而齐化门外的“东岳庙”却享了盛名，直到清代仍然十分风光。清朝皇帝出朝阳门到顺义县谒陵，东岳庙也是中途休息之处，并备有行宫。历来庙中道士交通禁苑，勾结权豪，是十分有势力的，正是《红楼梦》中所写的张道士、王道士之类的人物。所谓“七十二司”，也各有专名，如什么“速报司”、“孽障司”、“福寿司”等等，这些“司”，和那门前的那座美轮美奂的绿色硫璃砖大牌楼，是很特别的，在某种程度上，很像“太灵幻境”中的种种情景。《红楼梦》在这方面的种种设想，自然是明显地受到道教的影响，说不定也直接是东岳庙的印象所造成的吧。

薛蟠小像

“薛蟠小像”见《红楼梦》第七十六回。薛蟠由南方回来，带回不少苏州虎丘玩具，其中有在虎丘“捏”的小像。原文道：“又有在虎丘山上泥捏的薛蟠小像，与薛蟠毫无相差。宝钗见了，别的都不理论，倒是薛蟠的小像，拿着细细看了一遍，又看看他哥哥，不禁笑起来。”

文字十分简炼精彩。关于这段文字的历史资料，研究者曾引顾铁卿《桐桥倚棹录》予以证实。唯顾氏一书，刊于道光二十二年，即公历一八四二年，距《红楼梦》时代已有八十余年之久，虽然说当年虎丘风土物产在二三百年中，并无多大变化，但毕竟时代相隔较久，不无遗憾。因而想到，如有更早一些的资料，则更能生动地了解到当时历史的情况。事情很巧，在乾隆三十四年，即公元一七六九年，常辉的《兰舫笔记》中又遇到一则关于“苏捏”的记载，时间比《桐桥倚棹录》早七十三年，更接近《红楼梦》的时代，更有助于我们了解当时的历史生活。不过这两种书都是很少见的，《桐桥倚棹录》一书某家出版社已安排出版，而《兰舫笔记》则虽有一九四一年排印的非卖品小册子，但流传亦不多。因而我想在此文中把有关“薛蟠小像”的资料作一摘录，再略加说明，以飨读者。

按，《桐桥倚棹录》一书，为《清嘉录》作者顾铁卿所著，是记录虎丘风土物产之专书，事实上是一部别具风格的《虎丘志》。作者在“凡例”中特别声明“是书大致略人所详，详人所略”，因而他非常注意记载一般志书所没有的东西,如“耍货、捏相、镫舫、盆景”等,即所谓“生涯独绝,虽琐必登”也。顾氏名“禄”,字“总之”,一字“铁卿”,别号“茶磨山人”,有别业在虎丘斟酌桥西。据韦光黻《闻见阐幽录》载:“顾铁卿禄,吴附生,恃才华纵情声色,娶妾居山塘之抱绿渔庄,刻《清嘉录》、《桐桥倚棹录》,外洋日本国重锓其板,称为才子。为友陈某诱致邪僻,事连同系于官,陈某逸去,旋以疾卒。”可以看出这个人生活是有些浪漫的,但却有见解和眼光,其所著二书都是很有价值的。因为他住在虎丘,“桐桥”是虎丘极为著名的地方,便取李嘉祐“春风倚棹阖闾城”句意,名其书为《桐桥倚棹录》。是书刻于道光壬寅二月,但迄今流传极少。据知顾颉刚老先生藏有一部,苏州图书馆藏有一部。顾老先生一部辗转录出副本不少,内有俞平伯老先生题诗绝句十八首,其中第九首道:

物玩虽微亦化工,苏州巧手最玲珑。
潇湘陨涕蘅芜笑,都在传神阿堵中。

诗后并有自注,谓《红楼梦》七十六回《见土仪颦卿思故里》中所写玩具,俱见本书第十一、十二两卷中,可作补注材料,并云本回“薛蟠小像”数句,“虽着墨无多,而彼时山塘传真之妙,手艺之精,俱不待言而可知矣”。俞老先生还在二十年前,于《光明日报·东风》专门撰文介绍,惜该文甚短,读者仍不能稍窥原书面貌。现将有关“薛蟠小像”文字摘引如下,见该书卷十一《工作》门“塑真”条,文云:

塑真,俗呼“捏相”。其法创于唐时杨惠之,前明王氏竹林亦工于塑作。今虎丘习此艺者不止一家，而山门内项春江称能手。虎丘有一处泥土最滋润，俗称“滋泥”，凡为上细泥人、大小绢人塑头必此处之泥，谓之“虎丘头”。“塑真”尤必用此泥。然工之劣者，亦如传神之拙手，不能颊上添毫也，肢体以香樟木为之，手足皆活动，谓之“落膝骱”，冬夏衣服，可以随时更换。位置之区，谓之“相堂”。多以红木紫檀镶嵌玻璃，其中或添设家人妇子，或美婢侍童，其榻椅几机以及杯茗陈设，大小悉称。

顾书在每条记事后，均引当时名家诗作，用存文献。这条记载后，引韩崶《赠捏相项春江》五古一篇，歌伎双姬《虎丘竹枝词》七绝一首。韩诗较长，不必全引，其描绘项春江技艺数句，稍有参考价值，兹摘录如下：

……

虎丘有项伯，家兴生公邻。
世传惠之艺，巧思等绝伦。
熟视若无睹，谈笑忘所营。
岂知掌握中，云梦八九吞。
取材片埴足，妙用两指生。
始焉胚胎立，继配骨肉匀。
按捺增损间，不使差毫分。
秾纤彩色傅，上下须眉承。
五官既毕具，最后点其睛。
呼之遂欲动，对镜笑不胜。

……

诗并不好,但把捏相的过程都写清楚了。这样再参看《兰舫笔记》一则记载,对“捏相”就了解得更清楚了。按,此为乾隆时常辉所著。据《昭文县志》等书记载:辉字“衣云”,别署“芍坡”,直隶(今河北)滦县人。乾隆初举人,曾署嘉定县丞,并知昭文(辛亥后并入常熟)、奉贤二县,曾代吴县知县到洞庭山验尸,所著《兰舫笔记》自序云:“时乾隆己丑秋八月上旬日,丙崖常辉书于娄江舟次。”是奉贤知县卸任后,赴苏州抚台衙门领咨文准备赴京引见时,于赴苏途中写的。是一本短短的日记,向未刊行,苏州图书馆得其稿本于玄妙观书肆,于一九四一年曾作为非卖品吴中文献资料刊行。多记刑名案牍,略及吴地风土物产,其记虎丘捏相云:

> 有苏捏者,住虎邱山塘,余尝以游山坐观之,泥细如面,颜色浅深不一。有求像者,照面色取一丸泥,手弄之,谈笑自若,如不介意。少焉而像成矣。出视之,即其人也。其有皱文疤痣,麻子者毫无差,惟须发另着焉。晒干以衣冠靴袜装之,衣之单夹棉皮,各色悉备,至绫缎纱罗布纻,随人意也,其值之低昂视此,入一楠木匣,或坐榻,或椅杌,方几条案毕设焉。壁上悬小字画,案列瓶炉文具,概属真物,外以铁绵纱罩之。细观须眉如活,形神逼肖,即画手传神,无以过也。真绝技矣。

常氏书中“自序”署乾隆己丑,即乾隆三十四年,公历一七六九年,其所见当早于此时,正是曹雪芹去世不久,其记载是非常接近于《红楼梦》时代了。关于“捏相”的情况,常氏所记基本上和《桐桥倚棹录》一样,关键处更为细致些。如所说“泥细如面”,“手弄之,谈笑自如”,衣着,楠木匣等等,《桐桥倚棹录》的记载和所引韩葑诗中都已说到了。然“泥之深浅不一”及“照面色取一丸泥”则未说到,常氏的记载就更为重要。可以看出这种泥是和了粉、调了色的,很有些像北京厂甸捏江米人了。再有一点,这种“捏像”,说是继承了唐代杨惠之的传统,据传苏州甪直保圣寺罗汉像就是杨惠之所塑。不过当年虎丘“捏像”生意的发达,并非是什么杨惠之传统的关系,而是另有原因的。据《兰舫笔记》另一条“城隍庙神”所记,这是和当时吴人的迷信有关的,有些是塑像代舍身,把捏的像送到城隍庙中“舍身了愿”,为城隍“服役”的,这些像都要照还愿者的相貌塑造,这也是虎丘“捏像”历久不衰、代有名手的另一原因,也就是“薛蟠小像”的历史背景。

宝琴诗谜

春节期间，谢国桢老师由京南来，谈起了丹徒赵绍庭的笔记《窕言》，说书中有一段解释《红楼梦》第五十一回《薛小妹新编怀古诗》谜语谜底的文字。当时因谢老未将书带来，所以谈论之余，颇以未能得见原书为憾。不料机缘凑巧，时隔不久，居然于肆中无意中得到一册《窕言》，因而又颇有"踏破铁鞋无觅处，得来全不费工夫"之喜了。

按，《窕言》，丹徒赵绍庭所著，刊于光绪十八年。书共上、下两卷，订为一册。写刻本，工笔小楷，字法魏晋墓志，极为挺拔舒展，富有帖意。其版面之雅洁疏朗、妩媚喜人，殊不下于"康版"也。卷上二十九叶，卷下二十八叶，页十行，行二十七字，黑口、乌丝栏，扉页书名，双钩篆文《窕言》二字，款署"绰道人双钩题氍"。有《自序》，后署"光绪十有八稔横艾执徐相月二十七日，丹徒赵曾望绍庭父纂于琨山之耐簃"。有白文"芍亭著书小印"。"横艾执徐"即"壬辰"，"相月"是七月，其时盖一八九二年旧历七月二十七日，去今已近九十年矣。其所以用《窕言》二字名书，在《自序》中写道：

> 《庄子》有"卮言"二字，李十二丈（按，即李承衔）摘以名其书矣；《韩非子》有"窕言"二字，予得窃而题焉。

这就是他书名的由来。他在《序言》中特别说明读书杂记的意义，因而其书的内容，主要是读书杂记，涉及的范围很广，经史诗文、金石书画、市井方言，各方面都有，内容虽稍感冗杂，但其见解亦颇有可取者。试举其一二则，其论唐寅与郑燮云：

> 唐寅诗曰："湖上水田人不买，谁来买我画中山。"郑燮诗曰："画竹多于买竹钱，纸高六尺价三千。"似板桥之画，利市过于六如矣。顾一则飘飘自远，一则沾沾自喜，其度量有不可强同者。

其论吴梅村与袁随园云：

> 于梅村、随园两家，顾吴以才藻胜，须玩（按，即玩字、好也）其不板处，气韵激昂，即不板处也。袁以性灵胜，须玩其不滑处，思议清遒，即不滑处也。

这种见解、评价，说的都十分中肯，而其文字亦简洁可喜。其书还有可贵之处，即作者十分注意"刑名"之学，书中谈到"刑名"之处颇多，如谈"和奸之罪"、"《洗冤录》尸格"、"刑法家文字"、"《刑台秦镜》"等条，都是有一定见地的文字，其《刑台秦镜》一条中道："要之民间控诉，只宜据实直陈，其锻炼字样，最为刺目。如'虎恶'、'魆行'等语。良有司考试代书时，即应明饬、切戒者也。"这对封建时代状纸及判牍中之舞文弄墨的批判也是十分中肯的。因其能谈谈"刑名"，所以对清代刑名专家汪龙庄（辉祖）便有微词，认为龙庄"以经辅律一节，名论卓然，而亦昌黎之牙慧也"。但他仍认为《求治管见》、《佐治药言》是两种好书，并不可废。最后总评价汪辉祖道："龙庄孤寒晚学，有志千秋，要是豪杰之士，顾侧诸循吏传中也，则可；侧诸儒林传中也，则叵。”这最后两句倒被他言中了，二十多年后修《清史稿》，汪辉祖是入了《循吏传》的。

其书中谈到《红楼梦》的文字共有两条，其一云：

> 《石头记》一书（俗谓之《红楼梦》，本书并无此名——原注），其措词全仿语录，而又多加助词，绝非不学之人，所得而妄作也。至于摹绘人情物理，靡不尽态极妍，信能于小说家中自树赤帜，后有留心于一代方言者，舍是其何征哉？王雪香（按，即王希廉，苏州洞庭山人，号“护花主人”）又为之评赞以辅翼之，亦文人游戏三昧也。可以并传矣。

其二云：

> 王雪香评《石头记》，其未经道破之灯谜，皆为释明，惟《怀古》十诗，隐俗物十件，未能全释，余代释之：其一《赤壁》，蠡之灯也；其二《交阯》，铜喇叭也（雪香同——原注）；其三《钟山》，耍猴儿也；其四《淮阴》，纳宝瓶也（丧家以瓦罂贮饭，并铜钱数枚，纳诸棺中，俗谓“纳宝瓶”，且谓冥中有恶狗村，恃此无恐。语甚诞——原注）；其五《广陵》，剔牙棒也（俗用柳木为之，谓可去风——原注）；其六《桃叶渡》，门神纸也（新年与桃符并换——原注）；其七《青冢》，墨斗也（雪香同——原注）；其八《马嵬》，肥皂也；其九《蒲东寺》，竹帘也；其十《梅花观》，纨扇也（雪香同——原注）。此中唯“耍猴儿”，似非物件一类，作者特于前卷先设史湘云一谜，且云“真是俗物”，盖留为明眼人取决耳。

因为《窕言》一书，比较少见，所以我特地把有关《红楼梦》两条，全文摘录了下来，用供参考。至于《怀古》诗原文，自可参照《红楼梦》原书来看，不必征引了。只稍作说明如下：《赤壁》一诗，亦有猜作“走马灯”者，实际不是，这里关键在于“赤壁沉埋水不流”一句上，因为“蠡子灯”有灯、有水，蚊子扑灯，沉入水中，所以谜底、谜面都很吻合，如猜作“走马灯”，水就落空了。“交阯”猜作铜喇叭，较为明显，不必多说。“钟山”谜底耍猴儿，可与第五十回中湘云“溪壑分离，红尘游戏”一谜参看，成前后辉映之趣。“淮阴”一谜，作者有详细说明，是民俗学的重要材料，不然后世读者对“恶犬”、“盖棺”之间的关系，颇难理解了。“广陵”一谜，完全是从“杨”字上启发思维，“广陵”是“扬州”，牙刷古代叫“杨枝”，现在日本语中还用这一名称，因而才有“只缘占尽风流号”一句，前面又都用“蝉噪”、“鸦栖”、“隋堤”等有关“垂杨”的典故，因而猜作“牙刷”更为确切。《窕言》猜作“剔牙棒”即“牙签”，只可以说是“虽不中，亦不远矣”耳。“桃叶渡”、“青冢”二诗，谜底分别为“门神纸”、“墨斗”二物，较易理解。按，“门神”一词，在《礼记》中就有了，近世民间习俗所绘“门神”，乃二戎装武将，据传为秦叔宝和尉迟敬德二人，年年岁末买来，分贴大门左右，以迎新岁。“墨斗”乃木匠所用拉墨线之墨斗。“马嵬”一诗谜底为“肥皂”，稍感晦涩。“蒲东寺”之谜底为竹帘，“梅花观”之谜底为纨扇，则均较明显，不必多说了。

总之，《窕言》作者给《红楼梦》提供的这点材料，虽然不多，也是可贵的，因此简略介绍并加说明如上。《窕言》一书中值得介绍之处还多，因与《红楼梦》关系不大，所以在此只好从略了。

后　记

小时候读过两天旧书，得到一点死记硬背的益处，至今还受用不尽。盖因儿时记性好，记牢之后，长大也不大会忘记，偶然想起，慢慢咀嚼，像老牛反刍，十分有味。想起什么呢？常常想起《论语·子张》中的一句话："贤者识其大者，不贤者识其小者。"识，音志，记也。觉得这话是颇堪玩味的。生也有涯，知也无涯，人活着，总得做点什么，做不了大的，也还可以做点小的。谈谈《红楼梦》，本来已是芥蒂之微的事了，而大问题也很不容易谈，没有那么大的学问，谈何容易，因而也只能谈谈极小的。这就更是小中之小了，所以书名曰：《红楼识小录》，一以表明自己是不贤者，再以表明所谈的都是一些小问题。当然，小与大，也是相对的，有时是小中有大，有的又是小中见大。比方说，一个小制钱，所谓"一文"、"一个子儿"等等，原是非常小的，但它却联系着我国几千年的经济制度；以《红楼梦》时代说吧，也联系着当时几亿人民的生活。这就不单纯是小，而是小中有大了。再如一个风筝，只是小孩子的一个玩艺儿，更是很小的东西，玩物丧志，有什么好谈的呢？但能够制造出这样精美绝伦的风筝，这却不能不使人说到制造者的智慧，和那具有高超艺术修养的技艺，这就联系到我国的工艺史；也因风筝的价值，联系到当时社会生活的两极分化、贫富悬殊等等大问题，这又可说是小中见大了。

各个时代的社会生活都是有实际内容的。《红楼梦》又是那样一部细腻地描绘了当时社会生活的伟大作品。它忠实于他的时代,生动而具体地反映了其时、其地的社会生活面貌。要想了解它,就必须了解它说了些什么,反映的是什么情况,不然,又如何能较深入地理解它的实质呢?这在前一世纪,以及本世纪前期,问题是比较少的,因为在那些时期的漫长岁月里,《红楼梦》中所反映的那些社会面貌、生活习惯、饮食起居、动用长物,虽然有所变化,但变化极小,因而人们看《红楼梦》,对这些方面,不会产生什么问题,甚至可以说没有问题。而后来则完全不同了。尤其是近几十年来,社会在剧烈地前进着,生活习惯、风俗礼仪、动用长物,都发生了极为巨大的变化。当年最普通的东西,现在往往成了十分难以理解、而又无书可以查考的问题了。比方说用一块银子吧,现在人们就无法想象用银子买物时,如何计算,如何找零等等极普通的手续。而这在六七十年前,则是人人皆知的最普通的事,今天却变成最难理解的了。注解《红楼梦》,也正是这种地方比较难注,有时是一两句话无法说清楚,有的是只知其一,不知其二,情况多端,均属困难。目前偶然拣阅第六十八回原文,见"青衣"一词,后面注解道:"这里指仆人"(见人民文学出版社一九六四年精装本下册,总八八一页),实际这里明明是指衙役、皂隶,而注释作"仆人",就是明显地错了。"青衣"是仆人的意义,这是一种情况;而皂隶、禁卒,也穿青衣,这是另一种情况,这就需要加以仔细区别,不能一概对待了。我感到在现在和未来,这些正都是《红楼梦》难以阅读的具体问题,《识小录》就是想在这方面提供点材料。

我早在二十多年前,曾就这方面的问题,花了一些时间,整理出一些东西,都是围绕着社会生活的,初步编排了一本"《红楼梦》时代的社会生活"的稿子,其中有少数片段,都写成小文章在当时《光明日报》副刊《东风》和《新民晚报》副刊《繁花》上发表过。而且有的短文如《风筝》,居然引起日本红学家伊藤漱平先生的注意,在他的讨论《废艺斋集稿》真伪问题的宏文中加以引用,这是我最近才知道,而在当时是万万没有想到的。我当时所以那样评价《红楼梦》中所写风筝的意义,只不过出于对祖国工艺成就的热爱,说出它的艺术的、历史的价值而已。因为那时,著名的《南鹞北鸢考工记》尚未发现呢。遗憾的是,在二十多年前,这样的文字是不能多发表的,偶然碰到编者与我略有同好,在一定的条件下发表了两三篇,后来就来信说:意义不大,不能发了。虽然直到现在我也不知道当年《东风》版那位编者的姓名,但是他那封简短的信我还记得清楚,他的意思我也了解。我知道这不全是他的意思,这只是所谓的大势所趋吧。履霜而坚冰至,自然,自此之后,没有几年,众所周知的情况,什么书籍、文稿、资料、笔记、书信、剪报等等,一股脑儿没有了……

天旋地转,日月光华,党中央的温暖又滋润大地,促使人们又认识到文化的伟大的时代意义和历史意义。《红楼梦》的研究工作,在新的形势下也得到了新的发展。有了学会,有了大型的刊物,新添了广大的专门研究家。国际上也开了讨论会。在这样新的形势下,我这个二十多年前偶然写点《红楼梦》短文的小兵,又能写一点《红楼梦》短文,是十分可喜的。一是知识的孤陋,学无专长,东鳞西爪,以一当十,显得十分寒伧;二是见闻的孤陋,既未见过多少珍本秘籍,也未听过多少宏论奇闻,只是关在一个不足方丈的斗室中闭门造车而已;三是参考资料的孤陋,二十多年前积攒的那点可怜的资料,诸如笔记本、旧文稿、手抄书籍等,均不在发还之列,还回来的一部分书籍,也都是残缺不全,总之资料原来就少得可怜,现在更是孤陋可笑了。自然,我绝不敢因了自己的孤陋来请读者的谅解。我只是说,在这样孤陋的情况下,能够写出这样一点东西,也总算是尽了自己一点力量了。

二十几年前,在《红楼梦》的探讨上,我是从两方面着手的,一是社会生活方面,一是艺术成就方面。这次重新写有关《红楼梦》的文章,还是按照二十年前的设想和记忆中的旧稿进行的。这册《识小录》中所编入的文章,都是社会生活方面的,如提到专门学术的高度来谈,那是包括在经济史、交通史、民俗史、工艺史、营造史、园艺史、饮馔史的范畴的。全书的目录编排,也是大体按照这样的顺序编排的。自然,这些短文都是零散的,贫乏的,谈不上是历史的著述。我所说的,也只是说这些不成熟的东西属于这些专门史的范畴,并不说是就等于这些专门史,这是要特别声明的,以免见笑于方家,被人当作是无佛处称尊的妄自尊大者。《红楼梦》中这一类的问题是非常多的,这次只写了六十多个小题目,势不免挂一而漏万,这还有待于将来进一步的补充。

因为所谈的问题,有些不只是我一个人谈过,其他人也谈过,这就难免有分歧的意见。因为完全一样,那人家谈过,我还何必再谈呢?正因为不同,不免也就要说上一番,提出不同的看法,这就难免要谈到具体的人。这中间有国内的,也有国外的,有熟识的,也有闻名而未见面的,在此我向这些位红友们表示歉意。说明我所商榷和争论的,只是有关《红楼梦》的一些学术上的具体问题,没有一丝一毫个人感情上的东西。我对于海内外的研究《红楼梦》的师友,不论识与不识,都是非常景仰的。但是学术上、史实上的问题,该商榷的还是应该商榷的。我总觉得,在任何文化学术领域中,学术上的争论和友谊上的相处,是应该坚决分开的。因此在我写这些小文时，都是本着这样的态度执笔的。希望得到有关专家们的谅解、指教与批评。

俞平伯先生是海内外研究《红楼梦》的老前辈。我三十多年前在学校时，念过先生两门课，先生讲少陵诗“香雾云鬟湿，清辉玉臂寒”的情景还历历如在目前。可是三十多年已经一弹指而逝去了。对于师门来说，我更是十分惭愧的。正应了两句“少小不努力，老大徒伤悲”的老话。而更遗憾的是，我当年在校时，也从未向俞先生讨教过《红楼梦》的问题，而离校后的几十年中，也未与俞先生有过联系，直到近二三年中，因为各种机缘，才使我有幸趁回京之便，重趋绛帐，面聆教益。离京回沪后，并和先生有了频繁的书信文字往来。不过虽承先生不以顽劣见弃，仍时赐教诲，而不论在面聆教益或书信来往中，谈诗、谈词，时或有之，而谈《红楼梦》的情况，却仍然是非常少的。关于《识小录》这本小书，我本想请先生题个字并写篇序言，但先生来信说：

> 属题签当如命，届时希将款式写示，以便照样书之，恐拙劣耳。小序以愚自六六年后，迄未写作关于此书文字，其发表者皆仅存之旧稿或小诗词，未便破例，希谅察，是幸。

后来先生时常来信说“体疲苶”，但还是为这本书题了扉页，这是使我非常感动的。又承端木蕻良、周汝昌、冯其庸三位同志于百忙中为写序言，惠爱亦深。另外本书的原稿，大部都承王西野兄为之审阅；本书的出版，又承胡文彬同志为之推荐，师友们的惠爱，使我在文字和道义上感到深厚的情谊，对于前面三位以及其他各位帮助过我的师友，我在此均表示衷心的感谢。至于书中的内容，则更有待于专家们、师友们、读者们的指教和批评了。

一九八二年一月二十四日即辛酉除夕记于浦西寓楼灯下云乡志

附录

原版序一

端木蕻良

《稗雅》、《释小》这一类书，在中国出现得很早，它既不同于一般的“类书”，又不同于一般的“工具书”。这些作者写的，多是由于亲身体会得来的，因此，都有独到的特点。

大概由于孔子曾对他的儿子说过：“你干么不读读诗，可以多知道一些草木鸟兽鱼虫的名儿！”所以，直到今天，我们还可以看到陆玑著的《毛诗草木鸟兽虫鱼疏》。后来，又有解释得更加详细些的《广要》。不难看出，孔老夫子大概是说过这种话的。

楚辞，也是诗。因此，有关楚辞，草木鱼虫这方面的疏证，同样也是接连着出现。我们现在阅读《诗经》、《楚辞》，对其他方面暂且不说，单就草木一种，就不大知道它指的是今天哪些植物了。但在屈原时代，这些植物多是平日容易见到的东西。正像《红楼梦》中“大观园试才题对额”时宝玉说的那样：“想来《离骚》、《文选》等书上所有的那些异草，也有叫作什么藿蒳姜荨的，也有叫作什么丹椒、蘼芜、风连，如今，年深岁改，人不能识。故皆像形夺名，渐渐地唤差了，也是有的。”脂砚在这句话下批道：“自实注一笔，妙！”可见“实注”两字，也就点出是曹雪芹的行文中自释自注了。

时间不停地流去，二百年后的《红楼梦》，在我们面前，有许多事物，也可以说“年深岁改，人不能识”了。继续加以“实注”，是十分必要的。

当然，我国的疏证谱录这门学问，与时俱增，范围越来越广。分类成集的，篇什浩繁姑且不去说它了。但在学术界，就个人经验所及，或亲闻亲见，写出一些释文笺注的，就这个传统来说，一直没有间断过。

近年《红楼梦辞典》，以及《红楼梦注释》，也都有人努力在做。这对《红楼梦》阅读和传播，是会起到很重要作用的。但是，由于这种辞典和注释，限于体例，不可能对某事某条作更多的解释。那么，《红楼识小录》，刚好可以作为这方面的一些补充。

就拿“当票”这种东西为例来说罢，湘云不认识它，宝钗不但认识，而且懂行。这在当时，既反映出来两个人的家庭不一样，又反映出来两人接触事物方面也不一样。在二百年以后的今天，一些读者，不要说宝钗那样年纪的，就是三四十岁以下的，便几乎没有人认得当票是何物了。至于当号、查号、下号、死号……这些名堂，就更无从知道了。查书是查不到的，问人也很难问得着。

又比如，毛皮的分类分等，以及大毛、二毛、小毛等说法，也因时迁事异，很多人弄不清了。关东的“三宗宝”，本是家喻户晓的，单拿貂皮一项来说吧，除了邓云乡同志列举的之外，还有貂爪仁、貂翎眼等等的区别，现在几乎都没有什么人能明白了。

一个时候有一个时候的风尚。再以服色为例。比如“福色”，是因为福康安当年喜欢穿这种颜色衣服，于是贵族世家争相模仿，使它流行一时。福康安逝世后，这种风尚自然也就随着逐渐衰落了。又比如，獍皮、豹皮因为海禁大开，它被西洋贵妇看中，价钱也就越抬越高。而在中国貂翎眼的皮褂子，早已不闻不见，也可以说接近绝迹了。

所以《识小录》这一类著作，不但使人能在疏证说明中，得到具体的知识，并且，还看出很多与它相联系着的社会因素来。是值得提倡的。

在这里，还须提到的，是邓云乡同志曾写过《清代三百年物价述略》一文，可见他已经注意到清代的流通手段问题。这在《红楼识小录》中也有所反映。这都为我们进一步研究清代的生活提供了一些可资运用的资料。

中国的飞票单据开始虽早，但是，在清代还是以金、银、铜钱等作为日常流通手段。由于金、银的纯度不同，又有官铸、私铸的区分，再加上年代、地区的区分以及度量衡的不统一，金、银的比价就越来越不一致。钱号兑换业也就应运而生。这些兑换业也就是小型金融交易所和后代银行的雏形，利用金银的成色的差别，来划分兑换率的差别，从中谋利……这种金融业，表面上是使交换率得到平衡，实质上是有意把差别日益扩大，成色愈是千差万别，愈便于行庄谋利。

《红楼梦》对当时高利贷资本，写得比较多，对当时的重利盘剥揭露得比较透彻。在清代有的贵族，也由管家出面，开设典当，或者发放贷款。更多的，是不必开立账房铺面，就由经纪人、牵手、“跑合的”来作成，像王熙凤就是以“体己钱”来放债的。另外，她又要把“宫中钱”（府库中的钱），转化为“体己钱”，也叫小份子钱，所以，她就趁在庵堂时，把事情办妥。牵手就是老尼，在封建社会出现的三姑六婆，她们在经济方面，多半是在放高利贷撮合过程中，取得佣金或物质回报的。而她们过手作成的几乎都是宅门子里的私房钱。

又如“拜影”条，这在曹雪芹时代，是很流行的，这和“烧包袱”（烧冥钱）一样，都是当时流行的岁时风俗。与曹雪芹同时的敦诚，在《四松堂集》卷四里，就有这样的记载：

> 曾妣卧疾帏榻者三年，母日侍汤药未尝暂离，及属纩日，顾先祖曰：“妇善事我十年，无怠容，汝好遇之。”公泣受命，故终身对之如宾。每岁暮祠祭，悬曾妣影像，母对之未尝不欷歔流涕，礼数如生时，至老不衰。

这和《红楼梦》正好互为补充。

这种例证还很多，希望邓云乡同志等诸红学家和红学爱好者，能够继续写下去，对一般读者或者研究者，除了加深欣赏和研讨的兴趣以外，还可以提供一些新的探讨的线索。

一九八二年二月于北京

原版序二

周汝昌

我与云乡同志相识不算早，识荆之后，才发现他有多方面的才艺，并皆造诣高深。一九八〇年春末，行将远游，出席国际红学研讨会议之时，蒙他特赋新词，为壮行色，这也许是我们一起谈“红”的开始。这是一首《水龙吟》，其词云：

世间艳说红楼，于今又入瀛寰志。衣冠异国，新朋旧雨，一堂多士。脂砚平章，楝亭器度，白头谈艺。念秋云黄叶，孤村流水，繁华记，蓬窗底。

欲识情为何物，问茫茫，古今谁会？画蔷钗断，扫花歌冷，并成旖旎。岂独长沙，还怜屈子，离忧而已。爱西昆格调，郑笺共析，掬天涯泪。

不但才华文采，即其书法，也很见工夫，一幅入手，不禁使我击节而赏。

从那以后，他每诣京华，必来见访，相与谈“红”。而在我的数不清的各种“类型”的谈“红”朋友之中，他是别具风格，独树一帜的一位。

现在云乡同志的《红楼识小录》即将付梓，前来索序。我虽末学无文，却不避诊痴之诮，欣然为之走笔。翰墨因缘，大约就是这个意趣吧。

红学是一门极难的学问：难度之大，在于难点之多；而众多难点的解决，端赖“杂学”。这是因为《红楼梦》的主人公宝玉，原本就是一位“杂学旁收”的特殊人物。杂学的本义是“四书八股”以外的学问；所谓“正经”、“不正经”，也就是差不多的语意，——那是很轻蔑的语气呢！说也奇怪，至今还有以正统科班出身自居的人，看不起杂学，这些大学问者不愿承认它是学问。正因为“正经”是大学问者之所事所为，剩下来的杂学，当然只是小焉者了——《红楼识小录》之命名，取义其在于斯乎？这只是我的揣测，云乡同志的本意却不一定是这样。但是他的“不贤识小”的谦语，也确曾是令我忍俊不禁的。

杂学其实很难，也很可宝贵，我是不敢存有一丝一毫小看它的意思在的。杂学又不仅仅指“博览群（杂）书”，它不只是“本本”上、“书面”上的事。更重要的是得见闻多、阅历多——今天叫作“生活”者多。《红楼梦》的作者曹雪芹，批者脂砚，乃至书中人物凤哥儿，都是明白讲究“经过见过”的。《红楼梦》理无别解地原就是一部“经过见过”的书。这么一来，一般读者，特别是今天年轻一代的人，要读《红楼梦》，想理解二百几十年前的那一切人、事、物、相……其时时陷于茫然莫知所云之苦，就是可想而知的事了。莫知所云的结果，必然是莫解其味。——但是曹雪芹最关注的却是“谁解其中味”。这问题就不“小”了呀。

我一直盼望，有仁人志士，不避“繁琐”之名，不辞“不贤”之号，肯出来为一般读者讲讲这部小说里面的那些事物。据说西方有一种别致的博物馆，专门贮藏百样千般的古代生活细琐用品。我国的博物馆，大抵只收“重器”，人民日常生活中的一切物件，有的尽管极为有趣，却不见保存，大都将历史物品毁掉，令无孑遗，以便后代子孙去做千难万难（也会千差万错）的“考证”工夫。由此想来，如云乡同志肯来讲讲这些内容，实在是功德无量的事，其“小”乎哉！

作为一个《红楼梦》的读者，我对书中许多事物是根本不懂或似懂非懂的，——懂错了而自以为懂了，比根本不懂还可怕。云乡同志的这种书，我是欢迎的，而且还觉得内容不妨多涉及一些，多告诉我们一些历史知识。这其实也不能不是红学之所在必究的重要部分。我举一个例：南方人没见过北方的二人抬的小轿，见书中写及宝玉坐轿，便断言雪芹写的都是南方的习俗。又认为手炉、脚炉也只南方才有，等等。而我这个北方人却都见过的、用过的。最近看与《红楼梦》同时而作的《歧路灯》，其写乾隆时开封人就坐二人小轿，乃益信雪芹所写原是北京的风俗——至少是以北京为主，其真正写南方的，委实是有限得很。像这样的问题，就必须向云乡同志来请教一下，才敢对自己的见解放心，——我读他的书，就是抱着这种恭恭敬敬、小学生求知的心情的，岂敢向人家冒充内行里手哉。

再过一些年，连云乡同志这样富有历史杂学的人也无有了，我们的青年读者们，将不会批判它因"小"失小，而会深深感谢这种"小"书的作者为他们所做的工作。难道不是这样的吗？

壬戌三月初一日

原版序三

冯其庸

云乡同志的《红楼识小录》已经脱稿了，要我写几句话，作为“序言”。我识云乡同志已经多年，每与他相对，其诚朴有如乡人，而言谈皆务实际，博学多识，纵贯旁通，所以我每次与他晤谈，都不觉日西，可见我们共同的癖好。

我幼年读《红楼梦》，开始毫无兴趣，简直不可终卷，是什么原因呢？一是书中描写的生活、情节、感情、思想，我无法理解；二是书中涉及的典章制度、名物衣着，种种名称实在太繁复了，我简直是摸不着头脑，所以读起来不免有点昏昏然，可见我当时欣赏能力之低。那时我最欣赏的是《水浒传》和《三国演义》，水浒英雄那种豪气干云，裂石惊天的气概，常常令我神往。读《三国演义》，卧龙的深谋远虑，雅量高致；刘备的知人善任，信托不疑；关、张的豪气千秋；赵云的死生可寄，都让我感到古人往矣，令人低徊。但是一拿到《红楼梦》，就多次让我废卷不可卒读，实际上那时我的知识太贫乏，阅历太浅薄，对于这样蕴藏着深刻思想和广阔内容的巨著，我一时怎么能读懂它呢？后来，我渐渐感到《红楼梦》这部书，需要疏解，需要对它所涉及的典章制度、名物衣着，以及各类典故语词，进行解释。最好是能编成一部书，类似大辞典一样，凡与红学有关的词目，一并收入，进行疏注，人手一卷，读《红楼梦》就可以减去许多障碍。这样的设想多年来只是我的愿望而已。现在读了云乡同志的《红楼识小录》，我感到我的上述愿望已经部分实现了。

我得幸先读了《识小录》，深深感到云乡同志所写的每一事、每一物，都是切切实实的学问，而不是空论。例如关于“怡红夜宴图”，几十年来说法不一，但云乡同志却别具只眼，自出新意，指出了翠墨并未参加夜宴，掷骰子数点数时，自己包括在内。这足见云乡同志读书深细，辨事明晰。又如他在疏释“虾须镯”时，不仅对“虾须镯”的形状、制法、价值说得头头是道，清清楚楚，而且连乾隆时流行金镯的情况，也作了详细的说明。再如在说到《红楼梦》里描写的轿子时，列举了当时轿子的许多种类和等级，令人有如置身于荣、宁二府之中。至于谈到金饰、金价、黄金器皿，以及芍药、蔷薇、花木果蔬之类，亦皆言之凿凿，娓娓动听。所以读了《识小录》再去读《红楼梦》，就会感到《红楼梦》真正是一部百科全书式的书，它满身是学问，往往在只言片语里，就包涵着当时的许多社会现实和风习，一经解释，就会感到它的浓烈的历史感和强烈的生活气息。这对于我们全面的研究《红楼梦》是大有好处的。云乡同志做了一件有补于《红楼梦》研究的非常切实的好事，我们希望他能继续写下去。

当然，我不是说“红学”研究，可以不要理论，如果这样理解我的意思，那就完全搞错了。理论研究，无疑是极端重要的。因为只有理论上的高度概括和深入阐述，才能使我们对这部书的理解达到全面而深入，才能真正明了它之所以产生的时代社会条件和它的丰富内容和思想意义，才能弄清楚它与传统文化的关系和它的创新的实质。总之，对这样一部伟大的著作，不用马列主义对它作认真的、深入的、全面的研究，不把这方面的研究作为“红学”研究的主要方面，那末，“红学”研究就会失去它的重点。

但是，我们强调理论研究的重要性，并不排斥“红学”研究中的考证、注释和许多专门性的专题研究。恰恰相反，我认为这两方面都不能偏废，而后者恰好是前者的基础，离开了这些具体的研究，离开了对《红楼梦》本身的切实的理解，那末理论研究就会流于空泛；反之，“红学”研究如果只停留在某些考证、疏解方面，那末“红学”研究就会流于琐屑而无法提高，无法达到理论上的综合。由此可见这两者都是不可偏废的，而且是相互可以补充的，而不是相互排斥的，因而我们不应该把这两者的研究对立起来。

还有一点，这两者的研究，无论是哪一方面，各自都会有错误和正确两种情况出现，决不会是哪一方面的研究就一定正确，哪一方面的研究就一定错误。具体来说，我们重视、提倡“红学”研究中的理论研究，但决不能认为只要是“理论”研究，这个研究就一定是可取的、正确的、无可评议的了；相反，只要不是理论研究，一涉及到考证、疏解之类的问题，就一定不可取，就一定是错误的了。我认为理论研究中，也要区分正确的理论和错误的理论，形而上学和辩证法都是理论，但却不能说都好；唯心论和唯物论也都是理论，同样也不能说都好。反之，在考证、疏解之类的研究中，同样也存在着正确和错误，不能认为凡此就一概错误，一概不要。在“红学”研究中，不应该简单地形而上学地来判断哪一种研究是正确或不正确。离开了研究的成果，离开了研究的内容和结论是很难判断这种研究的正确与否的，何况有一些研究的结果究竟是对是错，还需要经过长时期的历史考验，才能论定其是非功过，所以匆忙地对一种研究（包括理论研究）作出结论，往往不一定正确。五十年代对于马寅初的人口论的否定，就是值得吸取的教训。所以学术研究中真正贯彻党的“百花齐放，百家争鸣”的方针，是一个十分重要的问题，在“红学”研究中也不例外。只有认真贯彻“双百方针”，学术才能繁荣发展，否则就会走向某一片面或极端，就不利于学术研究的发展。而且在“双百方针”中,“齐放”和“争鸣”应该是并重的,只有“齐放”没有“争鸣”,那也是片面的,“争鸣”可以使“齐放”中的各种问题得到深化,得到全面的认识,对一些不正确的东西可以得到纠正,而且“争鸣”本身也就是“齐放”的一种形式,所以在“红学”研究的领域里,必须正确地认真地贯彻“双百方针”。那种不适当的干涉,划定某些范围,认为某些问题不能研究之类的看法和议论,并不有利于“红学”的发展。对于一个研究者来说,当然首先要认真用马列主义的理论作为指导。马列主义的历史唯物主义和辩证唯物主义,是一种完美的科学的理论,是没有偏颇的理论。但是,关键是在真正正确地理解它和运用它,并不是一用上几句马列主义的词句,自己研究的结论就一定是符合马列主义的了;在这个问题的研究上作出了比较符合马列主义的比较科学的结论,并不能保证你在一切问题的研究和所得出的结论上都能如此。马列主义是一门严肃的谨严缜密的学问,没有半点侥幸的余地。然而,当你在研究中确实是掌握了大量的材料,确实是努力实事求是地认真地用马列主义的理论作了深入的缜密的研究以后得出了你的结论,那么也不必害怕这样那样的指责和讥评。要坚信在科学的领域里没有特权,任何权威都必须经过历史的检验。长期的历史实践,会对各种各样的理论和结论作出公正的评价。那些“指责”和“讥评”,它也躲不过历史检验这一关。我们应该有勇气面对理论的论争,我们更应该有勇气面对历史的检验,使我们的研究成果更具有科学性。

最近在《水浒》的研究中,江苏大丰、兴化的同志作出了贡献,发掘出了有关施耐庵的家谱、地券、墓志等历史文献,这是极为可喜的大事,随之而来的,当然就会对这些发掘出来的东西进行研究。前些时候学术界有些同志对家谱的研究提出了种种责难,认为对作家的老祖宗,尤其是据说十七八代的老祖宗没有必要研究。我不知道这样的规定出于何种马列主义的经典著作,但是活生生的实际是不久之前诗人白居易的家谱被发现并出版和研究了,词人辛弃疾的家谱也被发现了,现在又发现了关于施耐庵的家谱,当然毫无疑问的是不应该把它们抛弃而应该认真的研究。本来"谱牒学"是史学的一个重要部分,是什么时候冷落下来的我不大清楚。但记得"十年浩劫"时期和稍前,是批判过一阵子农村中的"续家谱"之类的封建迷信活动的。封建迷信活动当然应该反对,但学术领域里对古代作家的家谱的研究,当然不属于封建迷信活动,当然是正当的史学研究。至于说十七八代的祖宗不应当研究之类的规定,我看也只是某些人的个人见解,不必作为定论的。

归根结蒂,在学术研究上,必须要有坚定不移的信心。这信心首先是对马列主义的信心,其次是对自己刻苦研究的成果的信心。一项学术研究,往往需要多年的苦心钻研,需要掌握大量的史料,需要用马列主义的立场、观点、方法来进行分析和综合,需要自己在公布自己的结论之前多方面进行检验。凡是下了这样的功夫的研究,凡是确实是遵循了马列主义的理论和方法研究得出的结论,就应该具有自己的理论的信心,不必因为有些不同的意见而感到惶然。当然对自己研究成果的坚定性和自信心,决不能因此而自以为是,听不进不同意见,这前后两种思想是截然不同的,不能混淆,这是不用多说的。

我有感于当前"红学"界的某些现状,因而提出这些问题来,其中最主要的是坚持马列主义的理论指导和坚持实事求是的科学态度,也就是要坚持实学而不尚空谈。马列主义本身就要求详细地占有材料,根据事实说话,而决不提倡无补实际的"放空炮"。

因为这种“放空炮”，除了表明它徒具虚声而外，什么实际问题也解决不了，而理论之所以可贵，是因为它能解决实际问题。

前不见古人，后不见来者；
念天地之悠悠，独怆然而涕下。

这是陈子昂的一首诗。陈子昂处在中国诗歌发展的重要阶段——初唐时代。现在我们正是处在“红学”发展的重要阶段，也可以说是用马列主义研究“红学”的开始阶段（这个阶段是从一九五四年开始的）。不过，现在我们的处境，却不是“前不见古人，后不见来者”，相反倒是“前可见古人，后可见来者”。过去的“红学”研究家给我们留下了宝贵而丰富的著述，足可供我们研讨；新一代的“红学”研究者不断发表新著，大大开拓了“红学”研究的园地，“红学”研究的队伍空前扩大，这是我们今天的现实。所以，如果真正能做到用马列主义的理论作指导和充分地掌握作品本身，掌握与作品和作家有关的一切历史资料，把这两者紧密地结合起来，那末，我们的“红学”研究必将会有更新的发展。

云乡同志笃实的治学态度和诚朴的文风，使我受到很大的启示，上面这些话，都是读了云乡同志的《识小录》后有感而发的，也许说的不对，希望云乡同志和读者们有以教正。

一九八二年四月二十二日夜于京华瓜饭楼